民法ファーストステージ

［第2版］

松原 哲
徳永江利子 ［著］

成文堂

第2版はしがき

　民法入門書である本書に家族法を追加して第2版を出版することになった。家族法の執筆は、関東学院大学法学部の同僚である徳永江利子准教授に担当していただいた。親族法及び相続法の重要なテーマをわかりやすく論述してある。また、図を多用して、読者の理解の便宜を図った。財産法の分野では、新しい重要判例を取り込んだほか一部記述の修正を行った。本書が初めて民法を学ぶ皆さんのお役に立てれば幸いである。

　成文堂社長阿部成一氏には、わずか4年での第2版出版をご了承いただいた。また、編集部の飯村晃弘氏に今回も大変お世話になった。深くお礼申し上げる。

2024年3月

松　原　　哲

はしがき

　本書は、初めて民法を学ぶ人のための教科書、自習書として書かれた民法（財産法）の入門書である。大学法学部１・２年生や他学部学生の教科書、法科大学院入学者（未修者）の入門用自習書、社会人向け市民講座等の参考書等としての使用を目的としている。

　民法は、私たちの生活に不可欠なルールである。しかし、これを学ぶことは容易ではない。まず、民法は、私たちの生活関係や経済関係全体をカバーするために、あらゆる法律の中で条文数が最も多い。民法を補完する多数の特別法も学ばなければならない。また、使われる専門用語も難解である。大学法学部の１年生では、「民法総則」が必修科目とされることが多いが、「制限行為能力」「法律行為」といった理解困難な用語が登場してくる。さらに、今まさに学んでいる事項を理解するために、まだ学んでいない事項の知識・理解が要求される。ほとんどの民法教科書が、パンデクテン・システム（その意義は、補遺を参照。）とよばれる民法の体系に従って順序だてて執筆されているためである。講義もこれに従って展開される。しかし、教科書・講義のこのような現実あるいは事情から、民法を苦手だと勝手に思い込んでしまう法学部生は、残念ながら少なくない。

　本書では、民法の理解に必要な事項を厳選して論述し、理解を助けるための補足の説明や関連する事項の説明を注（本文下段の数字のついた解説）によって補いながら、わかりやすく、しかし、民法の基礎が確実に身につけられるように記述したつもりである。民法は、「市民社会の法」、また、「私法の一般法」であると説明されるが、とりあえず、「契約に関するルール」であるというところから出発しよう。次に、契約と並んで重要な「不法行為（事故賠償のルール）」を学ぼう。これで、民法の中核は、おさえることができる。なお、本書第１章は、民法学習に必要な範囲での法学についての知識及び民事訴訟の知識を提供している。また、最終章にあたる補遺では、本書の守備範囲及び今後の学習についてのアドバイスを記載した。

　本書が、民法を学ぶ学生や市民の良きパートナーとなることを願ってい

る。本書の出版にあたり、社長阿部成一氏、編集部飯村晃弘氏はじめ成文堂の皆様に大変お世話になった。心より感謝を申し上げたい。

2020年3月

　　　　　　　　　　　　　　　　　　　　　松　原　哲

目　次

第2編　親族・相続法編

第1章　家族法の基礎知識 …………………………………………… *157*

第1編 財産法編

第1章　民法を学ぶための法学の基礎

1　紛争と法

1－1　法の役割

　本章は、民法を学ぶ上で必要不可欠な法や裁判の常識を提供することを目的としている。まず、法や法律の意義を理解しよう。

　法や法律[1] には、種々の機能・役割があるが、その最も重要な役割は、社会に発生する様々な争いごと（紛争）を解決し、あるいは、それを予防することにある。しかし、あらゆる紛争が法律によって解決されるわけではないし、また、それが市民や社会にとって望ましいわけでもない。多くの紛争は、道徳、慣習、組織で定められている内部規則といった法律以前の約束事（規範・ルール）によって解決されている。例えば、大学の講義中にスマホで

1　**法と法律**　「法」と「法律」という用語は、我が国では、明確に区別しないで使われることが多い。岩波書店の『広辞苑・第7版』（2018年）では、法は、「社会秩序維持のための規範で、一般に国家権力による強制を伴うもの。」という意味の他、一般的には「物事の普遍的なあり方。また、それがしきたりになったもの。のり。おきて。」、仏教用語としては、「真理」のほかに「正義。善。正しい行為」といった意味が与えられている。法律は、「広義では法と同じ。狭義では国会で制定された規範を指し、憲法・条約・命令などから区別される法の一形式。」と説明されている。両者を区別する場合、フランスの droit、ドイツの Recht の意味で「法」、フランスの loi、ドイツの Gesetz の意味で「法律」を使い分けるのが一般的である。前者は、広く社会規範の総体・社会秩序の総称を意味し、さらに、正しいもの、他人に対して要求し得ることがら（権利）という意味を含むとされ、後者は、権力者によるサンクションを伴う規範を意味する。

の通話が禁止されるのは、その学校の規則やマナーの問題である。また、幼い兄弟間や友人間の口喧嘩をわざわざ裁判で解決しようとする人間はいない。

　では、法律による解決と法律以外の規範（ルール）による解決とはどこが違うのだろうか。法律による解決は、最終的には、裁判等を通してその結論を国家が保障してくれるところに大きな意味がある。例えば、商品を売却したが、その代金を請求しても相手が支払ってくれない場合、売主は、買主に対して訴訟を提起し、勝訴判決を得ると、裁判所の手によって、買主の財産から代金を回収することになる。

　国家権力によって解決が強制されるわけであるから、どのような紛争が法によって解決されなければならない問題であるかの判断は、極めて重要である。例えば、恋人同士の口論を司法手続きにより解決することはナンセンスであるが、これがストーカー行為や暴力行為（DV）にまで発展する場合には、法的解決が求められるであろう。さらに、国家権力の行き過ぎを抑止する仕組みがないと、法による安定した秩序に対する要求が、反対に、我々の生活のみならず生存までをも脅かすことになることを認識する必要がある。刑事司法における適正手続きの保障[2]などは、権力による人権侵害を抑止するための重要な一例である。

2　**適正な手続**　近代民主主義国家において、公権力の恣意的な発動により、理由もなく不当に逮捕され、刑罰を科せられることはあってはならない。憲法31条は、「何人も、法律の定める手続きによらなければ、その生命若しくは自由を奪われ、又はその他の刑罰を科せられない。」と定める。人権保障にとって極めて重要なルールであり、単に手続きが法律によって定まっていることだけではなく、法律で定められた手続きが適正であること、実体が法定されていること＝罪刑法定主義（「法律無ければ犯罪なく、法律無ければ刑罰無し」という原則）、法律の実体規定が適正であることが求められる。憲法によって、刑事被疑者の権利として、現行犯逮捕を除き裁判官の発した令状がなければ逮捕されない権利（33条。緊急逮捕の合憲性については、議論がある。）、不法な抑留・拘禁からの自由（34条）、住居の不可侵（35条）が保障される。また、刑事被告人の権利として、公平な裁判所の迅速な公開裁判を受ける権利（32条・37条・82条）、証人審問権・喚問権（37条2項）、弁護人依頼権（同条3項）、自己に不利益な供述を強要されない権利（38条1項）、任意性のない自白の証拠能力の否定（同条2項。なお、任意性のある自白でも補強証拠が必要である。同条3項）、事後法・二重危険の禁止（39条）が定められている。公務員による拷問、残酷な刑罰も絶対に禁止される（36条）。

1－2　成文法

　ところで、法といっても様々なものがある[3]。まず、法は、文書により一定の形式で制定された成文法（制定法）と成文法の形式をとらない不文法とに区別される。制定法には、以下のものがある。

(1)　憲　法

　憲法は、国の根本規則を定めたもので、国の最高法規である。我が国の憲法98条第1項は、「この憲法は、国の最高法規であって、その条規に反する法律、命令、詔勅及び国務に関するその他の行為の全部または一部は、その効力を有しない。」と規定する。

(2)　法　律

　法律は、広義では法と同じ意味で用いられるが、狭義では、国会の議決により制定された法規範を意味する（憲法41条・59条参照）。

(3)　命令・規則

　命令とは、行政機関が制定する法規範であり、憲法・法律の規定を実施するために内閣が制定する「政令」（憲法73条6号）、内閣総理大臣が制定する「内閣府令」（内閣府設置法7条3項）、各省大臣が制定する「省令」（国家行政組織法12条1項）がある。また、最高裁判所規則（憲法77条1項）・議院規則（憲法58条2項）等、「規則」という形式の制定法もある。委員会及び庁の規則（国家行政組織法13条1項）、会計検査院規則（会計検査院法38条）、人事院規則（国家公務員法16条1項）等は、命令の一種である。日常用語の「命令」「規則」とは異なるので、注意しよう。

(4)　条　例

　地方公共団体がその自治立法権に基づき制定した法規範を条例という（憲

3　**六法**　法学の講義を受講する際には、教員から「六法を用意・持参するように。」と必ず指示される。六法には、二つの意味があるので注意してほしい。本来、六法とは、憲法と民法・刑法（犯罪と刑罰に関する法律）・商法（企業に関する法律。なお、現在、その中核部分は、「会社法」という独立した法典となっている。）・民事訴訟法（民事裁判の手続きに関する法津）・刑事訴訟法（刑事裁判の手続きに関する法律）の6つの法典を意味する。他方、冒頭の用法は、法令集を意味しているが、六法という法令集は、基本となる上記の6法典に加え、実務や学習に不可欠な主要な法律を掲載したもので、すべての法律（我が国の現行法の数は、2000近くに及んでいる）を網羅しているものではない。

法94条）。

（5）条　約

　国際法上の主体（国家・国家機構）間において、国際法の規律に従って文書の形式でなされる合意を条約という。条約という名称である必要はなく、憲章・協定・規約・取決・宣言・議定書等もこれにあたる。

1－3　不文法

　不文法には、慣習法と判例法がある。

（1）慣習法

　一定の社会において、その構成員により反復継続して行われ、ある種の拘束力をもつものとされる慣行が慣習であり、社会規範の一つといえるが、この慣習が法規範にまで高められたものが慣習法である。公序良俗（第2章2－5参照）に反しない慣習は、「法令の規定により認められたもの」、または、「法令に規定されていない事項に関するもの」に限り、慣習法として法的効力を有する（法の適用に関する通則法3条）。

（2）判例法

　裁判所の下す判決は、当該の具体的な事件を解決するだけのものであるが、その中に含まれる合理的な判断は、他の類似の事件についても同一の解決を導く側面を有し、そこにおのずから、判決による一般的な法規範が成立する。とりわけ、最上級審である最高裁判所の判決や、下級審の判決でも、類似の判決が繰り返されるようになれば、そのことはますます顕著になる。このようにしてできる判例は、事実上、その後の裁判を拘束し、判例法が形成されていく（4－2参照）。民法を学ぶ上でも、判例法の理解は不可欠である。

2　法の体系

2－1　法的責任

　例えば、大学生のAが父親Cの所有する自動車を借りてドライブ中に、横断歩道手前での一時停止を怠ったため、歩行者Bに車を衝突させ、Bに

大けがをさせる事故を起こしてしまったとしよう。この場合、Aは、どのような法的責任を負わなければならないだろうか。

　交通事故に限らず、一般に事故の加害者には、**民事責任・刑事責任・行政上の処分**という三種類の法的責任の成否が問題となる。

　民事責任とは、民法709条その他の規定に基づき、被害者Bの被った損害を加害者Aが填補しなければならないという責任、すなわち、損害賠償責任のことである。これによって被害者の救済がはかられる（第3章がこの問題を扱う。なお、自動車所有者CにもBに対する民事責任が発生する。第3章11参照。）。

　また、Bを傷害したAの運転行為が犯罪とされた場合には、Aには刑罰が科されることになる[4]。これが刑事責任である[5]。

　さらに、自動車の運転行為は危険な行為であるから、原則として禁止されている。他方、自動車の利用は市民及び社会にとって有益と考えられることから免許制が導入され、自動車の運転について一定の適性・技能・知識等を

4　交通事故加害者に対する刑事罰　従来、自動車運転中の事故により人に傷害を負わせた場合、あるいは、死亡させた場合、加害運転者は、刑法211条の業務上過失致死傷罪（法定刑は、5年以下の懲役・禁錮又は100万円以下の罰金）により処罰されていた。しかし、飲酒運転等による深刻な人身事故を起こした悪質な運転者に対する厳罰化を求める世論の高まりから、「自動車の運転により人を死傷させる行為等の処罰に関する法律」が制定され、2014年より同法によって人身事故を起こした運転者は処罰される。同法2条（危険運転致死傷罪）よれば、①アルコール・薬物の影響の下、正常な運転が困難な状況で走行、②制御困難な高速度で走行、③技能がないのに走行、④妨害目的で運転、⑤信号殊更無視運転、⑥通行禁止道路を進行、以上の運転により人を負傷させた場合は、15年以下の懲役、死亡させた場合には、1年以上の有期懲役（上限20年）となる（このほか、飲酒・薬物・病気による交通犯罪類型については、3条・4条・6条参照。）。本文の事例は、過失運転致死傷罪（5条）が通用され得る行為であり、7年以下の懲役・禁錮、又は100万円以下の罰金刑に処せられる可能性がある。

5　刑罰の種類　我が国の現在の刑罰には、主刑である死刑・懲役・禁錮・拘留・罰金・科料、付加刑である没収がある（刑法9条）。自由刑である懲役は、刑事施設における所定の作業が課されるが、禁錮・拘留は刑事施設に拘置されるだけで作業の強制はない。期間は、懲役・禁錮は、無期と有期があり、有期は1か月以上20年以下である（12条・13条）。なお、死刑又は無期懲役を減刑して有期懲役・禁錮とする場合、その長期は30年である（14条1項）。有期懲役・禁錮を加重する場合の上限も30年である（同条2項）。拘留は1日以上30日未満の拘置となる（16条）。財産刑である罰金は1万円以上、科料は1000円以上1万円未満である（15条・17条）。

有していると国が認めた者には、自動車運転が許可される。しかし、自動車運転に関する法律に度々違反し、あるいは、重大な違反や深刻な事故を起こしたような場合には、この免許の一定期間停止ないし取消し処分を受けることになる（道路交通法103条）。これが行政上の処分である。

　そうすると、Aは、民事責任として、被害者Bの被った損害（例えば、治療費や休業損害等）を金銭で賠償する責任（民法709条・722条1項）を負うほか、刑事責任として、過失運転致傷罪（自動車の運転により人を死傷させる行為等の処罰に関する法律第5条）の適用により懲役、禁錮又は罰金刑に処せられ場合があり、行政上の処分として、運転免許の取消等の処分を受ける可能性がある。

2－2　私法と公法

　では、何故、一つの事故によって複数の責任が発生するのであろうか。上記の民事責任は私法上の問題、また、刑事責任及び行政上の処分は公法上の問題である。

　国家の組織や国家と市民との関係を規律する法律群を公法という。例えば、憲法・国会法・公職選挙法・裁判所法・刑法・刑事訴訟法等である。これに対し、市民同士の関係を規律する法律群を私法という。民法・商法・会社法・借地借家法・民事訴訟法等である。

〈公法と私法〉

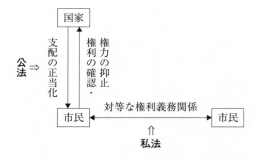

　市民社会においては、市民の独立・自由・平等を理念的前提に、市民が自らの自由な意思によって生活関係を規律していくことが原則とされ（私的自

治の原則。第2章1－2注4参照）、市民同士はそれぞれの自由な意思に基づき、対等な立場で締結した契約による権利義務関係（債権債務関係。第2章1－1参照）によって拘束されるが、そのためのルール（法規範）が私法である。自らの意思（故意）や過失（注意義務違反）によって他人に損害を与えた場合には、その損害を填補しなければならないというのも、対等な市民同士の関係＝私法の問題である。

　私的自治の原則の下では、国家は、市民の生活関係に介入することは望ましくないとされ、市民の生命・自由・財産に対する侵害を排除することが国家の役割とされる（夜警国家論）。国家は、市民社会の秩序を維持するために、犯罪や事故を防ぐ活動（役務）を要請されるが、そのために、犯罪者を捕えて処罰し、あるいは、様々な行政規制によって事故を防止することになる。これは、公法のルールによって実現される[6]。

　要するに、上記の民事責任は、対等な市民同士の問題として、加害者が被害者の損害を填補する問題であり、他方、刑事責任は、国家が刑罰権を行使して、市民社会の秩序を維持しようとするものである。また、現代では、刑罰のような強力なサンクションのみによって秩序維持をはかることを抑制し、複雑な社会関係の調整や多様な価値実現に配慮した政策目的達成のため、行政による様々なコントロールが用いられるようになる。

2－3　そのほかの法の分類

　ここで、これから民法を学ぶ上で知っておくべき法の分類を追加して紹介する。なお、強行法規と任意法規については、第2章2－5注11参照。

6　**公法・私法・社会法**　市民社会における私的自治の原則は、市民の自由・独立・平等を前提とするが、現実の社会（資本主義社会）においては、労働者は企業に従属し、市民間には不平等な関係が存在し、自由な意思決定を行い得る前提を欠いている。そこで、市民間の生存や実質的平等を確保し、自由な意思決定を支援することもまた国家に要請される。夜警国家から福祉国家への転換である。労働法（労働基準法・労働組合法・労働者災害補償法・労働契約法等）、社会保障法（生活保護法・児童福祉法・国民年金法等）、消費者法（消費者基本法・消費者契約法・特定商取引に関する法律等）、借地借家法等は、これらの社会目的を実現するための法規範であり、社会法とよばれる。

（1）実体法と手続法

　権利義務の発生・変更・消滅の要件、内容、効果等を定める法を実体法、その実現手続きを定める法を手続法という。民事の実体法は民法・商法・会社法等であり、手続法は民事訴訟法である（ちなみに、刑事の実体法は刑法、手続法は刑事訴訟法）。例えば、A の詐欺によって契約を締結させられ金銭をだまし取られた B には、契約（正確には意思表示）の「取消権」が与えられるが、これは民法96条 1 項に規定されている（第 2 章 3 － 3 参照）。契約を取消してだまし取られた金銭を取り戻すための裁判手続きについては、民事訴訟法が規定する。

（2）一般法と特別法

　適用領域が限定されていない法を一般法、限定されている法を特別法という。私法の一般法である民法は、市民の財産関係（所有・契約・事故賠償等）・家族関係全般に適用されるが、その特別法として、企業間の取引等を対象とする商法・会社法、建物所有目的の土地の賃貸や建物賃貸に適用される借地借家法、自動車による人身事故賠償に適用される自動車損害賠償保障法（以下、自賠法と表記）等がある。特別法は、一般法に優先して適用されるのが原則である。従って、自動車事故によって歩行者がけがをした場合の賠償問題には、まず自賠法 3 条が適用され（自動車の所有者等運行供用者が賠償責任を負う）、自賠法に規定のない事項である賠償の方法・過失相殺・他の事故関与者の責任等は民法の規定によって処理されることになる（民法722条 1 項・同条 2 項・719条・709条等。第 3 章参照）。

3　民事紛争と裁判の役割

3 － 1　自力救済の禁止と裁判

　法律に定める手段や司法手続きによらずに、市民が自らの手で権利を実現することを自力救済（自救行為）といい、司法制度が整備された近代国家では原則として許されない（**自力救済の禁止**）[7]。例えば、支払期日を過ぎても

7　**自力救済禁止の例外**　事態が急迫して公権力による救済を待ついとまがなく、かつ、後の司法的判断によっては権利の回復が不可能ないし困難な場合には、例外的に自力

代金を支払わない買主から売主が力づくで金銭を奪う行為は、代金相当額であっても違法な行為となる（民事では不法行為責任、刑事では犯罪が成立する）。私人の力による救済が許されると、暴力の横行により社会の秩序が混乱することは容易に想像できよう。また、権利の存否の判断を当事者に委ねることは妥当ではない場合が少なくない[8]。公正な公的機関の客観的かつ公平な判断が必要である。この役割を担うのが裁判所であり、裁判所は、法を適用して、権利義務の存否を判断し、権利の実現（義務の強制的履行）を行う。

3－2 裁判と裁判所

　裁判所（又は裁判官）が行う具体的な事件についての公権的な判断が裁判である。裁判所が行う判断の形式には、判決・決定・命令の三種類がある[9]。裁判には、私人間の紛争を解決する民事裁判、犯罪行為を裁断する刑事裁判のほか、公法上の法律関係についての紛争を扱う行政裁判がある。

　我が国の裁判所には、**最高裁判所**と下級裁判所があり、後者には、**高等裁判所・地方裁判所・簡易裁判所・家庭裁判所**の4種がある[10]。それぞれ管轄する事件が決められており、上下の階層をなしている。通常の事件は、ま

救済が認められる。

8　権利の存否の判断　代金がすでに支払われているのに売主がそれを失念している場合のように、当事者が事実を誤認している場合がある。また、買主に同時履行の抗弁権や相殺の抗弁が認められる場合、買主が売買契約そのものの無効・取消し・解除を主張する場合等、法的な判断が必要とされる場合がある（第2章で学ぶ）。

9　判決・決定・命令　判決は、裁判所による裁判で、原則として口頭弁論（公開の法廷において当事者が行う口頭での弁論）に基づくことを要する（民事訴訟法87条1項、刑事訴訟法44条1項。なお、以下、民事訴訟法条文は民訴○○条、刑事訴訟条文は、刑訴○○条と表記）。重要な事項に関する裁判の場合にとられる形式である。決定は、裁判所による裁判以外のものであり、口頭弁論を要しない（民訴87条1項ただし書、刑訴43条2項）。命令は、裁判官のする訴訟指揮上・訴訟手続上の問題解決のためになされる裁判をいう。

10　簡易裁判所・家庭裁判所　簡易裁判所は、訴額が140万円以下の民事訴訟、罰金以下の刑にあたる罪、選択刑として罰金が定められている罪その他の一定の軽微な犯罪についての刑事訴訟の第一審裁判所である。また、家庭裁判所は、家庭事件の審理・調停、人事訴訟、少年保護事件の調査・審判を扱う地方裁判所と同格の裁判所である。

ず、地方裁判所に提訴・起訴されて審理がなされ、判決が下される（第一審）。判決を不服とする訴訟当事者は、高等裁判所に再度の審理を求めることができるが、これを**控訴**という（控訴審）。高等裁判所の判決に不服の当事者は、さらに最高裁判所に**上告**[11]できる（上告審）。控訴・上告を上訴という。このように一つの事件について、審級の異なる裁判所の審理を三回受けることができる（三審制）。なお、昭和22年までは、現在の最高裁判所に相当する最上級の司法裁判所は大審院であり、高等裁判所は控訴院という名称であった。

3－3　民事裁判と刑事裁判

　法律を学ぶにあたって、民事責任と刑事責任とを区別することが大切だが（2－1参照）、あわせて、「民事裁判・民事訴訟」と「刑事裁判・刑事訴訟」の違いを理解する必要がある。

　民事訴訟の目的は、私人間の紛争（契約・所有・事故賠償・夫婦関係・親子関係・相続等をめぐるトラブル）の解決にある。例えば、売買契約を締結したが代金が支払われない、商品が引き渡されない、引渡された商品に欠陥があるといった場合に、代金の支払いや商品の引渡しを求める、契約を解消する（契約の無効・取消し・解除）、損害賠償を請求するといった争いを裁判によって解決するのが民事訴訟である。民事訴訟は、裁判所が民法等の実体法の適用により権利関係を確定する判決手続きと、相手方が任意に義務を履行しない場合に、公権力により強制的に義務が履行された状態を実現する強制執行手続きに分けられるが、狭義では、前者のみを民事訴訟という。

　民事訴訟において、裁判を提起（提訴）する当事者を**原告**、訴えられる側を**被告**という。例えば、売買契約を前提に、売主が買主に売買代金の支払いを請求する民事訴訟（売買代金支払請求訴訟）では、売主が原告、買主が被

11　**上告・上告受理申立て**　民事訴訟において、上告が認められるのは、判決に憲法違反、又は、重大な手続違反があることを理由とするときのみである（民訴312条1項・2項）。原判決の法令違反を理由とする場合、最高裁判例に反する判断がある事件その他の法令の解釈に関する重要事項を含むものと認められる事件については、上告受理申立てができるが（318条）、申立てを受理するか否かは最高裁の裁量による（同条3項）。

告となる。反対に、売主の代金支払の請求に対し、買主がすでに代金は支払い済みである等を主張して訴訟を提起する場合（債務不存在確認訴訟）には、買主が原告、売主が被告となる。民事訴訟において、紛争解決の主体となるのは当事者（原告・被告）であり（当事者主義）、訴訟を提起するか否かの決定、訴訟の内容に関しても当事者の自由な処分に委ねられ（処分権主義）、裁判に必要な資料の収集は当事者の権限であり、かつその責任でもあって、裁判所は、当事者の主張・立証に基づき、また、その範囲内でのみ判決をすることができる（弁論主義）[12]。

　刑事訴訟の目的は、被告人の行為がいかなる犯罪に該当するか、犯罪とされた場合、いかなる刑罰を科すことが妥当かを決定することにある。検察官の起訴（公訴）によって裁判が開始される。罪を犯した疑いで起訴された者は被告人とよばれる。刑罰は、国民の生命・自由・財産を奪うものであり、また、刑事裁判は、国家権力と一市民との対立となるから、真実の発見だけではなく、刑事手続きにおける市民の人権保障が極めて重要となる（注2参照）。

　裁判を受ける権利は、国民の基本的人権であり（憲法32条）、裁判は、公開が原則である（公開主義・82条。さらに刑事訴訟に関し37条。）。

3−4　民事訴訟と立証

　民法を学ぶ上で、立証責任を理解してほしい。弁論主義等民事訴訟の原則（3−3）を換言すれば、民事訴訟においては、当事者は自分に権利があることを主張し、それを自ら証拠によって証明しなければならないということである。売主Aが買主Bに対し、未払いの売買代金の支払いを裁判によって実現しようとする場合、まず、Aは、自らBに対し訴訟を提起し、原告として、代金を支払ってほしいと主張するだけではなく、この代金支払いを請求できる権利の存在を証拠によって証明しなければならない。これに対

---

[12]　**弁論主義における三テーゼ**　第一に、裁判官は、当事者が主張していない事実を判決の基礎にしてはならない。第二に、裁判官は、当事者に争いがない事実は、そのまま判決の基礎にしなければならない。第三に、裁判官は、証拠により事実を認定する際には、必ず当事者から提出された証拠によらなければならない。

し、被告とされたBは、これに反論し、証拠をもってその主張を根拠づけなければ、Aの主張がそのまま認められることになる（裁判官が走り回って、事実を調べてくれるわけではない！）。これを民事訴訟の用語によって表現すると次のようになる。

　民事訴訟における審理（裁判）の対象を「訴訟物」という。Aは、Bに売買代金を支払ってもらいたいわけであるから、訴訟物は「売買契約に基づく代金支払請求権」（第2章1－1参照）である。従って、Aは、AB間に売買契約が成立していること（及び代金額）を主張立証しなければならない（権利を根拠づける事実の主張であり、「請求原因」という。）。これに対するBの主張は、契約はそもそも成立していないと請求原因を否定するか（「否認」という。）、あるいは、契約成立は肯定しつつ、Bの主張を排斥するこれとは別個の事実を主張することになる（これを「抗弁」という。）。例えば、すでに代金は支払った（弁済の抗弁・民法473条。第2章7－1参照）、商品の引き渡しを受けていない（同時履行の抗弁権・533条。第2章8－3注44参照）、代金債権は時効で消滅した（時効の援用・166条1項。第2章7－2注34参照）等である。これに対しAが再反論する（Bの主張に対する否認・「再抗弁」。）という形で民事訴訟は構成される。

　原告・被告は、それぞれ、裁判官の心証を形成するために自らの主張を証拠（契約書等の物による証拠を物証、当事者・証人・鑑定人を人証という）等によって根拠づけるわけであるが、当事者の提出した証拠によって裁判官が真実を認定できない場合がある。このような場合でも、裁判官は判決を下さなければならい。どうするのか。裁判は、事件に対する法の適用である。従って、裁判官は、法律の条文に基づき判決を下すことになるが、当事者は自己に有利な条文を根拠づける事実（これを「要件事実」という）の主張・立証を行うわけであり、これに成功しなかった（真偽不明）の場合、当該当事者は敗訴することになる。このように真偽不明のため被る当事者の不利益を「立証責任」という。上記の例で、請求原因は原告、抗弁は被告が立証責任を負うわけである。刑事訴訟の目的は、実体的真実の発見（真相は何か）であるのに対し、民事訴訟の目的は、形式的真実の発見（どちらの主張が説得的か）であるとされるのは、このような事情による。

4　民法を学ぶ上での常識

4－1　条文について

　原則として、法律問題は、法律の条文を適用して解決される。民法を学ぶにあたっては、必ず最新の六法を購入し、教室に持参してほしい。また、自学する場合も、六法で条文を確認する習慣を身につけよう。条文は、一定の「要件（法律要件）」がみたされれば、一定の「効果（法律効果）」が発生するという規定の仕方が一般的である。条文を読む場合には、「要件」が何で、「効果」がなんであるかを明確にすることが基本である。

　ここでは、条文の基本的な約束事を示しておく。

〈条文例〉

　［供託］[13]第四九四条①　弁済者は、次に掲げる場合には、債権者のために弁済の目的物を供託することができる。この場合においては、弁済者が供託をした時に、その債権は、消滅する。

　　一　弁済の提供をした場合において、債権者がその受領を拒んだとき。

　　二　債権者が弁済を受領することができないとき。

　②　弁済者が債権者を確知することができないときも、前項と同様とする。ただし、弁済者に過失があるときは、この限りでない。

〈解説〉

　1）　条文中の①②は、「項」であり、それぞれ「第一項」、「第二項」と読む。「まるいち」「まるに」と絶対に読んではいけない。

　2）　第一項中の漢数字一・二は、それぞれ「一号」「二号」と読む。「号」は、条・項の中で複数の事項を列挙する場合に用いられる。

　3）　第一項は、2つの文で構成されている。一文を「前段」、二文を「後段」とよぶ。3つの文で構成されている場合は、それぞれ「前段」「中段」「後段」とよぶ。

　4）　第二項のように、条文が2つの文で構成されている場合でも、二文

13　**供託**　供託については、第2章7－2（2）を参照。

が「ただし」で始まっている場合は、「前段」「後段」と読まずに、一文を「本文」、二文を「ただし書」と読む。

4－2　判決について

　法律の規定は抽象的かつ高度に専門的であり、その趣旨・意味内容は必ずしも明確ではない。紛争を法律によって解決するにあたり、その意味内容を明らかにする必要がある。これが、「法の解釈」という作業である。法の解釈は、最終的には、解釈者の主体的判断であるが、その資料・根拠となるのが、立法者意思（当該立法担当者の見解）、学説（学者の見解）及び判例である。

　判決は、裁判官が具体的な訴訟事件を解決するための判断である。裁判官は、担当する当該事件の事実関係を明らかにし（「事実認定」）、当該事実関係に適用されるルール（規範）を示し（「規範定立」）、これを当該事実に適用して（「あてはめ」）事件を解決する。従って、判決は、当該事件に対する裁判官の個別的な判断にすぎないが（裁判官は、法律・条理及び自らの良心に従って判決を下す。なお、憲法76条3項参照。）、「このタイプの事件は、このように法的に解決されるのだ」という一例を示すとともに、そこで示される法律論は、学者の主張する学説と同様に、法解釈の重要な資料・根拠となる。とりわけ、それが判例法となれば、解釈に無視しえない重大な影響を与える。従って、民法はじめ法律を学ぶ際には、判例ないし判決の学習は不可欠なものである。本書でも、重要な判決を明示ないし引用している（特に、第3章）。

　本書における、判決の表記について付言しておく。

1）　例えば、本文中の「最判平成18・2・23民集60・2・546」という表記は、最高裁判所平成18年2月23日判決最高裁民事判例集60巻5号546頁（裁判所名・判決年月日・掲載判例集及び頁）を表している。

2）　裁判所・判決の省略については、以下の方式によった。

・民集：最高裁判所民事判例集

　＊なお、戦前の判決では、民集は大審院民事裁判例集

・民録：大審院民事判決録

・刑録：大審院刑事判決録
・下民集：下級裁判所民事裁判例集
・判時：判例時報
・判タ：判例タイムズ
・新聞：法律新聞
・評論：法律学説判例評論全集

第2章　契約のルール

1　契約と民法

1－1　契約の意義

　現代人の生き方（ライフスタイル）は様々だが、一つ大きな共通点がある。それは、私達が物やサービス（医療、教育、運送など）を利用して生活し、通常、私達は、その物やサービスを「契約」によって入手しているということだ。例えば、パソコンを販売店で購入するのであれば「売買契約」、プレゼントしてもらうのであれば「贈与契約」、友人から貸してもらうのであれば「使用貸借契約」、レンタルショップでレンタル料金（賃料）を支払って借りるのであれば「賃貸借契約」といった具合である[1]。これは企業の経済活動においても同様である。このように、私達の生存・生活や経済活動は、契約なしには成立しないのが近代以降の社会の特徴である。

　契約とは、複数の相対立する当事者が互いに意思を表示し、その合致によ

---

[1] **契約の種類**　民法典第3編第2章は、①財産権を移転する契約として「贈与」・「売買」・「交換」、②貸借型の契約として「消費貸借」・「使用貸借」・「賃貸借」、③労務提供型の契約として「雇用」・「請負」・「委任」、④そのほか「寄託」・「組合」・「終身定期金」・「和解」という13種類の契約について規定している。これらの契約類型を「有名契約」あるいは「典型契約」という（「有名」とは、民法典に名前が有るという意味であり、famous ではない。）。また、契約自由の原則から、民法典に規定されていない契約も可能であり、「無名契約」あるいは「非典型契約」とよばれる。学校教育契約、医療契約等重要な契約類型が生み出されている。

り当事者間に債権債務関係を発生させる合意と定義される。①「**意思表示**」
の合致＝「**合意**」と②「**債権債務**」関係の発生がポイントである。例えば、
学生Aが家電量販店Bでパソコンを購入する場合を考えてみよう。Aは、
店舗におもむき、Bの店員と相談しながら、Pというパソコンを購入するこ
とにする。この「パソコンPを購入しよう」という「意思」[2]をB（の店員）
に伝えるのが「意思表示」である。Bもそれを了承する（＝意思表示）こと
により「合意」が形成され、AとBとの間に売買契約が成立することにな
る。

〈契約の成立〉

$$A \xrightarrow{\text{意思表示}} 合意 \xleftarrow{\text{意思表示}} B$$
$$\Downarrow$$
債権債務関係の発生

　契約が成立するとAとBとの間に債権債務関係という法律上の関係（権
利義務関係）が発生する。すなわち、買主Aには、「購入したパソコンPを
引き渡せ」というBに対する債権（商品引渡請求権）と、Bに代金を支払わ
なければならないという債務（代金支払債務）とが発生する。他方、Bにも、
「代金を支払え」というAに対する債権（代金支払請求権）と、Aにパソコ
ンPを引き渡す債務（商品引渡債務）とが発生する。通常は、A・Bがそれ
ぞれの債務を履行[3]することによって債権は満足を受け、債権債務は消滅
し、契約関係は終了する。しかし、債務が履行されなかった場合にはどう
か。契約当事者の一方（債権者）は、相手方（債務者）に対し履行を催告し、
それでも履行されない場合には、裁判に訴えて債権の内容を実現するか、解
除によって契約関係を解消することになろう。また、債権者が損害を被った
場合には、債務者に損害賠償を請求することになる。このように、契約は法
律上の関係であり、契約が守られない場合には、その内容を国家の力（裁

2　意思　「意志」ではない。ちなみに、『広辞苑・第7版』（岩波書店）によれば、「意
　　志」とは、「物事をなしとげようとする、積極的な心の状態」、「意思」とは、「考え。お
　　もい。」である。

3　債務の履行　「弁済」ともいう（7-1参照）。

判）によって実現できる力（効力）をもっている（詳細は、本章7以下参照）。

〈債権と債務〉

1－2　民法の構造

　契約によって成立する私たちの社会は、近代市民社会とよばれている。市民社会の基本法として、契約及び所有を中心とした市民の財産関係に関するルールを定めた法律が民法[4]である。その構造を見ていこう。

　民法は、私達の生活関係を権利と義務によって構成し、規律している。私達は、物を支配し利用して生活しているが、物を支配する権利を**物権**という。物権の典型が所有権である。所有者は、所有物を自由に使用・収益・処分できる（民法206条。もちろん、反社会的な権利行使は認められない。同条が「法令の制限内において」と述べていることに注意しよう。また、1条3項は、「権利の濫用は、これを許さない。」と明言する。）。また、私達は、必要な物やサービスを契約によって取得しているが、契約によって発生する権利（「買った商品を引渡せ」とか、「売買代金を支払え」といった請求権）が**債権**である（1－1）。この物権と債権の対立によって民法の財産法全体が形作られてい

4　**民法と「私的自治の原則」**　封建社会の身分的支配を打破して成立した近代市民社会は、市民の独立・自由・平等を前提に、その自由な意思に基づいて社会関係が形成されること、すなわち、個人の私法上の法律関係（権利の取得・義務の負担）を市民の意思によって自由に決定させることを理想とした。これを「私的自治の原則」という。自らの自由な意思に基づいて契約を締結したということが、「契約の拘束力」（「何故、契約は守らなければならないのか。」＝「市民法的正義」）の根拠となる（「意思理論」）。ということは、自由な意思に基づかない契約は拘束力をもたないということである。契約の無効や取消しの多くは、この意思に直接かかわる問題である（2、3参照）。

る⁵。

　物権は、特定の物を直接支配して利益を享受する権利、債権は、特定人（債権者）が他人（債務者）に一定の給付をなすよう請求できる権利と定義される。物権は、誰に対してでも主張できる（**物権の「絶対性」**）のに対し、債権は、債務者に対してしか主張できない（**債権の「相対性」**）。このことは、所有権（物権）と代金支払請求権（債権）とを比較すれば理解されよう（誰に対してでも「これは私の物だ」と主張できるが、「代金を支払え」と主張できるのは、買主に対してだけである。）。また、一つの物の上に同一内容の物権は成立しえない（**「物権の排他性」・「一物一権主義」**）のに対し、同一内容の複数の債権は成立可能である（**「債権に排他性なし」**）。例えば、土地 L の所有者 A がこれを B に売却するという契約を締結し、さらに C にも同じ土地を売却するという契約を締結した場合、AB 間の売買契約と AC 間の売買契約は、どちらも有効に成立する。B・C ともに A に対し土地 L を引き渡せという請求権（債権）を有することになる。しかし、土地 L の所有者となることができるのは B と C のどちらか一方である（B の所有権が成立すれば C の所有権は成立しえない）。B と C のどちらが所有者となることができるのかについては本章 6、所有者となれなかった買主（債権者）は A に対しどのような法的な主張が可能かについては 7 − 3 及び 9 以下で説明する。

　物権は、直接性・排他性を有するから、例えば、所有者は、所有物を奪われた場合にはその返還を請求できる。また、所有物の支配を侵害（妨害）された場合には、妨害排除を請求できる。これを**物権的請求権**といい、前者を物権的返還請求権、後者を物権的妨害排除請求権という。さらに、侵害のおそれがある場合には、物権的妨害予防請求権も認められる。物権は、所有権の他にいくつかの制限物権（使用・収益・処分権能の一部しか有しない物権。）があり、用益物権（地上権、地役権といった他人の所有物の使用又は収益をなす

5　**民法典の構成**　民法典の目次をみてみると、第一編総則、第二編物権、第三編債権、第四編親族、第五編相続の五つの編から構成されている。第一編から第三編までが取引その他の財産関係に関するルールを規定し、「財産法」とよばれている（本書第 1 編の対象である）。第四編と第五編は、親子関係や夫婦関係等に関するルールを定めており、「家族法」とよばれている（本書第 2 編の対象である）。

物権。）と担保物権（抵当権のように債権を保全するために認められる物権。8－2参照。）に区別される。また、以上のような物の支配の権限となる権利（「本権」）と異なり、物に対する事実上の支配状態に法的保護を与える占有権という特異な物権もある。占有とは、「自己のためにする意思」（自分が利益を受ける意思）をもって物を「所持」（物を現実に支配している事実状態）することをいい（民法180条）、これにより生じる占有権は、本権の存否とは関係なく、本権の推定（188条：本権とは所有権・地上権・賃借権その他占有を正当付ける権利をいうが、占有者は、適法な権利を有するものと推定される。）、占有訴権（197〜202条：占有状態が侵害され、侵害されるかそれが生じ、または占有を奪われた場合、侵害の排除、侵害のおそれの除去、または、奪われた物の返還を請求できる権利。）、取得時効（注34参照）、即時取得（6－4参照）その他一定の法的効果が与えられる。

　債権は、契約によって発生するほか、事務管理・不当利得・不法行為によっても発生する（法定債権関係。15及び、第3章で説明する。）。

2　契約の成立と有効

2－1　契約の成立

　契約は、意思表示の合致、すなわち、合意によって成立する。通常、この合意は、**申込みと承諾**[6]によってなされる（民法522条1項）。例えば、皆さん

6　**申込みと承諾**　教室では、「『売ろう』『買おう』の合意によって契約は成立する」という説明がなされる。しかし、不動産や自動車の売買契約が「売ろう・買おう」だけで成立するはずがない。かならず時間をかけた交渉があり、最終的な合意がなされて初めて契約が成立したといえるのである。他方、コンビニでドリンクを買う時に無言でレジに商品を置いても申込みがなされたことになる。意思は、常に言語で表明される必要はない。

　ところで、申込みと区別すべきものに「申込の誘因」がある。例えば、不動産業者が「マンション売ります。」との広告をだしたとする。これが申込みであるとすると、「買います。」との意思表示がなされれば売買契約は成立する。しかし、業者としては代金を支払う資力のある相手以外とは契約を締結したくないであろう。この広告は、「買いたい人は申込みをしてください。」との意思の表明であり、「申込の誘因」と呼ばれる。これに対して購入希望者が購入の申込みをなし、業者が承諾を与えて売買契約は成立するのである。

がラーメン屋に入り、「しょうゆラーメンひとつ。」と注文し、ラーメン屋の
おやじが「毎度、しょうゆ一丁ね。」と受けてくれれば、契約は成立する。
このように契約は口約束だけで成立するが、このことを **「諾成契約の原則」**
という。なお、契約が締結される際に「契約書」が作成されることがある
が、契約が成立したことや契約内容の証拠として作成されるものであって、
契約の成立要件[7]ではない。

　申込みと承諾以外の契約成立態様としては、①交叉申込、②意思実現、③
契約の競争締結、④懸賞広告がある。①交叉申込は、当事者双方が互いに申
込をなした場合でも、双方の申込の内容が合致していれば契約の成立を認め
るというもの、②意思実現は、当事者の意思表示や慣習によって承諾の通知
を必要としない場合、承諾の意思表示と認めるべき事実があったときに契約
の成立を認めるもの（527条）、③契約の競争締結は、競売や入札のように、
当事者の一方を競争させ、最も有利な条件を示した者と契約を締結するも
の、④懸賞広告は、一定の行為をなした者に一定の報酬を与えるという広告
であるが（529条）、その優等者にのみ報酬を与えるという広告を優等懸賞広
告という（532条）。

2－2　契約自由の原則

　契約関係は個人の自由な意思によって決定され、これを強制されないとい
う近代市民法の基本原則を「契約自由の原則」という。私的自治の原則（注
4参照）を前提とし、「所有権絶対の原則」（民法206条参照）、「過失責任の原
則」（第3章1参照）とともに民法の三大原則といわれる。ただし、これらの
原則は、資本主義の発達により修正を余儀なくされる[8]。

7　契約の成立要件　一般に法律の規定は、一定の「要件（法律要件）」がみたされれば、
　一定の「効果（法律効果）」が発生するという形式をとる（第1章4－1）。契約が成立
　するための要件は、合意（意思表示の合致）であり、その効果は債権債務関係の発生で
　ある（本章1－1）。

8　権利の内在的制約　市民社会の成立段階では、市民の財産権は、基本的人権として絶
　対的な保障の下におかれなければならないものと観念されていた（その一つの表現とし
　て、憲法29条1項）。しかし、権利は社会の存在を前提として初めて意味を有するとい
　う権利の社会性が承認さるようになると、私的所有権も絶対ではなく、公共のために法

　契約自由の原則は、具体的には、①契約締結の自由（契約を締結するか否かは当事者の自由であり、これを強制されない。521条1項）、②内容決定の自由（契約の内容は、当事者が自由に決定できる。同条2項）、③相手方選択の自由（誰と契約するかは、当事者の自由である。）、④方式の自由（契約締結につき、契約書面の作成等の特別の方式は不要である。522条2項）をその内容とするが、諾成契約の原則は、④から導かれる[9]。

2－3　契約の有効要件

　合意のみによって契約が成立することにより個人の自由が尊重され、迅速・簡便な取引が可能となる。しかし、合意のすべてが法によって保護される（履行を確保される）ということには問題がある。例えば、覚せい剤取引が裁判によって実現されることはあってはならないということは、誰にでも理解できるであろう。一定の場合には、当事者の意思に従った契約の法的効果発生が否定されなければならない。これが契約の**有効・無効**の問題である。契約が無効とされた場合、請求権（例えば、売買契約において、「商品を引き渡せ」、あるいは、「代金を支払え」といった請求権）は発生せず、すでに履行してしまった場合（目的物を引き渡してしまった場合や、代金の全部又は一部を支払ってしまった場合等。）には、不当利得としてその返還を請求できる（15参照）。契約の有効・無効については、当事者の意思にかかわる問題と契

　令によって制限されることが承認される（憲法29条2項・3項、土地収用法、民法206条等）。また、権利濫用法理（民法1条3項）等によっても制約を受けることになる。なお、損害賠償における過失責任主義の修正については第3章参照。

9　附合契約・約款　資本主義の発達により、契約自由の原則も修正を余儀なくされる。労働者・消費者等一般市民が企業等事業者と契約する場合、契約内容を決定するのは事業者であり、労働者・消費者等は、これを受け入れるか、契約締結をあきらめるかという選択肢しかない（例えば、電鉄会社との運送契約において、運賃、運行時間等は、すべて電鉄会社が決定する。）。このような契約を附合契約といい、事業者の決定した契約条項を約款という。契約を自由・対等な当事者の合意と理解する場合、一方当事者の定めた約款による契約の拘束力の根拠が問題となる。また、約款は、大量の定型的な契約を画一的に処理できるという合理性を有するが、契約当事者の一方（事業者）のみに都合よく定められてしまうという側面があり、立法その他でその内容の妥当性を確保する必要がある。なお、これらの問題に関し、民法548条の2以下は、「定型約款」について規定している。

約内容にかかわる問題とがある。

2－4　意思能力

　まず、有効な契約が成立するためには、それが当事者の「自由な意思」に
よって合意されたことが必要である。従って、契約の意味を理解できない者
は、有効に契約を締結することができない。契約等の意味を理解できる判断
能力を**意思能力**といい、この能力を有しない者を**意思無能力者**という。幼
児・低学年児童（7歳程度が一応の目安であるが、契約の性質によって異なる。）
や重度の認知症患者あるいは泥酔状態の者等は意思無能力者であり、その意
思表示（従って、契約）は無効である（民法3条の2）。

2－5　契約内容の問題

　次に、契約が有効とされるためには、その内容が①確定できること、②適
法、かつ、③社会的妥当性を有することが必要である[10]。すなわち、債務の
内容が不明では、債務を履行しようにもできないから、内容を確定できない
契約は無効である（①）。また、契約の内容が強行規定[11]に反する場合（②）
や、**公序良俗**に反する場合（民法90条・③）にも契約は無効である。

　公序良俗とは、社会の健全な常識を意味する。90条の文言では、「公の秩

10　**可能であること**　契約成立時から履行が不可能な契約を「原始的不能」の契約とい
　う。これに対し、契約締結時には履行が可能であったが、その後不可能になった場合を
　「後発的不能」という。原始的不能の契約は無効とするのが従来の通説・判例であった
　が、改正民法は、原始的不能であっても契約の効力は妨げられないという考え方を基礎
　に、この場合の履行請求権を否定しつつ（民法412条の2第1項）、債務不履行に基づく
　損害賠償が可能であることを法定した（同条2項。損害賠償については、10参照。）。な
　お、原始的不能を理由とする解除も否定されない（542条。解除については、9参照。）。
11　**強行規定**　公の秩序に関する規定を強行規定（強行法規）、公の秩序に関しない規定
　を任意規定（任意法規）という。任意規定は、当事者の意思（合意）によって排除でき
　るが、強行規定はできない。例えば、民法446条2項は、「保証契約は、書面でしなけれ
　ば、その効力を生じない。」と規定するが、これは強行規定であり、書面によらない保
　証契約は無効である。他方、447条1項は、「保証債務は、主たる債務に関する利息、違
　約金、損害賠償その他その債務に従たるすべてのものを包含する。」としているが、こ
　れは任意規定であり、保証債務の範囲を変更する当事者の特約は有効である。保証契約
　については、8を参照。

序又は善良な風俗」と表現されて、かつては、前者は、国家社会の一般的利益、後者は、社会の一般的道徳観念を意味するとされていた。現在では、両者を区別する必要はない。公序良俗違反の契約とは、殺人請負契約のように犯罪行為を目的とするような正義に反する契約、愛人契約・人身売買のように人倫に反する、あるいは、個人の尊厳を侵す契約、暴利を目的とする契約、男女別定年制のように差別的なあるいは基本的人権を侵害する内容の契約などである。

2 － 6　正常な意思表示

　さらに、契約が有効とされるためには、正常な意思表示がなされることが必要である。古典的な見解では、意思表示は、以下のように分解されて理解されてきた。

〈意思表示の構造〉
①動機　→　②効果意思（意思）　→　③表示意思　→　④表示行為（表示）

例えば、Aがパソコン購入の意思を表示する場合、大学の勉強に必要なのでパソコンを購入しなければならないという事情（①）から、家電量販店Bに行き、いろいろ考えたあげく、「Pというパソコンを購入しよう。」と決断し（②）、これをBに伝えようと考え（③）、Bの店員に「パソコンPを購入したい。」と述べるわけである。③がなければ④もなされないから、③は、特に問題とならない。さらに古典的な見解によれば、①も意思表示の内容とならないから、重要なのは、②と④とされてきた（だから、「意思」「表示」）。正常でない意思表示には、表示（④）に対応した意思（②）が存在しない場合（意思の不存在）と、意思（②）形成段階の動機（①）に問題がある場合（瑕疵ある意思表示）とがあるが、3で詳しく検討しよう。

3　正常でない意思表示

3－1　心裡留保・虚偽表示

　意思の不存在、すなわち、表示行為がなされたがこれに対応する意思（効果意思）が存在しない場合、効果意思が欠落しているので、意思表示は無効となるはずであるが（意思主義）、表示を信頼した取引の相手方の保護も考えなければならない（表示主義）。心裡留保、虚偽表示、表示行為の錯誤（3－2参照）が問題となる。

（1）心裡留保

　心裡留保（しんりりゅうほ）とは、表意者（意思表示をした者）が真実でないことを自ら認識しながらした意思表示である。例えば、AがBをからかうつもりで、5000万円相当の価値のある別荘を「500万円で売る」といい、BがこれをAの本心だと思い込んで「買う」との意思表示をした場合である。心裡留保による意思表示は、真意と異なる意思表示をした表意者を保護する必要がないので、原則として有効であるが（民法93条1項本文・表示主義）、相手方が「その意思表示が表意者の真意でないことを知り、又は知ることができたとき」（相手方の悪意[12]・有過失）は、無効となる（同項ただし書）。なお、この無効は、善意の第三者に対抗することができない（同条2項）。上記事例で、ABの契約を前提にBから当該別荘をCが購入した場合、Cが善意であれば、AからCに対する所有権に基づく返還請求は認められない。

（2）虚偽表示

　虚偽表示とは、相手方と通謀してなした虚偽の意思表示である。例えば、Aが債権者Zからの差押えを免れるために、譲渡の意思がないにもかかわらず、知人Bと通謀して、所有する土地をBに譲渡する契約を締結する行

12　善意・悪意　民法において、「善意」とは、ある事実・事情を知らないことを意味し、知っている場合を「悪意」という。倫理的な善悪とは無関係である（従って、「善意の第三者」は、善人とは限らない。）。なお、「有過失」とは、過失があること（反対が「無過失」）であるが、ここで過失とは、取引において要求される必要な注意を怠ること（注意義務違反）を意味している。

為である。虚偽表示は、効果意思が存在しないので無効である（94条1項・意思主義）。ところで、94条2項は、この無効は、善意の第三者に対抗できないと規定している。CがAB間の売買契約を有効であると信じて、Bからこの土地を購入した場合、Aは、所有権を主張してCに土地の返還を求めることができないということである。この規定は、不動産取引において極めて重要な機能を営んでおり、後述する（6－5参照）。

3－2　錯　誤

　錯誤もまた、表意者がその真意と異なる表示をしているが、表意者がそれに気づいていない場合をいう。民法は、錯誤が法律行為[13]の目的及び取引上の社会通念に照らして重要なものであるときは、取り消すことができるとしている（民法95条1項。なお、改正前は、取消しではなく無効とされていた。）。錯誤には、「意思表示に対応する意思を欠く錯誤」（表示行為の錯誤。同項1号）と「表意者が法律行為の基礎とした事情についてのその認識が真実に反する錯誤」（従来、「動機の錯誤」といわれていたもの。同項2号）」とに分類され、後者は、当該事情が法律行為の基礎とされていることが表示されているときに限り取り消すことができる（同条2項）。また、表意者に重大な過失がある場合は取消しができない（同条3項）。そのうえで、相手方が悪意又は重過失の場合（同項1号）、及び、相手方が表意者と同一の錯誤に陥っている場合（「共通錯誤」とよばれる。同項2号）には、取消しが認められる（同項）。さらに、錯誤取消しをもって善意・無過失の第三者には対抗できない（同条4項。その意義については、3－3参照。）。なお、取り消されるとその意思表示は、初めから無効なものであったとみなされる（121条）[14]。これによ

13　**法律行為**　法律は、一定の法律要件が存在すれば、一定の法律効果（権利・義務の発生・変更・消滅）を生じるという構造をもつ（例えば、契約という法律要件は、債権債務という法律効果を発生させる。）。法律行為は、意思表示を要素とする法律要件であり、単独行為・契約（双方行為）・合同行為の三形態に分類される。法律行為のうち、契約が最も重要であるから、民法学習に慣れないうちは、法律行為という用語がでてきたら、これを契約と読み替えるとわかりやすい。なお、単独行為とは、一方的な意思表示のみで法律効果を発生させる法律行為であり、取消しや解除（9参照）などの意思表示がこれにあたる。合同行為とは、目的を同じくする二個以上の意思表示の合致によって法律効果を発生させる法律行為で、社団法人の設立行為などがその例である。

って、当事者は原状回復義務（給付を受けた金銭や物を返還する等の義務。現物返還が不可能なときは、価額返還となる。）を負うことになる（121条の2第1項）。

3－3　瑕疵ある意思表示：詐欺・強迫

　民法96条1項は、「詐欺又は強迫による意思表示は、これを取り消すことができる。」と規定している。**詐欺**とは、他人をだまして錯誤におとしいれ、その錯誤によって意思表示をさせること、**強迫**とは、害悪を告知することによって他人に畏怖（いふ）を生じさせ、その畏怖によって意思表示をさせることである（民法では、「脅迫」と表記しないことに注意。）。

　詐欺や強迫による取消しを主張する者は、詐欺者・強迫者の二段階の故意（例えば、詐欺の場合には、表意者を錯誤におとしいれようとする故意と、その錯誤によって意思表示をさせようとする故意）を立証しなければならず、実際には、96条による取消しは、容易には認められない。この点を克服するために、2000年に消費者契約法が施行され、同法の4条は、民法96条の詐欺要件・強迫要件を緩和するため、誤認・困惑による申込・承諾の意思表示の取消しを規定した[15]。

14　無効と取消し　無効とは、法律行為あるいは意思表示の効果が最初から発生しないことをいう。無効は、原則として、誰からでも主張でき、主張期間の制限もなく、無効行為を追認しても、遡及的に有効となることはない（民法119条本文）と理解されてきた。取消しは、法律行為の効力を一方的な意思表示で消滅させることで、取消された行為は遡及的に無効となる（121条。取消されなければ有効な法律行為である。）。取消権者は、制限行為能力者、錯誤・詐欺・強迫により意思表示をした者（及び、その代理人・承継人等）に限定される（120条）。

15　誤認・困惑　誤認による取消しが認められるのは、①不実告知（重要事項について事実と異なることを告げること）、②将来の見込みについての「断定的判断の提供」（例えば、「必ずもうかります。」といったセールストーク）、③不利益事実の故意の不告知である。①②については、故意が不要とされる点で、消費者の立証は民法の詐欺の場合よりも容易である。また、困惑による取消しが認められる事業者の行為は、①不退去型（消費者が退去を求めているにもかかわらず、その住居等からセールスマンが退去しない場合）、②監禁型（消費者が契約締結を勧誘されている場所から退去したい旨の意思を示したにもかかわらず、退去させない場合）の2類型であったが、2018年の改正で、③願望（例えば、進学・就職・結婚・生計・容姿・体形に対する願望）の実現への不安をあおる勧誘行為、④好意の感情に乗じる勧誘行為（「恋人商法」）、⑤判断力の低下に

詐欺による取消しについては、2点注意する必要がある。

　第一に、契約の相手方ではない第三者が詐欺を行った場合、意思表示の相手方がその事実を知り（悪意）、又は知ることができた（過失）ときに限り、被欺罔者（だまされて意思表示をした契約当事者）は、その意思表示を取り消すことができる（民法96条2項。有過失については、今回の改正で追加されたもので、前述の心裡留保規定（93条1項）とのバランスを考慮したものである。）。例えば、A（表意者）がB（詐欺者）にだまされてBが金融業者Cから借金（BC間の金銭消費貸借契約）をする際の保証人になったとする。この場合、AC間に保証契約が成立するが、CがB（保証契約に関しては第三者）の詐欺の事実（BがAをだましたこと）を知らず、かつそのことに過失もなかったならば、AはCに対し詐欺による保証契約の取消しを主張できない。

　第二に、詐欺による取消しは、善意・無過失の第三者（詐欺の事実を知らず、かつ、そのことにつき過失なくして取引に入った者）に対抗できない（同条3項）[16]。例えば、AがBにだまされてAの所有する土地をBに売却して登記を移転した場合、Aは、Bとの売買契約の意思表示を取り消し、Bに土地の返還を請求することができる。しかし、Aの取消し前に、Bがこの土地を詐欺の事実を知らない無過失の第三者Cに売却し、その後、Aが詐欺を理由にAB間の売買を取り消したとしても、AからCに対する土地返還請求は認められない[17]。これは、錯誤による取消しの場合も同様である（95条4

よる生活の維持への不安をあおる勧誘行為（例えば、加齢・心身の故障等による不安をあおる行為）、⑥霊感等により不安をあおる勧誘行為（「霊感商法」）、⑦契約締結前に義務の内容を実施する勧誘行為（消費者が購入を決める前に、商品に手を加え原状回復を困難にして契約をさせる等の行為）⑧契約締結前に契約締結を目指した事業活動の実施による損失補償を請求する勧誘行為（例えば、「時間をかけて説明したのに、契約を締結しないなら時間を返せ、賠償しろ。」と契約を迫る行為）の6類型が追加された。

16　第三者の善意・無過失　改正前の民法96条3項は、詐欺による取消は、善意の第三者に対抗できないと規定していたが、改正法は、第三者が保護されるためには、善意のみならず無過失であったことも要求する。これは、被欺罔者の帰責性が小さいことを考慮した結果であり、改正前の通説を条文化したものである。なお、民法の改正に連動して、消費者契約法4条5項、特定商取引法9条の3第2項、割賦販売法35の3の13第5項も、「善意の第三者」から「善意でかつ過失のない第三者」に改正された。

17　取消後の第三者　AがBとの契約を取り消したが、土地の登記を回復しないでいたところ、BがこれをCに売却した場合はどうか（これを「取消後の第三者」の問題と

項。3－2参照）。

〈詐欺による取消と第三者〉

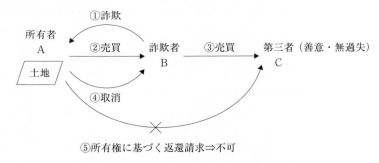

※①～⑤は時系列を示す。

　96条の2項・3項は、強迫について規定していないから、第三者による強迫の場合でも意思表示を取り消すことができ、また、強迫による取消しを善意・無過失の第三者にも対抗できる。

いう。これに対し、本文のCを「取消前の第三者」という。）。判例は、これを民法96条3項の問題ではなく、対抗問題（6参照）とし、AとCのうち先に登記を得た者が当該土地の所有権を取得する（Aの場合は、所有権の回復）としている（大判昭和17・9・30民集21・911）。

〈取消後の第三者〉

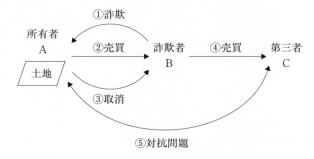

4　契約の当事者

4－1　権利能力

　民法上、権利の主体となり得るのは「人」だけであるが、人には自然人と法人とがある。

　民法では、権利（私権）を享受できる地位あるいは資格を権利能力とよんでいる。つまり、物を所有できる（「所有権」の主体）、親の財産を相続できる（「相続権」の主体）、あるいは契約を締結できる（契約の成立により「債権」が発生する）法律上の地位・資格が権利能力である。近代以降の民主的な国家においては、人であれば誰でも権利能力が与えられる。これを**権利能力平等の原則**という。民法3条1項は、「私権の享有は、出生に始まる。」と規定しているが、人として生まれてくれば、権利能力は当然に発生することを宣言するものである（他方、奴隷制国家においては、奴隷には権利能力は与えられない。つまり、奴隷は物を所有したり、契約の当事者となることはできない。奴隷自体が、物として所有・売買の対象とされる。）。従って、人である期間、即ち、生まれてから死ぬまで、人は権利能力を失うことはない。ここでいう人とは、生物としての人間を意味し、後述の法人と区別する場合には、「自然人」とよばれる。

　換言すれば、自然人の権利能力の始期は「出生」であり、終期は「死亡」である[18]。そうすると、胎児には権利能力が認められないのが原則となる。しかし、不法行為による損害賠償（721条。第3章6－4参照。）、相続（886条）、遺贈[19]（965条）については、胎児は、すでに生れたものとみなされる

---

[18]　**出生と死亡**　出生・死亡は、法的にはどのような基準で判断されるのであろうか。出生については、一部露出説、全部露出説、独立呼吸説などの考え方があるが、民法の領域では、胎児の身体全体が母体外に出た時をもって出生とする全部露出説の立場がとられている（刑法の領域では、より早い段階、すなわち、胎児が母体から一部でも露出すれば出生を認める一部露出説がとられている。大判大正8・12・13刑録25・1367）死亡については、心臓停止をもって人の死とする心臓停止説がとられ、脈拍停止・呼吸停止・瞳孔拡散をもって心臓死が判定されてきた（三徴候説）。これに対し、現在は、臓器移植に関する法律6条により、臓器移植に関しては、脳死（全脳死説によれば、脳幹を含む全脳髄の不可逆的な機能喪失。）もまた人の死と認められる。

（権利能力の擬制。第 3 章 6 － 4 注10参照）[20]。例えば、父親が死亡した場合、死ぬ前に生まれていた子にのみ相続権があり、死亡後に生まれた子には相続権がないといった不合理な扱いをなくすためであることは容易に理解できよう。

4 － 2　法　人

　近代社会においては、企業などの法人が経済活動その他の様々な領域において重要な機能を営んでいる。法人とは、自然人以外で法律上権利義務の主体となり得るもの、つまり、法律によって権利能力（法的人格・法人格）が与えられた存在である。

　法人という制度によって、①団体を一つの主体とすること、②団体財産と当該団体を構成する個人の財産とを区別すること、③物（財産）を権利主体とすることが可能となる。①②が、**社団法人**（人の集合体＝団体に法人格を付与したもの）、③が**財団法人**（財産の集合体に法人格を付与したもの）の機能である。社団法人のうち最も重要なものは企業（株式会社）である。日本相撲協会、日本ラグビーフットボール協会などは財団法人である。

　法人のうち、営利を目的とする社団を**営利法人**という。株式会社がその典型である。営利法人については、おもに商法・会社法によって規制がなされる。他方、社員（社団の構成員）や設立者に利益（剰余金・残余財産）の分配を行わない法人を**非営利法人**という。主要な非営利法人については、労働組合法、私立学校法等個別立法により設立が認められてきたが、個別立法がない場合にも営利を目的としない団体に法人格を与えるために、2008年、一般法人法（「一般社団法人及び一般財団法人に関する法律」）が施行された。また、

19　遺贈　遺言によって、遺言者の財産の全部又は一部を他人に無償で与えることを遺贈という（民法964条）。遺贈によって財産を受ける者を受遺者、また、遺贈を履行すべき者を遺贈義務者（原則として、相続人である。）という（第 2 編第 3 章 9 － 4 参照）。

20　推定と擬制　「推定」とは、当事者間に取決めがない場合や、事実が不明で反対の証拠が挙げられない場合などに、法令が一応の判断を下し、法的効果を生じさせること。当事者間の別段の取決めや、反対の事実が判明した場合には、推定は覆される。「妻が婚姻中に懐胎した子は、夫の子と推定する。」（民法772条 1 項）などがその例である。他方、「擬制＝みなす」とは、本来は性質が異なるものを、ある一定の法律関係において同一のものとして法律が認め、同一の法律効果を生じさせること。

祭祀（さいし）・宗教・慈善・学術・技芸等の公益を目的とし、行政庁から「公益認定」を受けた一般法人（非営利法人）は、**公益法人**となる。日本相撲協会、日本ラグビーフットボール協会、日本赤十字社等は公益法人である。

4－3　制限行為能力者

　次に、自然人にかかわる重要な制度である**制限行為能力者**制度をみていこう。

　2－4において、意思無能力者の意思表示は無効であることを述べたが（民法3条の2）、民法は、意思無能力者を含め、一般的・恒常的に判断能力が不十分とみられる者を定型化し、この者に保護者（契約締結その他財産管理を援助する者）をつけてその能力不足をカバーし、また保護者の権限を無視して締結された契約等の取消しを認めることにより、その者の財産を保護する制度を設けている。これが制限行為能力者制度である。行為能力とは、単独で有効に法律行為を行うことができる能力（地位・資格）を意味し、制限行為能力者とは、この能力が制限された者という意味である。制限行為能力者は、①**未成年者**、②**成年被後見人**、③**被保佐人**、④**同意権付与の審判を受けた被補助人**である。

4－4　未成年者

　かつては、20歳未満の者を未成年者といい、未成年者が婚姻をすると、民法上、成人に達したものとみなされた（成年擬制・753条）。未成年者の契約（正確には、法律行為）には法定代理人（法定代理人の意義については、5参照）の同意が必要であり（5条1項本文）、同意のない契約は取り消すことができる（未成年者取消権。同条2項、120条）。但し、①単に権利を得、又は義務を免れる行為（5条1項ただし書）、②処分を許された財産の処分（同条3項）、③未成年者が営業を許された場合、その営業に関する行為（6条1項）については法定代理人の同意は不要であり、従って、取消しもできない。通常、未成年者の法定代理人は、親権者であるが（818条・819条・824条）、親権者がいない場合等は、後見人が法定代理人となる（838・859条）。

　現在、成人年齢を20歳から18歳に変更する改正法が2018年に成立し、これ

により2022年 4 月 1 日からは18歳未満の者が未成年者となる。その結果、18歳・19歳の者は、上記の未成年者取消権を行使することができなくなるため、悪質商法などによる消費者被害の拡大が懸念される。婚姻適齢（婚姻できる年齢）を男18歳、女16歳とする731条も改正され、男女とも18歳となるので、成年擬制を規定する753条は削除された。

4 － 5　成年後見制度

```
〈成年後見制度により保護される者の類型〉
①成年被後見人
②被保佐人
③被補助人
```

　成年後見制度とは、判断能力の不十分な成人の能力を補い、その財産を保護する制度である。民法では、この判断能力を「事理弁識能力」というが、その程度に応じて、保護の類型は、①成年後見、②保佐、③補助の三類型に分けられる。本人・配偶者・一定範囲の親族等の請求を受けた家庭裁判所の審判により、精神上の障害により事理弁識能力を欠く常況にある者（恒常的な意思無能力者）は成年被後見人（民法 7 条）、精神上の障害により事理弁識能力が著しく不十分な者は被保佐人（11条）、精神上の障害により事理弁識能力が不十分な者は被補助人（15条 1 項）とされ、それぞれ成年後見人、保佐人、補助人がつけられる。成年後見人は、取消権・代理権を有する（ 9 条本文、859条 1 項）。なお、日用品の購入その他日常生活に関する行為の取消しはできない（ 9 条ただし書）。保佐人には、重要な財産上の行為（具体的には、元本の領収・利用、借金、保証、不動産その他の重要な財産の売買、訴訟、相続に関する行為その他である。13条 1 項・ 2 項）についての同意権・取消権（代理権については、家庭裁判所による代理権付与の審判が必要である。876条の 4 ）、補助人には、特定の法律行為についての代理権又は同意権の一方又は双方が付与される（17条、876条の 9 ）。補助人に同意権が付与された場合にのみ、取消権を行使できる点に注意しよう（補助人に代理権しか付与されていない場合には、取消権は認められない。）。

4 － 6　制限行為能力者の相手方の保護

　以上のように、制限行為能力者は、取消権によって保護されているが、他方で、取引の安全に対する要請から、制限行為能力者と取引をした相手方の保護も考えられなければならない。

　まず、制限行為能力者との間でなされた契約は、取消し又は追認の意思表示がなされないかぎり法律関係は確定せず（取消されれば無効に確定、追認されれば有効に確定する。民法121条・122条）、相手方は不安定な状態におかれる。民法は、一般的な制度として、法定追認（125条）や取消権の消滅時効（126条）を規定しているが[21]、さらに、制限行為能力者の契約に固有の制度として、相手方の催告権を認めている（20条）。すなわち、制限行為能力者と契約等をした相手方は、1か月以上の期間を定めて制限行為能力者の契約等を取消すか否かを催告することができ、その者が期間内に確答を発しなかったときは、取消し又は追認が擬制される。具体的には、法定代理人・保佐人・補助人・行為能力者となった本人に催告した場合に、その者が確答を発しないときには追認が擬制され（同条1項・2項）、他方、被保佐人・被補助人に対しては、保佐人・補助人の追認を得るように催告し、その者が追認を得た旨の通知を発しなかった場合には取消しが擬制される（同条4項）。

　また、制限行為能力者が行為能力者であることを信じさせるために詐術を用いた場合には、取消権が否定される（21条）。法定代理人・保佐人・補助人の同意を得たとする詐術も同様であると解されている。

5　代　理

5 － 1　代理とは何か

　近代市民社会において市民は自己の意思にのみ拘束され、他人の行為によ

21　**法定追認・取消権の消滅時効**　取り消すことができる行為について、追認することができる時以降、異議をとどめずに、債務の全部または一部の履行、履行の請求、取得した権利の譲渡等を行うと、追認したものとみなされる（民法125条）。また、取消権は、追認することができる時から5年、契約の時から20年で時効消滅する（126条）。消滅時効については、7－2参照。

って義務を負わないのが原則である。これによって個人の独立と自由が確保されるが、他方で、個人が自己にかかわる事柄をすべて自分一人で行うことは困難である。個人の能力を補充し、その活動領域を拡大するための代理制度が必要となる。

　本人Aのために代理人Bが相手方Cに意思表示をし、またはCから意思表示を受けることによって、Aが直接その行為（意思表示＝代理行為）の法律効果を取得する制度を代理という（民法99条）。

〈代理の構造〉

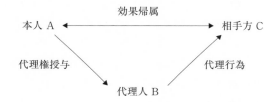

　例えば、Aが自己の所有する土地をCに売却する場合、AがC対して売買契約を申込み、Cがこれに承諾を与えることによってAC間に売買契約が成立し、債権債務関係が発生するのが通常である（本人による売買契約の成立）。他方、Aの息子Bが、勝手にCにこの土地を売るという意思表示を行い、Cがこれを承諾したとしても、AC間に売買契約は成立しない。しかし、AがBに土地売買契約の代理権を与え、BがAの代理人としてCに契約申込みの意思表示を行い、Cがこれに承諾の意思表示を行えば、AC間に売買契約が成立する（代理による売買契約の成立）。

　代理行為の効果が本人に帰属する（「代理の他人効」という。）ための要件は、①有効な代理権の存在と②顕名である（99条1項。なお、代理人の代理行為が、意思表示として有効なものでなければならないことは、意思表示の一般理論から当然の前提である。）。

5－2　代理権
（1）代理権の意義
　代理をなし得る地位・資格を**代理権**という。代理には、本人の意思によら

ずに法律によって代理権（法定代理権）が付与される**法定代理**と、本人と他人（代理人）との間の代理権授与行為（委任契約によるほか、雇用契約や請負契約等においても代理権が付与され得る。）により代理権（任意代理権）が発生する**任意代理**とがある。法定代理は、私的自治を補充する機能を営み（制限行為能力者制度における未成年者の親権者や成年後見人等の法定代理権。4－3以下参照）、任意代理は、社会における取引関係の規模や範囲の拡大に対応し、私的自治を拡充する機能を営んでいる[22]。

（2）代理権の範囲

　代理権の範囲は、法定代理の場合には、法律の規定とその制度の趣旨によって、また、任意代理の場合には、契約及びその解釈によって確定される。その範囲が不明の場合には、代理人の権限は、管理行為、すなわち、①財産の現状を維持する「保存行為」と、②目的物・権利の性質を変えない範囲で収益を図る「利用行為」、あるいは、財産の経済的価値を増加させる「改良行為」に限定され、「処分行為」を行うことはできない（民法103条）。

（3）代理権の濫用

　代理人が自己または第三者の利益を図る目的で代理権の範囲内の行為をするのが代理権の濫用である。この場合であっても、代理行為の効果は、本人に帰属するのが原則であるが、相手方が悪意・有過失の場合には、無権代理とみなされる（107条。無権代理については、5－4参照。）。

（4）自己契約・双方代理等

　原則として、代理人自身が契約の相手方となること（自己契約）、及び、代理人が本人・相手方双方の代理人になること（双方代理）は、無権代理行為とみなされる（108条1項本文）。代理人と本人との利益が相反する行為（利益相反行為）についても同様である（同条2項本文）。本人の利益が侵害されるおそれがあるからである。ただし、債務の履行及び本人があらかじめ許諾した行為については問題ない（同条1項ただし書・2項ただし書）。

---

[22]　**任意代理の例**　例えば、交通事故の被害者が弁護士に加害者に対する賠償請求の交渉や訴訟の遂行を依頼する場合、不動産の所有者がその不動産の売却を不動産業者に依頼する場合、あるいは、損害保険会社が様々な事業者を代理店として保険商品の売買等を委任する場合が任意代理である。

（5）代理権の消滅

　代理権は、本人の死亡、代理人の死亡・破産・後見開始によって消滅する（111条1項）ほか、任意代理の場合には、代理権を発生させた契約関係の終了（同条2項）や契約で定めた事由（消滅原因）の発生によって消滅する。法定代理の場合には、行為無能力者であった本人が行為能力者になった場合その他親権者・代理人等がそれぞれその地位を喪失することにより当然に代理権も消滅するほか、法律の規定により消滅する（ex. 876条の4第3項）。

5－3　代理行為

　代理人の意思表示は、「本人のためにすること」を示してする必要がある（民法99条）。これを**顕名**という。「本人のために」とは、本人の利益のためにという意味ではなく、本人に効果を帰属させようという意思（代理的効果意思）を意味する。顕名をしない場合には、代理人自身のためになした行為とみなされる（100条本文）。ただし、相手方が悪意又は有過失の場合には、本人に効果が帰属する（同条ただし書）。代理関係が制度上明白な場合も同様である（商法504条、民法761条等）。

　代理人には意思能力が必要であるが（意思無能力者は、有効な意思表示＝代理行為をなし得ない。）、行為能力は不要とされている。従って、制限行為能力者を代理人とした場合、制限行為能力を理由に代理行為自体を取消すことはできない（102条本文）。

　代理行為の瑕疵の存否は、本人ではなく、代理人について判断されるのが原則である。すなわち、①意思の不存在（心裡留保・虚偽表示。3－1参照）、②錯誤（3－2参照）、③詐欺・強迫（3－3参照）、④ある事情を知っていたこと又は知らなかったことにつき過失があったこと（悪意・有過失。注12参照）によって、代理人が相手方に対してした意思表示の効力が影響を受ける場合には、その事実の有無は、代理人について決せられる（101条1項）。例えば、代理人が錯誤に陥って意思表示をした場合、あるいは、代理人に対する相手方の詐欺により代理人が意思表示をした場合には、その意思表示は取消すことができるが（95条1項・96条1項）、本人の錯誤等を理由に取消すことはできない。また、相手方が代理人に対してした意思表示が④によって影

響を受ける場合も同様である（101条2項）。しかし、特定の法律行為をすることを委託された代理人がその行為をしたときは、本人の知っていた事情、過失によって知らなかった事情について、本人は代理人の不知を主張できない（同条3項）。

5－4　無権代理

　代理権がないにもかかわらず、Ｂが代理行為を行うことを**無権代理**という（これに対し、代理権が存在する場合を「有権代理」という。）。この場合、本人ＡがＢの行為を追認することにより、これを有効な代理行為（有権代理）とすることができる（本人の追認権。民法113条1項・116条）。そこで、無権代理行為の相手方Ｃは、本人に対し、相当の期間を定めて、追認するか否かを確答すべき旨の催告することができ、期間内に本人の確答がない場合には、追認を拒絶したものとみなされる（相手方の催告権。114条）。また、本人の確答がない間は、善意の相手方は契約を取消すことができる（相手方の取消権。115条）。追認拒絶、あるいは、取消権の行使により、無権代理行為の無効が確定する。

　無権代理行為が本人Ａの追認を得られない場合、相手方Ｃは、その選択により、無権代理人Ｂに対し、履行責任（有権代理であったならば本人が履行すべきであった義務と同一の義務を無権代理人が履行しなければならない責任。例えば、不動産の売買契約であれば、当該不動産の所有権移転・引渡し及び登記を移転する責任。）又は損害賠償責任（無過失責任）[23]を追及することができる（117条）。責任の成立要件は、①他人の代理人として契約した者が、自己の代理権の存在を証明できないこと（同条1項）、②本人の追認がないこと（同項）、③相手方が取消権を行使しないこと（条文に規定されていないが通説。）、④相手方の善意（Ｂが代理権を有しないことをＣが知らなかったこと。同条2項1号）・無過失（知らなかったことにつき、Ｃに過失がないこと。ただし、Ｂが自己に代理権がないことを知っていた場合には、有過失のＣも保護される。同項2

23　無権代理人の無過失責任　民法709条は、不法行為に基づく損害賠償請求において、加害者に過失があることを責任成立の要件としている（過失責任主義・第3章参照）。117条は、過失の有無を問題とせずに無権代理人に損害賠償責任を負わせるものである。

号）⑤無権代理人が制限行為能力者でないこと（同項3号）、である。

5－5　表見代理

　本人Aと無権代理人Bとの間に特定の緊密な関係があり、このために相手方CがBに有効な代理権があると誤信して取引をした場合、一定の要件のもとに有権代理と同様な効果を認めて相手方を保護する重要な制度もある。**表見代理**とよばれている。これは権利が存在するかのような外観に対する信頼を保護する制度（権利外観法理。民法94条2項及び同項の類推適用、96条3項、192条等がこの法理を表現したものと理解されている。）の一環として理解され、本人が外観作出（代理権があるかのような外観の作出）に一定の関与をしたという帰責性が責任の根拠となる。また、相手方の善意・無過失が要求される。以下の類型が民法に規定されている。

（1）代理権授与表示の表見代理（109条）

　本人Aが相手方CにBに代理権を与えた旨の表示をしたが、実際には与えていなかった場合である。Cに対するBの代理行為の効果は、Aに帰属する（AC間の契約成立等）。Bが表示された代理権の範囲で行為したこと、Cの善意・無過失が要件となる（同条1項）。また、上記の場合で、Bが表示された代理権の範囲外の行為を行ったときは、当該行為について代理権があるとCが信ずべき「正当な理由」がある場合も同様である（同条2項）。

（2）権限外の行為の表見代理（110条）

　Bは何らかの代理権（「基本代理権」あるいは「基本権限」）を有するが、その範囲を越えて代理行為をした場合（越権行為）である。代理人に権限があると信ずべき「正当な理由」が相手方Cにある場合、Aに効果が帰属する。

（3）代理権消滅後の表見代理（112条）

　代理人Bの代理権が消滅した後に、Bが代理人として行為をした場合である。相手方Cの善意・無過失（代理権消滅の事実を知らなかったこと・知らなかたことについて過失がなかったこと。）を要件に、本人Aへの効果帰属が認められる（1項）。また、上記の場合で、Bが表示された代理権の範囲外の行為を行ったときは、当該行為について代理権があるとCが信ずべき「正当な理由」がある場合も同様である（同条2項）。

6 物権変動

6 – 1 物

　民法は、売買を財産権と金銭との交換と規定しているが（民法555条）、多くの場合、売買契約の目的となるのは、「物」の所有権である。民法において物とは、「有体物」とされる（85条）。有体物とは、空間の一部を占める有形的存在（固体・液体・気体）を意味し、無体物[24]に対する概念である。

　民法86条は、物を「不動産」と「動産」に分け、土地及びその定着物（建物等）を不動産、それ以外の物を動産としている。この区別は、極めて重要である。市民社会では、物の所有者の権利（所有権）が保護されなければならず（真の権利者保護＝静的安全）、他方で、正当な契約によって権利を取得しようとする買主の地位も保護されなければならないが（取引の安全＝動的安全）、不動産と動産とでは、その性質や経済的価値の違いなどから、法的保護のあり方が大きく異なるからである。

6 – 2 不動産物権変動

　土地や建物などの不動産は、通常、経済的価値が高いから、その取引も慎重になされる必要がある。売主A・買主B間の土地売買契約を例に考えていこう。

　契約により土地（の所有権）を取得しようとする買主にとって、この土地の所有者が誰であるかがまず重要である。何故なら、権利を処分できるのは権利者だけであり、無権利者からは権利を取得できないのが近代法の大原則だからである。これを**無権利の法理**という。ところで、物権の取得・喪失・変更を**物権変動**[25]という。この物権変動を対外的に公示する方法を**公示方法**

---

[24] **無体物**　権利、精神的創造物、エネルギー・自然力（電気・熱・光）などが無体物である。民法は、所有権の客体を全面的な支配に適する物に限定する趣旨で85条を規定した。しかし、無体物の上にも所有権類似の排他的支配権その他の権利は成立する（知的財産権、電気の利用権等。）。その意味で、物を有体物に限定する85条の規定は、私有財産権の定義としては狭すぎるとされ、法律上排他的支配可能なものとすべきと学説は主張する。

といい、不動産の場合には、**登記**[26] によって公示がなされる。そこで、土地を購入する前に、B は登記によって土地の所有者が A であることを確認する必要がある。

　次に、購入時には、A から B に所有権が移転した旨の登記をする必要がある[27]。何故なら、A がさらにこの土地を第三者 C に売却して、C に登記を移転してしまうと、B は、土地の所有権を取得できないことになるからである。A が B との間で土地の売買契約を締結しながら、C にも同じ土地を売るという契約を締結してしまうことを不動産の「二重譲渡」という。また、このときの第一買主 B と第二買主 C との関係ないし両者間の法的問題（ここでは、B・C どちらがこの土地の所有者となることができるのかという争い）を「対抗関係・対抗問題」といい、この対抗問題を法的に解決する基準を**対抗要件**（すでに成立している権利関係を第三者に主張できるための要件）という。民法177条は、登記をしなければ、不動産物権変動を第三者に対抗できないと規定している。登記が対抗要件とされているから、例えば、AB 間の契約締結が AC 間の契約締結より先であっても、あるいは、B が売買代金全額を A に支払済みであったとしても、C が登記を得ていれば、この土地の所有権を確定的に取得できるのは C となるのである。ただし、判例は、信義則[28]

25　物権変動　例えば、売主の所有する物の売買により買主は所有権（物権）を取得し、売主は所有権を喪失する。また、地上権（他人の土地において工作物又は竹木を所有するため、その土地を使用する権利。民法265条）の存続期間の延長などが物権の変更である。

26　登記　各地の法務局に登記簿が備えられ、土地や建物を購入する場合、家屋を新築した場合、あるいは、土地・建物に抵当権を設定する場合等には、当事者の申請により登記簿にその旨が記載される。2004年にオンライン申請（電子申請）が原則となり、登記は、紙の登記簿ではなく、電磁的帳簿（磁気ディスク＝ハードディスク）に記録されるようになった。

27　所有権の移転時期　物の売買において、売買目的物の所有権は、何時、売主から買主に移転するのだろうか。民法は、物権変動において意思主義を採用し、所有権の移転は、「意思表示のみによって、その効力を生ずる。」としている（民法176条）。その理解をめぐって学説は対立しているが、判例・通説は、特約がない限り、売買契約時に直ちに所有権が移転するとの解釈をとっている（最判昭和33・6・20民集12・10・1585）。

28　信義則と一般条項　民法 1 条 2 項は、「権利の行使及び義務の履行は、信義に従い誠実に行わなければならない。」と規定する。これは、我々が社会共同体の構成員として互いに相手の信頼を裏切らないように誠意をもって行動しなければならないというルー

に照らして登記の欠缺（けんけつ）の主張を許すことが適当でないと認められる者を**背信的悪意者**とよんで、民法177条の第三者から排除している（背信的悪意者排除論。最判昭和43・8・22民集22・8・1571）[29]。すなわち、仮にCが背信的悪意者にあたると判断されれば、Bは登記なくしてCに対抗できる。

〈二重譲渡と対抗問題〉

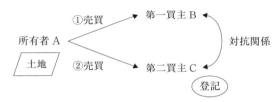

6－3　動産物権変動

不動産取引と異なり、動産の譲渡（動産物権変動）においては、公示方法・対抗要件は、**引渡し**（占有の移転）である（民法178条）。例えば、Aがテニスラケットを友人Cに売却するという契約を締結した後、さらにBとの間でもこのラケットの売買契約を締結してこれをBに手渡した場合、B

ルを明言するものである。これが「信義誠実の原則」＝「信義則」である。1947年の民法改正において、新たな民法理念が宣言された。同条1項は、「私権は、公共の福祉に適合しなければならない」として、私権の社会性、すなわち、権利といえども絶対ではなく、その存在及び行使は、社会共同体の利益に反してはならないことを明言する。また、同条3項は、権利濫用を禁止している。判例は、信義則を根拠に、背信的悪意者排除論のほか、信頼関係破壊法理（13－2参照）等重要な法理を生み出している。なお、1条のように法律の要件・効果を包括的、抽象的に規定し、裁判官に広範な裁量権を与えることにより紛争の妥当な解決を図ろうとする規定を一般条項という。公序良俗に反する法律行為を無効とする90条も一般条項である。

29　背信的悪意者排除論　Cが背信的悪意者とされた場合、第一買主Bは、Cに対し登記なくして所有権を主張できる。不動産登記法5条は、「詐欺又は強迫によって登記の申請を妨げた第三者」「他人のために登記を申請する義務を負う第三者」を民法177条の第三者から除外している。これに類する者のほか、Bに対する復讐を目的として土地を購入したC、Bに高額で転売する目的で土地を購入し登記を得たCなどが背信的悪意者とされる。

がこのラケットの所有者となる（ただし、自動車・船舶・航空機等登録が対抗要件となる動産もある。）。

6 ― 4　公信の原則

　ところで、AからBがラケットを購入したわけだが、実はこのラケットはDの所有物であり、AはDから借りていたにすぎない場合、真の所有者Dは、Bにこのラケットの返還を請求（所有権に基づく返還請求権＝物権的請求権の行使）して、これを取り戻すことができるのだろうか。動産の売買は、日常的に大量に行われ、かつ迅速さが要求されるから、取引に入った買主が保護される必要性が高い。そこで民法は、動産取引において、**即時取得**（善意取得）制度を設けた。買主が取引行為により平穏・公然・善意・無過失で動産の占有を得た場合には、その権利を取得できるとする制度である（民法192条）。平穏・公然・善意は、推定される（186条1項）。平穏・公然とは、占有の取得が暴力的・秘密的でないことであるが（平穏の反対が暴行・強迫、公然の反対が隠匿）、有効な取引行為（契約）であれば、平穏・公然は当然のことである。また、占有者（売主）は、占有物の上に行使する権利を適法に有するものと推定される（188条）から、占有を譲り受けた者（買主）の無過失も推定される（最判昭和41・6・9民集20・5・1011）。従って、Bは、Aが真の所有者でないことを知っていたか（悪意）、注意さえすれば知り得た場合（有過失）でなければ、Bの信頼は保護され、ラケットの所有権を取得できる。

〈即時取得〉

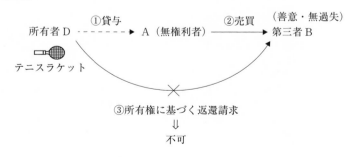

　前述したように、所有権を処分できるのは所有者だけであり、無権利者から所有権を取得することができないのが近代法の大原則である（無権利の法理）。他方で、取引の安全をはかるために、真実と異なる外観（ここでは、Dがラケットの所有者であるのに、あたかもAが所有者であるかのような外観）を信じた善意・無過失の取引者に権利を得させるという**公信の原則**が採用される場合がある。即時取得制度は、動産取引に公信の原則を採用したものである。しかし、不動産取引においては、公信の原則は認められていない。本当はDの所有する土地であるのに、A名義の登記（誤った、あるいは、虚偽の登記）がなされていた場合、Aを所有者と信じ、Aとの売買契約を締結したBは、土地の所有権を取得できないのが原則である。これは、「**登記に公信力なし**」と表現される。

6－5　民法94条 2 項類推適用論

　では、不動産物権変動において、取引の安全は全く考慮されないのであろうか。民法94条 2 項は、虚偽表示の無効は、善意の第三者に対抗できないと規定している（ 3 － 1 参照。93条 2 項も同様である。）。また、95条 4 項、96条 3 項は、錯誤、詐欺による意思表示の取消しは、善意・無過失の第三者に対抗できないとしている（ 3 － 2 、 3 － 3 参照）。これらの規定は、虚偽表示、錯誤及び詐欺による契約を前提に不動産取引に入った第三者を保護する機能をはたしている。さらに、判例は、94条 2 項を類推適用[30]することにより、登記の外観に対する信頼を保護する法理を確立した（民法94条 2 項類推適用論）。この法理によれば、不動産の真の所有者をD、登記名義人をA、Aから当該不動産を購入した者をBとすると、①D自らA名義の虚偽の登記を作出した、あるいは、②Aが勝手に作出した虚偽の登記を事後に気づきながらDがこれを放置したという**Dの帰責性**と**Bの善意**（または、善意・無過失）を要件に、真実と異なる登記を信頼したBの権利取得が認められる（最判昭和29・ 8 ・20民集 8 ・ 8 ・1505ほか）。

30　類推適用　法律に規定のない事項について、これと類似の性質を有する事項に関する規定を適用すること。

7　債権の実現

7−1　弁　済

(1) 弁済の意義

　契約によって発生した債権債務関係は、債務者がその債務を履行することにより、債権は満足を受けて消滅する（民法473条）。契約関係の終了である。債務の履行を弁済という。弁済がなされなければ、当然のことながら、債権者は、債務者に対し債務を履行するよう請求することになる（履行請求権）。

(2) 弁済者

　弁済を行うのは債務者であるが、第三者による弁済（「第三者弁済」という。）も可能である（474条1項）。弁済について正当な利益を有する者（例えば、物上保証人や担保目的物の第三取得者[31]は、弁済をしないと債権者から執行を受けて、目的物の所有権を失ってしまう。）は、当然に債権者に弁済することができる。

　他方、第三者弁済が許されない場合がある。第一に、弁済をする正当な利益を有しない第三者による弁済は、その弁済が債務者の意思に反するときは無効となる（同条2項本文）。「弁済をする正当な利益を有しない第三者」とは、弁済によって債務を消滅させることに「法律上の正当な利益がない第三者」を意味し、例えば、債務者の家族、知人等であるという理由で弁済をなした第三者がこれにあたる（例えば、相続した場合等を除き、親の借金を子が弁済しないからといって、子は法律上の不利益を受けることはない。）。ただし、この弁済が債務者の意思に反することを債権者が知らなかった場合には、弁済は有効となる（同項ただし書）。第二に、弁済をする正当な利益を有しない

31　**物上保証人・担保目的物の第三取得者**　借金（金銭消費貸借契約）をする場合、債務者は債権者から担保の提供を求められる場合がある。通常は、債務者が所有する不動産等を担保に提供するが、知人・家族・親戚等第三者が債務者のために担保物を提供する場合がある。この第三者を物上保証人という。また、担保目的物の第三取得者とは、抵当権等担保物権が設定されたままの物を購入等した者である。担保・保証については8で説明する。

第三者が債権者の意思に反して弁済することはできない（債権者の受領拒絶権。同条3項本文）。ただし、第三者が債務者の委託を受けて弁済する場合、そのことを債権者が知っていたときは、債権者は受領を拒絶することができない（同項ただし書）。第三に、債務の性質により第三者弁済が許されない場合がある。また、第三者弁済を禁止ないし制限する当事者間の特約は有効である（同条4項）。

　第三者が弁済した場合、弁済者は、債務者に対して求償権を有するが、これを確保するために、債権者が債務者などに対して有していた担保などの一切の権利を行使できる（501条）。これを「弁済による代位」という。

（3）弁済の相手方

　弁済を受領できるのは債権者[32]であるが、次の二点に注意する必要がある。

　第一に、債権者であっても、債権を差し押さえられた場合、破産宣告を受けた場合、債権に質権（8注37参照）を設定した場合には弁済受領権限を失い、債権者に対する弁済は無効となる。

　第二に、債権の受領権限が無い者に対する弁済は無効であるが、例外的に、受領権者以外の者であっても、取引通念に照らして受領権者としての外観を有する者（表見的受領権者）に対する弁済は、弁済者が善意・無過失であれば有効となる（478条。改正前の民法では、「債権の準占有者に対する弁済」と呼ばれていた制度である。）。

7－2　債権の消滅原因

　弁済以外にも債権債務を消滅させる様々な事由がある。代物弁済、供託、相殺、免除、混同、解除（9参照）、取消し（3－2、3－3特に注14参照）等である。

（1）代物弁済

　当事者の合意により、本来の給付に代えて他の給付をすることによって債

32　**債権者以外の弁済受領権者**　債権者から受領権限を与えられた者（受任者、代理人、管理人）、法律の規定により受領権を有する者（法定代理人、不在者の財産管理人）も弁済を受領できる。

権を消滅させる契約を代物弁済という（民法482条）。例えば、Aに2000万円
の金銭債務を負うBが、Aの同意を得て金銭債務の弁済に代えて、その所
有する土地の所有権をAに移転するような場合である。

（2）供　託

　債権者が弁済を受領しない場合、受領できない場合、あるいは、債権者を
確知できない場合に、弁済者が弁済の目的物を供託所に寄託（物の保管を委
託する契約・657条）して債務を消滅させる制度である（494条）。

（3）相殺（そうさい）

　債権者と債務者とが相互に同種の目的を有する債務（通常は、金銭債務）
を負担する場合に、いずれか一方の意思表示により、双方の債務を対等額に
おいて消滅させることを相殺という（505条）。例えば、①AがBに100万円
の貸金債権を有しているが、他方②BはAに売却した商品の代金債権100万
円を有している場合、AがBに対して相殺の意思表示をすると両債権債務
は消滅する。この場合、相殺に用いる債権（①）を自動債権（反対債権）、相
殺によって消滅する債権（②）を受動債権という。相殺によりAは、債権
債務の清算手続を簡易化できるのみならず（相殺の簡易決済機能）、債権の回
収を実現できることになる（相殺の担保的機能）。

　相殺の要件（**相殺適状**という。）は、①対立する債権が存在すること、②両
債権が同種の目的を有すること（通常は、金銭債権同士なので問題ない。）、③
両債権が弁済期にあること（実際上は、弁済期到来要件は、自働債権には必要
とされるが、Aは期限の利益を放棄できるから、受働債権には不要である。）、④
債務の性質上相殺が許されること（例えば、抗弁権の付着した自働債権は、相
殺が許されない。）である（505条1項）。相殺により両債権は、対等額で消滅
するが、消滅時期は相殺の意思表示時ではなく相殺適状時である（**相殺の遡
及効**。506条2項）。

（4）免　除

　債権者の一方的な意思表示によって、無償で債権を消滅させること（519
条）。

（5）混　同

　債権と債務が同一人に帰属することにより債権債務は消滅する（520条）。

相続等によって生じる。

（6）消滅時効

債権の**消滅時効**という制度もある。債権者が、一定期間権利を行使しなかった場合、債権は遡及的に消滅する[33]。すなわち、債権者が権利を行使することができることを知った時（主観的起算点）から5年、また、権利を行使することができる時（客観的起算点）から10年で債権は時効消滅する（166条1項）。なお、生命・身体に対する侵害による損害賠償請求権の時効は、客観的起算点から20年となる（167条）[34]。

7－3　債権の強制的実現

履行期日になっても債務者が債務を任意に履行しない場合、債権者は、債権の内容をどのように実現したらよいであろうか。

近代国家は、権利者が権利の内容を実力で実現することを禁止している

---

[33] **遡及効**　時効の効力は、その起算日にさかのぼる（民法144条）。従って、債権の消滅時効においては、起算日から債権が消滅していたものとあつかわれる。取得時効（注34参照）においても、占有の開始時から所有者であったというあつかいを受ける。

[34] **時効についての補論**　時効とは、①一定の事実状態が②一定期間継続した場合に、権利を取得し（取得時効）、あるいは、権利が消滅する（消滅時効）という制度である。①②が時効完成の要件であるが、さらに当事者（消滅時効の場合は、債務者だけではなく、保証人・物上保証人・第三取得者等権利の消滅について正当な利益を有する者も含む）が、これを「援用」（時効の利益を享受しようとする者が、その旨の主張をすること）しないと時効は効力を生じない（民法145条）。

所有権は、時効で消滅することはない。しかし、20年間、所有の意思をもって、平穏かつ公然と、他人の物を占有した者は、その所有権を取得することができる（162条1項。その結果、時効完成前の所有者は所有権を喪失する。）。取得時効とよばれる制度である。この者が、占有開始時において、善意・無過失であったときは、時効期間は10年となる（同条2項）。所有権の時効取得も、物権変動（6参照）である。

時効には、更新という制度がある。これは、時効進行中に一定の事由が発生すると、それまで経過してきた期間が効力を失う（経過した期間が0になる。）というものである。例えば、債務者が債務の存在を「承認」すると、消滅時効はその時から新たに進行を始める（152条1項）。また、時効期間の満了に当たり、一定の事情がある場合、時効の完成が猶予される制度もある（147条以下）。例えば、時効期間の満了時に当たり、天災その他避けることのできない事変のため、裁判上の請求の手続等を行うことができないときは、その障害が消滅した時から3箇月を経過するまでの間は、時効は、完成しない（161条）。

（自力救済の禁止。第1章3－1参照）。そこで、債権者は、国家機関の手によって権利を実現することになる。債権の強制履行の制度である。民法414条及び民事執行法は、直接強制・代替執行・間接強制の三類型を規定している。

（1）　直接強制（民事執行法43条〜170条）

　債務者の意思にかかわらず、国家機関の手によって債権の内容を実現するものである。不動産や動産の引渡し、金銭の支払いといった与える債務では最も有効な手段であるが、為す債務・不作為債務[35]ではこの方法は使えない。

（2）　代替執行（171条）

　給付実現の権限を債権者に与え、それに要した費用を債務者から取り立てる方法である。建物の収去債務や謝罪広告（第3章3－2、6－3参照）などの代替的作為債務、及び、不作為債務（例えば不作為義務に違反して設けられた物の除去）に用いられる。

（3）　間接強制（172条）

　遅延期間に応じて、または相当と認める一定額の金銭を債権者に支払うように債務者に命じることにより心理的圧迫を与え、給付を促す方法である[36]。

　なお、意思表示を目的とする債務（例えば、農地売買において知事等への許可申請をなすべき義務（農地法3条・5条））については、判決をもってこれに代えることができる（意思表示義務執行における意思表示の擬制・177条）。

　ところで、これらの強制履行が許されない債務が存在する。夫婦の同居義務、婚約の履行、芸術家の創作債務などは、強制履行になじまない。

35　**作為債務・不作為債務・与える債務・為す債務**　債務者の積極的行為を内容とする債務を「作為債務」という。作為債務は、物の引渡し等の「与える債務」と仕事の完成などの「為す債務」に区別される。また、騒音防止協定の締結による一定以上の騒音を出さないという債務のように、一定の作為をしないという債務が「不作為債務」である。

36　**間接強制の補充性**　かつては、直接強制・代替執行が可能な場合にはこれによるべきであり、間接強制は、不代替的作為債務（例えば、幼児が親権者以外の者の下にいる場合の親権者による幼児の引渡し強制）にのみ適用されるべきとの見解が支配的であった（間接強制の補充性）。しかし、2003年に民事執行法が改正され、直接強制・代替執行が可能な場合にも、間接強制を用いることが可能となった（間接強制の補充性の否定）。

8 担保と保証

8－1 債権者平等の原則

　金銭債権の債務者が任意に弁済をなさない場合、最終的には、債権者は債務者の財産を差し押さえ、これを換価して債権の回収をはかることになる（民事執行法43条以下）。例えば、Ｂがａに対して2000万円の貸金債権を有し、弁済期日を過ぎてもＡが弁済しない場合、Ｂは、2000万円及び利息・遅延損害金の支払いを求めて提訴し、確定判決を得て債権を回収することになる。なお、債務者が債務の弁済に充てることができる資産全体を**責任財産**あるいは一般財産という。仮にＡには現金や銀行預金等がなく、不動産だけが資産（責任財産）であり、これを換価したところ3000万円になったとしよう。このうち2000万円及び利息・遅延損害金が弁済としてＢに与えられ、剰余金はＡに交付される。

　ところで、ＡにはＢに対する2000万円の債務のほかに、Ｃに6000万円、Ｄに4000万円、計１億2000万円の債務があったとしよう。Ａが破産（企業であれば倒産）した場合、債権者Ｂ・Ｃ・Ｄ各人に対する弁済は、どのようになされるのだろうか。債権者は、Ａに残された財産（責任財産）を差し押さえ、当該財産の強制換価（競売等）を行い、そこから配当を得ることになる。債権者各人への弁済は、債権の成立時期等にかかわりなく債権の額に応じて按分してなされる。これを債権者平等の原則という。上記の例に従い、唯一の財産である不動産が競売により3000万円で換価できたとすると、債権額の割合は、Ｂ：Ｃ：Ｄ＝2000万円：6000万円：4000万円＝１：３：２となるから、各人が回収できる債権は以下の通りとなる（なお、現実には、利息や遅延損害金が問題となるが、説明を簡略化するためにここでは無視する。）。

　　Ｂ ＝ 3000万円 × 1/6 ＝ 500万円
　　Ｃ ＝ 3000万円 × 3/6 ＝ 1500万円
　　Ｄ ＝ 3000万円 × 2/6 ＝ 1000万円

8－2 担 保

　以上の例のように、責任財産が債務の総額を下回ると債権者は債権全額を回収できないことになる。そこで、債権回収を確実にする手段として用いられるのが担保である。担保には物的担保と人的担保がある。物的担保とは、債務者または第三者に属する一定の財産の交換価値をもって債権の担保とする制度であり、抵当権、質権、留置権、先取特権[37]といった担保物権[38]と、担保のためにする目的物の譲渡（権利移転型担保）[39]とがある。抵当権・質権は、当事者の合意によって成立する約定担保物権であり、留置権・先取特権は、当事者の意思に関係なく、法律の定める一定の要件が充たされれば成立する法定担保物権である。以下、抵当権について説明する。

　抵当権とは、設定者（債務者又は第三者）が占有を移転しないで債務の担保に供した不動産について、抵当権者（債権者）が他の債権者に先立って自

37　質権・留置権・先取特権　質権は、債権者が債権の担保として債務者又は第三者から受け取った物を占有し、かつ、その物について他の債権者に先立って自己の弁済を受けられる約定担保物権である。動産・不動産のみならず（それぞれ動産質・不動産質という）債権その他の財産権もその目的物とすることができる（民法342条・362条）。留置権は、他人の物の占有者がこの物に関して生じた債権を有するとき、その弁済を受けるまでその物の占有をすることができるという権利で（295条）、例えば、時計の修理を請負った時計店は、修理代金が払われるまで、修理した時計の返還を拒絶することができる。先取特権（さきどりとっけん）は、法律の定めた特定の債権を有する者が、債務者の一定の財産から他の債権者に優先して当該債権の弁済を受ける担保物権である（303条）。例えば、会社が倒産した場合、従業員の給料は会社の一般財産から他の債権者に優先して支払われる（306条・308条）。

38　担保物権の効力　担保物権には、①優先弁済的効力、②留置的効力、③収益的効力がある。①は、担保目的物を競売して換価し、得られた金銭により他の債権者に優先して担保権者に弁済を与える効力、②は、目的物を債権者が占有し、債務者が弁済するまで物の返還を拒むことにより弁済を間接的に促す効力、③は、目的物から生じる果実を債権の弁済に充てることができる効力である。抵当権・先取特権は、①が中心である。留置権には、②しか認められない。不動産質は①②③、動産質には①②が認められる。

39　権利移転型担保　AがBから融資を受ける際に、Aが所有する不動産の所有権をBに移転し、弁済期にAがBに弁済すればAが所有権を回復し（その権利を受戻権という）、弁済がなされなければ、Bが確定的にその所有権を取得するという担保の形態を譲渡担保という。このように債権者に権利移転する形態の担保には、そのほかに仮登記担保、所有権留保等がある。これらは民法典に規定がなく、取引の要請から慣習によって生成し、判例や特別法によって認められてきたものである。

己の弁済を受ける権利である（民法369条1項。なお、特別法により自動車、航空機、船舶、各種財団にも抵当権を設定できる。）。例えば、BがAに融資するにあたり、Aの不動産に抵当権を設定し、これを登記すると、Bが他の債権者に優先して弁済を受けることができる。前記8－1の例で、BがAの不動産に抵当権を設定していた場合、抵当権者Bが2000万円全額の弁済を受け、CとDが残り1000万円から3：2の割合（C＝600万円、D＝400万円）で弁済を受けることになる。

　担保は、被担保債権（上記の例でいうと、抵当権によって担保されたBの2000万円の債権）の有効な存在を前提として初めて有効に存在できる。これを**付従性**という。すなわち、被担保債権が成立しなければ担保設定行為も無効であり（成立における付従性。例えば、金銭消費貸借契約が公序良俗に反して無効であると、右契約のために設定された抵当権も無効である。）、被担保債権が消滅すれば担保権も消滅する（消滅における付従性。例えば、債務が弁済されれば、担保権も消滅する。）。さらに、BのAに対する債権がEに譲渡[40]されれば、担保権も当然にEに移転する（随伴性）。

8－3　保　証

〈保証〉

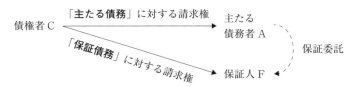

40　債権譲渡　債権も物と同様に譲渡（売買等）することができる（民法466条）。BのAに対する2000万円の金銭債権をEに譲渡する場合、譲渡人（ゆずりわたしにん）B・譲受人（ゆずりうけにん）Eの合意によって有効に譲渡はなされるが、これを債務者Aに対抗するためには、Aに対する通知又はAの承諾を要する（467条1項）。これは二重払いの危険から債務者Aを保護するためである。他方、債権の二重譲渡もあり得るが、債務者以外の第三者に対する公示方法・対抗要件は、確定日付ある証書による通知・承諾である（同条2項）。なお、動産及び債権の譲渡の対抗要件に関する民法の特例等に関する法律4条1項は、法人の債権譲渡につき、債権譲渡登記ファイルへの登記を民法467条の「確定日付ある証書による通知」に代わるものとしている。

　人的担保は、債務者以外の第三者の一般財産をもって債権回収を確保する手段である。その典型は、保証である。例えば、A が C から融資を受ける際、A が債務を C に弁済できなかった場合、F が代わって弁済するという合意が保証である。たとえ F が A から頼まれて保証人になったとしても（保証委託）、保証契約は、債権者 C と保証人 F との間に成立していることに留意すべきである。この場合の A を「主たる債務者」という（AC 間には金銭消費貸借契約が成立しており、A の債務が「主たる債務」である。）。保証債務も、主たる債務に付従し（成立の付従性、消滅の付従性、随伴性。8 - 2 参照）、主たる債務より重くなることはない（内容における付従性。民法448条）。

　保証契約は、書面でしなければ効力を生じない（要式契約。446条 2 項・3 項）。

　保証債務は、主たる債務者が履行しないときにはじめて履行しなければならなくなる（446条 1 項）[41]。これを保証債務の補充性というが、このことから保証人には**催告の抗弁権・検索の抗弁権**[42]が認められている。催告の抗弁権とは、債権者が主たる債務者に履行の請求をせずに保証人に履行を請求してきた場合、保証人に債務の履行を請求する前にまず主たる債務者に催告（請求）せよとの抗弁権であり（452条）、検索の抗弁権は、債権者が主たる債務者に催告した後であっても、まず主たる債務者の財産に執行せよとの抗弁である（453条）。この二つの抗弁をあらかじめ合意（特約）によって排除する保証を**連帯保証**[43]という（454条）。

41　**保証人に対する情報提供義務**　債権者は、保証人に対し、主たる債務の不履行の有無等履行状況に関する情報を提供し（民法458条の 2 ）、主たる債務者が期限の利益を喪失した場合、これを通知する義務を負う（458条の 3 ）。

42　**抗弁権**　私権（私法上の権利）は、その作用・行使の観点から支配権（所有権等）、請求権（債権等）、形成権（取消権等）、抗弁権等に分類される。抗弁権とは、相手方からの請求権行使に対して、その効力の発生を正当に阻止する権利である。

43　**連帯保証と共同保証**　保証人が複数いる場合を共同保証という。この場合には、債権額は保証人の数に応じて分割されるのが原則である。これを「分別（ぶんべつ）の利益」という。連帯保証はこの共同保証とよく誤解されるが、保証人が連帯するのは主たる債務者とであって、ほかに保証人がいるかどうか（保証人の人数）は、連帯保証とは関係が無い。また、複数の連帯保証人がいる場合であっても、分別の利益を主張できない（大判大正 6 ・ 4 ・28民録23・812）。

　また、付従性に基づき、保証人は、主たる債務者の抗弁権をもって債権者に対抗できる（457条2項）。すなわち、主たる債務者が債権者に対し同時履行の抗弁権（533条）[44]を主張できる場合、あるいは、時効を援用して債権の消滅を主張できる場合、主たる債務者本人がこれを主張しない場合であっても、保証人は債権者に対しこれらを抗弁として主張することができる。相殺権、取消権、解除権も同様である（457条3項）。

　保証人が主たる債務者に代わって弁済した場合、保証人は債務者に求償権を行使することができる（459条以下）。

9　債務不履行制度1：解除

9－1　債務不履行制度とは

　例えば、売買契約を締結したが、売主である業者が弁済期日を過ぎても商品を引渡さず、しかも、引渡しを求めても誠実に対応しようとしない場合、買主としては、契約を解消して、別の業者から購入しようと考えるだろう。あるいは、運送業者に物品の運送を依頼したが、業者がその物を紛失あるいは破損した場合、依頼者としては、運送業者に損害を賠償するよう求めるであろう。契約の相手方（債務者）がその債務をきちんと履行しない場合に、債権者に債務者に対する契約の解除や損害賠償等を認める制度が債務不履行制度である。前述した強制履行（7－3）の制度は、裁判によらねばならず（従って、相当な時間と費用がかかる）、また、履行の強制が意味をなさない場合がある。債務不履行制度による解除権や損害賠償請求権は、裁判外でも行使することでき、多くの契約上のトラブルは、これによって解決するのが合理的である。

　債務不履行とは、「債務の本旨に従った履行をしないとき又は債務の履行

44　同時履行の抗弁権　同時履行の抗弁権とは、双務契約において、当事者の一方は、相手方が債務の履行又はその提供をするまで、自己の債務の履行を拒むことができるという権利である（民法533条本文）。例えば、売買契約において、代金を支払っても商品を引渡してもらえないというリスクを回避する手段として極めて重要である。もちろん。特約によりどちらかの債務を先履行とすることは自由である（同条ただし書）。同時履行の抗弁権と同様な機能を果たす担保物権に留置権がある（注37参照）。

が不能であるとき」を意味する（民法415条 1 項）が、①履行が可能であるの
に約束の期日（履行期）を過ぎても履行がなされない場合＝「**履行遅滞**」[45]、
②契約その他の債務の発生原因及び社会通念に照らして履行が不可能な場合
＝「**履行不能**」[46]、③履行はなされたが完全な履行があったとは言えない場
合＝「**不完全履行**」[47] に分類することができる。債務不履行の場合に、債権

45　履行遅滞　何時から履行期を徒過するかは、民法412条の規定により次のようになる。
（a）確定期限の定めがある場合（例えば、2021年 3 月末に売買代金を支払うと約束した
場合。）には、期限（2021年 3 月31日）の到来により遅滞におちいる（同条 1 項）。（b）
不確定期限のある場合（例えば、現在建築中の家屋が完成した時に工事代金を支払うと
約束した場合。）には、期限到来後、債務者が履行の請求を受けた時又はその期限の到
来を知った時のいずれか早い時から遅滞におちいる（同条 2 項）。（c）期限の定めのな
い場合（例えば、借金に際して、貸主から「返済は、ある時払いでいいよ。」と言われ
た場合。）は、債権者の催告（履行の請求）があった時から遅滞におちいる。

46　履行不能と危険負担　2020年に改正施行される前の民法において、通説は、契約締結
前から履行が不能の場合を原始的不能、契約締結後に不能となった場合を後発的不能と
して区別し、原始的不能を契約の無効原因と理解していた。また、後発的不能は、債務
者の帰責事由（故意・過失又は信義則上これと同視すべき事由）の有無に応じて債務不
履行と危険負担の問題として処理してきた。危険負担とは、双務契約（売買や賃貸借契
約のように契約当事者双方が対価的意味を有する債務を負う契約を双務契約という。こ
れに対し、贈与のように、当事者の一方のみが債務を負う契約を片務契約という。）か
ら生じる対立する債務の一方が、債務者の責めに帰すべからざる事由により履行不能と
なり消滅した場合、他方の債務は存続するのかという問題である（例えば、家屋の売買
契約で売主の過失によらずに引渡前の家屋が近所で発生した火災の延焼により焼失した
場合、売主の家屋引渡し債務は消滅するが、この債務消失の危険を売主と買主のどちら
が負担するのか、すなわち、買主の代金支払債務は存続するのか・消滅するのかという
問題。）。ところが、民法改正により、原始的不能であっても契約は無効とはならないと
の立場が採用された（民法412条の 2）。また、債務不履行における過失責任主義が否定
され、帰責事由は、解除の要件ではなくなった。その結果、債務者の帰責事由の有無に
応じた解除と危険負担のすみ分けは不可能となる。新たな危険負担制度では、履行不能
により反対債務は当然には消滅するのではなく、債権者が反対債務の履行を拒絶できる
ものとされ、反対債務を消滅させるには解除によることとした（536条 1 項、542条）。

47　不完全履行　履行遅滞・履行不能と並ぶ統一的な類型があるわけではないので、最近
の学説は、不完全履行という用語法に批判的なものが多い。ここでは不完全履行を履行
遅滞・履行不能以外の債務不履行と理解してほしい。ところで、債務者は、債権者に契
約で目的とされた給付をなす義務を負うが、これを「給付義務」という。債権債務関係
の中心をなす義務であり、その不履行は、履行遅滞・履行不能の問題となる。これに対
し、不完全履行は、①給付した目的物に瑕疵（欠陥）がある場合（例えば、購入した食
品が腐っていた場合、商品の交換や代金の返還が問題となる。）、②債務者は、給付義務

者に債務者に対する履行請求権が認められるのは当然として、一定の要件のもとに、契約の解除権（9－2以下参照）、損害賠償請求権（10参照）が認められる。さらに、不完全履行の場合には、完全履行請求権（追完請求権）が認められる。例えば、売買契約において、商品に欠陥があった場合の欠陥のない商品への交換や修理の請求、数量不足の場合の数量の追加（充足）の請求等が完全履行請求である。なお、後述する契約不適合責任（11参照）も、不完全履行の問題である。

9－2 契約の解除

　締結した契約の一方的な破棄の意思表示を解除という。解除によって契約は解消され、まだ履行されていない債務（未履行債務）は消滅する。また、すでに履行がなされた債務（既履行債務）については、返還義務＝原状回復義務が発生する（9－4参照）。

　解除には、法定（ほうてい）解除と約定（やくじょう）解除とがある。前者は、法律の規定により解除権が発生する場合で、債務不履行を理由とする（民法541条・542条）。これに対し、契約によって解除権が留保される場合が後者である。解約手付などが後者の例である（557条。手付の意味については、11－1参照。）。

　なお、解除が解除権者の一方的な意思表示によりなし得るのに対し（従って、単独行為である。）、すでに成立した契約の当事者間でこの契約を解消することを内容とする新たな契約を結ぶことがある。合意解除（解除契約）とよばれる。また、賃貸借（13、14参照）等の継続的契約の解消は、将来に向かって契約を解消させるものであり（620条）、解除のような原状回復は無意味である（マンションの賃貸人が正当に受け取った賃料を賃借人に返還するのでは、マンション賃貸業の意味がない！）。これを解除と区別して「解約告知」

に付随した信義則上の義務を負うがこの「付随義務」違反の場合（例えば、マンション売買において販売業者は顧客に対して説明義務を負うが、この義務に違反した場合、契約の解除や損害賠償が問題となる。）、③契約関係に入った当事者間では、相手方の生命・身体・財産等を侵害しないように注意すべき信義則上の義務（保護義務）を負うが、この保護義務違反による「拡大損害」の場合（例えば、①の腐った食品により購入者が食中毒になった場合、治療費・休業損害等の損害賠償が問題となる。）等である。

あるいは「告知」とよぶことがあるが、民法典では解除の語が用いられているので注意を要する（607条、612条2項、620条等）。さらに、民法は、債務不履行を前提としない契約の解消を「解約」（618条等）、その意思表示を「解約の申入れ」（617条）とよんでいる。

9−3　法定解除の要件：催告解除と無催告解除

法定解除は、催告による解除（催告解除・民法541条）と催告によらない解除（無催告解除・542条）に区別される。

催告解除の要件は、①債務者の債務不履行、②債権者が相当な期間を定めて履行を催告すること、③催告期間内に履行がなされないことである（541条本文）。ただし、④催告期間経過時において債務不履行が契約及び社会通念に照らして「軽微」であるときは、解除は認められない（同条ただし書）。

他方、以下の（a）〜（e）に該当する場合には、無催告解除が認められる（542条1項）。

（a）債務全部の履行不能（同項1号）

（b）債務者の債務全部の明確な履行拒絶（2号）

（c）一部履行不能または一部履行拒絶により契約目的を達成できないとき（3号）

（d）定期行為（契約の性質又は当事者の意思表示により、特定の日時又は一定の期間内に履行しなければ契約目的を達成できない場合。4号）

（e）その他、債権者の催告によっても契約目的を達するのに足りる履行がされる見込みがないことが明らかであるとき（5項）

また、（f）債務の一部の履行不能（同条2項1号）、（g）債務者の債務の一部の明確な履行拒絶（2号）の場合には、契約の一部の無催告解除が認められる。

なお、債務不履行が債権者の責めに帰すべき事由によるものであるときは、債権者は契約の解除をすることができない（543条）。

9−4　解除の効果

契約の解除により、未履行債務は消滅し、既履行債務については原状回復

義務が発生する（民法545条1項本文）。また、債務不履行により債権者に損害が発生している場合には、債務者に対する損害賠償請求権も成立する（同条4項。損害賠償については、10参照）。

原状回復は、原物（契約により受けとった物・金銭）を全部返還するのが原則である。しかし、目的物が滅失・損傷した場合には、価額返還（金銭による返還）となる。また、金銭を返還するときは、受領の時からの利息を付さなければならない（同条2項）。金銭以外の物を返還するときは、その受領の時以後に生じた果実[48]をも返還しなければならない（同条3項）。これに関連して、判例は、使用利益の返還請求を認めている（最判昭和51・2・13民集36・1・71）。例えば、家屋の売買契約が締結されたが、半年後に契約が解除された場合、買主は売主に対して家屋だけではなく、半年分の賃料相当額を使用利益として返還しなければならない。

なお、解除権の行使により第三者の権利を害することはできない（545条1項ただし書）。例えば、土地を所有するAがBとの間で土地売買契約を締結し、Bがこれを第三者Cに転売して登記も移転した後に、AがBの債務不履行（売買代金の未払い）を理由に契約を解除した場合、AはCに対し土地の返還を求めることができず、Cがこの土地の所有者となる[49]。

48　元物と果実　物から生じる収益（経済的利益）を果実、果実を生み出す物を元物（げんぶつ）という。例えば、乳牛の果実は牛乳、貸家の果実が家賃である。果実は、物の用法に従い収取する産出物である「天然果実」（上記の牛乳）と、物の使用の対価として受けるべき金銭その他の物である「法定果実」（上記の家賃）とに分類される（民法88条）。天然果実は、元物より分離するときの収取権者に帰属する（89条1項）。通常、牛乳は乳牛の所有者の所有となるが（206条）、乳牛が賃貸されている場合には賃借人に帰属する（601条。なお189条参照）。法定果実は、これを収取する権利の存続期間に応じて、日割計算で帰属する（89条2項）。貸家が売買され、月の途中で賃貸人（家主）が交代した場合、その月の賃料は新旧賃貸人間において日割りで分割される。もちろん、売買当事者間において、これと異なる合意（例えば、「当該月の賃料はすべて旧家主が取得することとする。」といった合意。）も有効である。

49　解除後の第三者　「詐欺による取消しと第三者」の問題と同様に（3－3注17参照）、民法545条1項ただし書が適用されるのは解除前の第三者であり、Aの解除後にBから土地を購入した第三者Cと売主Aとの関係は、対抗問題（177条）として処理するというのが通説・判例である。

9−5　解除権の行使・消滅

　解除は、相手方に対する一方的な意思表示によってなされる（民法540条1項）。この解除の意思表示は、撤回することができない（同条2項）。また、解除に条件や期限をつけることはできないと解されている（もちろん、「〇月〇日までに履行がなされなければ、契約は当然に解除されたものとする。」旨の催告は有効である。）。契約当事者の一方が複数いる場合には、その解除は全員から、また全員に対して行わなければならない（解除権行使の不可分性・544条1項）。この場合、解除権が当事者のうちの一人について消滅したときは、全員について解除権は消滅する（解除権消滅の不可分性・同条2項）。

　解除権は、相手方の催告（547条）、解除権者の故意・過失による目的物の滅失・損傷等（548条）によって消滅する。さらに、判例は、解除権及び原状回復請求権の10年の消滅時効を肯定する（大判大正6・11・14民録23・1965；同大正7・4・13民録24・669）。

10　債務不履行制度2：損害賠償

10−1　損害賠償とは

　債務不履行のもう一つの重要な効果は、債権者に債務者に対する損害賠償請求権が発生することである。マンションの売買契約を締結したが、売主が期日を過ぎても引渡しを怠ったため、買主が居住している賃貸アパートを退去できず、余計な賃料がかかってしまった場合や、患者が医療過誤の被害者となった場合、債権者（買主や患者・患者の遺族）は、債務者（売主や医療機関）に対して被った損害の賠償を請求することができる。損害賠償請求は、契約の解除による原状回復請求（例えば、マンション売買契約解除による支払い済み代金の返還）と区別する必要がある。また、損害賠償請求は、解除と共にすることも、解除はせずに、損害賠償請求だけをすることも可能である。ところで、民法709条は、損害賠償の一般原則を定めている（第3章参照）。債務不履行に基づく損害賠償に関する415条以下の規定は、709条の特則である[50]。

10− 2　　損害賠償請求権の成立要件

　債務不履行に基づく損害賠償請求が認められるためには、**①債務不履行の事実**（債務者が債務の本旨に従った履行をしないこと、又は、履行不能）、**②損害の発生**、**③**債務不履行の事実と損害発生との間に**因果関係**があることが必要である（民法415条1項本文）。ただし、**④**債務不履行が契約その他の債務の発生原因及び取引上の社会通念に照らして債務者の責めに帰することができない事由によるものであるときは、債務者は免責される（同項ただし書）。例えば、前記マンション売買契約の事例で、買主は、①期日までに当該マンションの引渡しがなかったこと、②余分なアパート賃料○○円を支払ったこと、③ ②は①によって余儀なくされた支出であることを主張立証して、売主に損害賠償を請求することになる。これに対し、売主は、例えば④引渡しの遅延が大災害によって工事が遅れたせいであり、これは不可抗力であるとして、免責を主張することになる。

　なお、債務者の帰責事由（④）の理解が転換した点には注意が必要である。従来の通説・判例は、債務者の帰責事由とは、債務者の故意・過失及び信義則上これと同視し得る事由（履行補助者の故意・過失）を意味するものとしてきた。債務不履行責任においても、不法行為と同様、過失責任主義が採用されていたわけである（第3章1・2参照）。しかし、契約を締結した以上、債務者が債務を履行するのは当然であり、債務を履行しなかった債務者に過失がある場合にだけ、契約上の責任を負えばよいという考え方は妥当ではない。改正民法では、「帰責事由＝過失」というこれまでの理解を否定した（債務不履行における過失責任主義の否定）。

　また、（a）履行不能、（b）債務者の明確な履行拒絶、（c）契約の解除の

50　積極的債権侵害　なお、債務者の債務不履行ではなく、契約当事者以外の者の行為により債権の実現が妨げられる場合が生じ得る。かつては、第三者による債権侵害は不法行為となるかが議論されたが、債権といえども権利としての不可侵性を有し、その侵害は不法行為となるとの見解が支配的となり、判例も不法行為の成立を承認した（大判大正4・3・10刑録21・279）。通説は、通常、債権には公示性がないため、第三者（加害者）は、侵害された当該債権の存在を認識していないという場合があること、また、自由競争原理に基づき、同一内容の債権は複数存在し得ること（債権に排他性なし）から、債権侵害が不法行為となるためには、原則として、加害者には故意が必要であり、加害行為の違法性が強い場合に限られる（侵害行為の態様が問題となる）としている。

場合には、債務の履行に代わる損害賠償（「填補賠償」[51]という）が認められる（同条2項）。

10-3 損害及び損害賠償の範囲

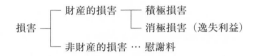

　債務不履行における損害とは、債権者に生じた不利益を意味する。これは、経済的な損失と評価できる**財産的損害**と、必ずしも経済的不利益を伴わない精神的苦痛・肉体的苦痛といった**非財産的損害**に分けて考えられる。非財産的損害に対する賠償を**慰謝料**という。財産的損害はさらに、債務不履行のために支出を余儀なくされた損害である**積極損害**と、取得できるはずであったのに債務不履行のために取得できなくなった利益の損失である**消極損害**（**逸失利益**）に区別される。例えば、タクシーの乗客として乗車中にタクシー運転手の過失により交通事故にあい、受傷して入院治療を余儀なくされたとしよう。乗客は、タクシー会社に対し、運送契約上の債務不履行に基づく損害賠償を請求することになるが、病院に支払った治療代や入院費用が積極損害、他方、休業損害（勤務や業務を休んだことによる収入の喪失）や事故の後遺障害による労働能力の喪失による損失が逸失利益である。さらに、事故の際の恐怖といった精神的苦痛や受傷による肉体的苦痛については、慰謝料を請求することになる。

　損害は、金銭によって賠償がなされるのが原則であるが（金銭賠償主義）、あらかじめ契約当事者の合意により他の方法によることも可能である（民法417条。後者の例として、物品の売買契約において、「引渡した商品に不都合があ

51　遅延賠償・填補賠償　履行遅滞によって発生する損害の賠償は、遅延賠償とよばれる（本文でのマンション引渡し遅延により余儀なくされた余計な賃料の賠償）。遅延賠償は、本来的給付の請求（マンションの引渡し請求）と併せて請求できる。他方、填補賠償は、履行不能の場合の本来的給付に代わる賠償である。なお、履行遅滞においても、契約を解除して填補賠償を請求することは可能である（民法415条2項・545条4項）。

る場合には、代替品の引渡しをもって金銭賠償に代える」等の合意。）。

　債権者が債務者に賠償請求できる損害は、債務不履行によって生じた損害、すなわち、債務不履行との間に因果関係がある損害でなければならない（因果関係の意味については、第3章5－2参照）。しかし、債務不履行との間に事実的因果関係のある損害は無限に拡大することにもなりかねず、そのすべてが賠償されなければならないとするのは不合理である。合理的・妥当な賠償範囲の確定が必要とされる。この点につき、民法416条は、損害を「通常生ずべき損害」（**通常損害**・1項）と「特別の事情によって生じた損害」（**特別損害**・2項）とにわけ、通常損害の賠償を原則とし、特別損害については、当事者（債務者）が特別事情を予見すべきであったときは賠償範囲に含まれるとしている（なお、第3章6－5参照）。上記のタクシー事故の事例では、医師が必要と認めた治療や入院の費用、けがにより実際に働くことができなかった期間の休業損害、事故と因果関係のある後遺障害による労働能力喪失によって生じた逸失利益、合理的な範囲の慰謝料は通常損害とされるであろう。

10－4　損害賠償をめぐるその他の問題

（1）過失相殺

　債務不履行や損害の発生・拡大に関して債権者に過失があったときは、裁判所は、これを考慮して、損害賠償責任の成否の判断や損害賠償額の算定を行うことができる（民法418条）。例えば、上記のタクシー事故の事例で、乗客がシートベルトをしていなかったために、けがの程度が重くなったという事情がある場合には、賠償額の減額がなされ得る。過失相殺とよばれる制度である。

（2）金銭債務の特則

　金銭消費貸借契約上の債務（借金の返済債務）や売買代金の支払債務のような金銭の給付を目的とする債務を金銭債務という。金銭債務は、債務不履行において特別な扱いをうける（419条）。まず、金銭債務に履行不能はなく、弁済をしない場合は、常に履行遅滞とされる。また、債務者は、不可抗力を抗弁とできない（3項）。さらに、債権者は、賠償請求に際し、損害の

証明は不要とされ（2項）、損害賠償の額は、法定利率[52]（404条）によって計算される（419条1項本文）。ただし、約定利率が法定利率を超えるときは、約定利率によって計算する（同項ただし書）。

（3）賠償額の予定

　契約当事者は、債務不履行に備えてあらかじめ損害賠償額を定めておくことができる（420条1項）。例えば、建設工事契約における「工事完成が遅れた場合には、請負人は注文者に対し、1日につき○○円を支払うものとします。」といった違約金の定めがこれにあたる。賠償額を予定した場合には、損害の発生や損害額の証明は不要となる。また、これは、履行の請求や解除権の行使を妨げるものではない（2項）。なお、違約金には、違約罰もある。違約罰は、違約金とは別に損害賠償も請求できるというもので、債務者にとっては、極めて過酷なものであることから、民法は、違約金は、賠償額の予定と推定する規定を設けている（3項）。

（4）損害賠償による代位・代償請求権

　例えば、A（賃借人）は、B（賃貸人）が所有する車両を賃借して商売を行っていたが、第三者Cの惹起した交通事故により車両を完全に壊されてしまったとする。Aは、Bに車両を返還できないので、債務不履行に基づき車両価額の賠償をしなければない。Aがこの賠償金をBに支払った場合、Aは、Cに対するBの不法行為に基づく損害賠償請求権（第3章参照）を当然に取得することになる。損害賠償による代位とよばれる制度である（422条）。また、Aがこの車両に保険をかけていた場合、BがAから賠償金を得ていないならば、Bは、保険金請求権の移転を請求できる。代償請求権という制度である（422条の2）。

52　法定利率・約定利率　法定利率とは、法律の規定によって定められる利率で、民法404条で3％とされる。ただし、3年ごとに利率の見直しが行われる（変動金利制）。約定利率とは、当事者の契約によって定められた利率であり、法定利率に優先する。

11　売買と契約不適合責任

11— 1　売買契約の意義及び成立

　近代社会において、売買は、最も重要な契約類型である。これまで述べてきた民法規定のほとんどが直接・間接に売買契約に関係するルールを構成している。ここでは、売買目的物に何らかの問題があった場合に売主が負うべき責任を中心に売買契約についてみていこう（なお、欠陥商品事故については、第3章12参照）。

　財産権と金銭との交換が売買である（民法555条）。多くは物の所有権が売買契約の目的とされるが、債権その他の権利の売買も行われる（債権の売買＝「債権譲渡」については、8—2注40参照）。当事者の合意だけで売買契約は成立するが（諾成契約）、重要な契約では契約書が作成されたり、手付が交付される場合がある。契約書は、契約成立および契約内容の証拠として作成される。また、手付は、契約成立の証拠（証約手付）として交付されるほか、原則として、手付の授受後契約の履行に着手する前ならいつでも手付額の喪失により（手付流し、手付倍返し）契約の解除をなし得る自由を当事者に与える「解約手付」とされる（557条。約定解除権の合意である。）。違約手付もある（損害賠償額の予定、あるいは、違約罰としての手付。10—4（3）参照）。

11— 2　売買の効力

　売買契約の成立により、売主は財産権移転義務、買主は代金支払義務を負う。

　財産権移転義務に付随して、売主は、登記・登録等権利移転の対抗要件（6—2参照）を備えさせる義務（民法560条）、目的物引渡義務、引渡しまでの保管義務（善管注意義務。400条）等を負う。さらに、引き渡された物が契約の内容に適合しない場合の売主の義務（契約不適合責任）に関する民法の規定が重要である（11—3参照）。

　他人の権利が売買の目的とされる場合もある。民法は、これを有効とし、

売主は、権利を取得して買主に移転する義務を負うことになる（561条）。権利の取得が不能の場合（例えば、他人の所有する土地を売買の目的物としたが、所有者がこの土地の売却を明確に拒否している場合。このように他人の所有する物の売買を「他人物売買」という。）、売主は買主に対して債務不履行責任（解除・損害賠償責任。9・10参照）を負う[53]。権利の全部ではなくその一部が他人に属している場合（例えば、購入した土地の一部が他人の所有であった場合）については、11－3（4）参照。

11－3　改正民法と契約不適合責任

　引き渡された売買の目的物が種類、品質又は数量に関して契約の内容に適合しないものであるときは、買主の売主に対する追完請求権、代金減額請求権、損害賠償請求権、解除権が認められる（民法562条～）。**契約不適合責任**という[54]。改正前民法における「売主の担保責任」を改正したものである[55]。

53　権利の瑕疵についての担保責任　改正前の民法では、売買の目的物に瑕疵がある場合、すなわち、売買の目的物が買主にとって充分な権利、数量、品質を備えていなかった場合、過失の有無にかかわらず、売主は担保責任を負うものとされ（かつての通説においては、債務不履行責任は、過失責任と考えられていた。）、買主に契約解除権、代金減額請求権、損害賠償請求権が認められてきた（改正前の民法561条以下）。売主の担保責任は、大きく「権利の瑕疵についての担保責任」と「物の瑕疵についての担保責任（瑕疵担保責任）」とに分けて理解されていた。他人の権利の売買において、売主が買主に権利を移転できない場合が、前者である。買主には契約解除権が発生し、買主が善意の場合（売主が所有者でないことを買主が知らなかった場合）には、損害賠償請求権が認められた（改正前の561条）。権利の一部が他人に属するために、売主がその部分を買主に移転できなかった場合には、買主に代金減額請求権が認められ（改正前の563条1項）、残存部分のみであれば買い受けなかった場合には、善意の買主は、契約を解除できるとされた（同条2項）。また、数量指示売買（判例によれば、「当事者において目的物の実際に有する数量を確保するために、その一定の面積、容積、重量、員数または尺度あることを売主が契約において表示し、かつ、この数量を基礎として代金が定められた場合」の売買契約である（最判昭和43・8・20民集22・8・1692）。）において、数量の一部に不足があった場合、善意の買主に代金減額請求権及び損害賠償請求権が認められ、残存部分のみでは買い受けなかった場合には、契約解除権が認められた（改正前の565条）。なお、権利行使期間に制限があり（除斥期間）、善意の買主は「事実を知った時」から、また、悪意の買主は「契約の時」から、それぞれ1年以内に権利行使しなければならないとされていた（改正前の564条・565条）。

54　改正前民法の瑕疵担保責任　売買の目的物に「隠れた瑕疵」がある場合、買主には、

なお、種類・品質に関する契約不適合に関しては、買主の権利行使期間に制限があり、この責任追及をするためには、買主は、不適合を知った時から1年以内にその旨を売主に通知しなければならない（566条）。

（1）追完履行請求権

契約不適合の場合に、債権者が債務者に対して、完全な履行（「追完」）をするよう請求することができるのは当然のことである。引き渡された目的物が破損等している場合には、その修補や代替物の引渡し、また、数量が不足している場合には、不足分の引渡しを請求することができる（562条本文）。ただし、買主に不相当な負担を課するものでないときは、売主は、買主が請求した方法とは異なる方法による履行の追完をすることができる（同条ただし書）。なお、追完不能の場合には、追完請求権は否定される（412条の2第1項）。契約不適合が買主の責めに帰すべき事由によるものであるときも同様である（562条2項）。

（2）代金減額請求権

契約不適合の場合、買主は、相当の期間を定めて追完の催告をし、期間内に追完がないときは、不適合の程度に応じて代金減額を請求することができる（563条1項）。また、①追完の不能、②売主の明確な追完拒絶の意思表

損害賠償請求権が認められ、また、契約をした目的を達することができない場合には、契約の解除が認められた（改正前の570条・566条。）。瑕疵とは、通常は、売買目的物の物質的欠陥を意味するが、判例・通説は、契約の趣旨に照らして目的物が有すべき品質・性能を欠いていることと理解してきた（主観的瑕疵説）。また、「隠れた」とは、取引上一般に要求される注意によっても瑕疵を発見できなかったこと、すなわち、買主の善意・無過失を意味するものと理解されてきた。除斥期間は、買主が事実を知ったときから1年であった（改正前の570条・566条3項）。

55 担保責任・契約不適合責任・債務不履行責任 従来の民法の下では、担保責任の性格をめぐって理解の対立があった。一部の学説は、特定物ドグマを前提に、担保責任を債務不履行責任が成立しない場合に法律が特に売買の有償性に基づき認めた責任と理解していた（法定責任説）。特定物ドグマとは、特定物売買においては、売主は売買の目的とされた当該特定物を買主に給付したならば、債務は完全に履行されており、目的物の権利・数量・性状に瑕疵があったとしても債務不履行責任は生じないとする考え方である。これに対し、近年のほとんどの学説は、担保責任を債務不履行責任ととらえている（契約責任説）。改正民法は、特定物ドグマ（法定責任説）を明確に否定する意図を有しており、改正民法562条以下の規定も売主の債務不履行責任を定めたものである。

示、③定期行為の場合（特定の日時又は一定の期間内に履行をしなければ契約目的を達成できない場合）に、追完がなされず時期が経過したとき、④その他、催告をしても履行の追完を受ける見込みがないことが明らかであるとき、買主は、無催告で直ちに代金減額を請求できる（同条2項）。

（3）損害賠償請求権・解除権

　債務不履行の一般規定（564条、415条・541条・542条）の定めに従う（9・10参照）。

（4）移転した権利の契約不適合

　売主が買主に移転した権利が契約の内容に適合しない場合にも、以上の契約不適合責任が認められる（565条）。負担が無いものとして購入した土地に担保権や借地権等が設定されていたような場合である。これには、購入した土地の一部が他人の所有である場合のように、権利の一部が他人に属する場合で、その権利の一部を買主に移転できないときも含まれる。

（5）危険の移転

　売主が買主に目的物を引き渡すことにより危険も買主に移転する。従って、引渡し時以後目的物が当事者双方の責めに帰することができない事由によって滅失・損傷したときは、買主の代金支払い義務は存続し、また、買主はその滅失・損傷を理由とする上記（1）～（3）の権利を有しない（567条1項）。買主の受領遅滞の場合（買主が履行を受けることを拒んだ場合、又は、受領ができない場合。）も同様である（同条2項）。

11－4　補論：訪問販売等と特定商取引法

　訪問販売とは、常設店舗で行われない販売行為の総称である。訪問販売や通信販売のような無店舗販売は、消費者にとって、①購入が簡単である、②商品情報の入手が容易である、③商品選択枠が拡大する、といったメリットを有し、業者にとっても、①需要の積極的開拓が可能である、②無店舗のため投下資本がわずかで済む、といった利点がある。しかし、この業界への新規参入が容易なことから、過度の競争状態に陥りやすく、また、固定的店舗という消費者との信頼の基盤を欠いているため、消費者の意思を無視した押し付け販売が行われたり、投機的・市場攪乱的傾向をもちやすいといったデ

メリットを有する。特に、訪問販売においては、消費者の意向に関係なく販売のための訪問・勧誘等がなされる。その場合、セールスマンが販売目的等を巧妙に隠して家庭に入り込むこともある。また、セールスマン主導で契約交渉が行われ、強引なセールスや詐欺・詐欺的な話法による販売も珍しくない。その結果、セールスマンの説明とは一致しない価格・品質・契約条件で商品を購入させられたり、不必要な商品購入を強制されるといったトラブルが頻繁に発生することになる。悪質な業者による被害が発生しやすい業態であるが、業者に対する責任追及は容易ではない。

　そこで、訪問販売等特殊販売の適正化に向けて、業者（販売業者・役務提供業者）を規制するために、1976年に訪問販売法が制定された。その後、悪質業者の手口の変化・多様化に対応して法改正が繰り返されてきたが、同法は、2001年に特定商取引に関する法律（以下、「特商法」と表記）として改正・施行された。現在、訪問販売[56]のほか、通信販売[57]、電話勧誘販売[58]、

56　訪問販売　特商法は、訪問販売を営業所、代理店、露店、屋台店、その他これに類する店以外の場所において契約する場合とし（2条1項1号）、特定の誘引方法による顧客（特定顧客）については営業所等において契約した場合（キャッチセールス、アポイントメントセールス等）を含むとしている（同項2号）。訪問販売において販売業者は、①事業者名・商品等の種類・契約の勧誘目的等の明示（3条）、及び、②申込書面・契約書面の交付が義務付けられている（4条・5条）。また、③再勧誘（3条の2）、④販売目的秘匿勧誘（6条の2）、⑤不当勧誘行為（不実告知、故意の重要事実不告知、威迫・困惑行為。6条・7条）が禁止されている。さらに、⑥契約が解除された場合、事業者から請求できる損害賠償額に制限が設けられている。

57　通信販売・ネガティブオプション　カタログ、新聞・雑誌広告、インターネット等によって行われる通信販売においては、訪問販売におけるような高圧的販売によるトラブルはないが、広告の記載が不十分あるいは不正確なため、広告の与える情報・印象と実物との間に差が生じ、消費者の期待が裏切られるケースがしばしば発生する。また、注文した商品が送られてこないというトラブルも発生する場合がある。特商法は、広告規制（11条・12条）のほか、顧客の意に反して申込みをさせる行為を禁止し（14条）、迷惑メールの規制（12条の3・4）等を規定する。ただし、クーリング・オフは法定されていない。ところで、ある日突然申し込んでもいない商品が送られてくることがある。ネガティブオプションとよばれる商売である。特商法は、消費者の申込みがないのに商品を送付し、あるいは、申し込まれた商品とは異なる商品を送付した場合、商品送付後14日間、または、消費者の商品引取請求後7日間を経過すると、業者の商品返還請求権は消滅するとして、この押し売り商法が事実上成立しないようにしている（59条）。消費者には、商品を送り返す義務はなく、業者が自ら右期間内に当該商品を回収しなけれ

連鎖販売取引[59]、特定継続的役務提供[60]、業務提供誘引販売[61]、訪問購入[62]の
7種類の取引形態とネガティブオプション[57]が特商法の規制対象とされる。
以下、民法に関連する同法の重要なルールについてみていこう。

ばならない。右期間経過後、消費者はその商品を自由に処分することができる。但し、
右期間内に、業者が商品を引取にきた場合には返還しなければならず、商品購入を承諾
した場合、商品を使用・消費する等承諾するとみなされる行為を行った場合、返還を拒
否した場合、契約は成立する（意思実現。2－1参照）。代金引換郵便・宅配便を利用
して代金を巻き上げる業者もあり、用心しなければならない。

58 電話勧誘販売 事業者から電話をかけて契約を勧誘すること、又は、販売目的を告げ
ないで消費者に電話をかけさせて勧誘する販売方法である。郵便その他の通信手段によ
って申込みをさせ又は契約を締結させる場合も含まれる（特商法2条3項）。

59 ねずみ講・連鎖販売取引（マルチ商法） ねずみ講とは、講元（本部等実際に用いら
れる名称は様々である。）に入会金を支払って会員となり、さらに、他人を勧誘して会
員（子会員）を作り、子会員がさらに孫会員を加入させるといった具合にねずみ算式に
下部の会員を増やしていくと、多額の配当金を得ることができるという触れ込みで会員
を集める悪質商法である。しかし、大多数の会員が出資金の回収ができず大きな金銭的
損害を被る。また、加入者は、友人、同僚、親戚等を勧誘して組織に巻き込むため、組
織破綻後、親しい人間関係も破綻し社会的に孤立する例が少なくない。ねずみ講である
ことを巧みにごまかして勧誘がなされるので、十分注意が必要である（マルチ商法も同
様である）。無限連鎖講の防止に関する法律によって刑罰をもって全面的に禁止されて
いる（3条）。組織の開設・運営者だけでなく、加入を勧誘した者も懲役・罰金刑に処
せられる（5条～8条）。インターネットを利用したねずみ講もある。連鎖販売取引い
わゆるマルチ商法（マルチレベルマーケティング・プラン＝多段階販売方式）は、商
品売買の形式をとっているが、商品売り上げによる利益獲得を目的とする通常の売買と
は異なり、販売員の獲得（リクルート）によって利益（「特定利益」という。また、加
入契約時や加入後のランクアップに際して要求される商品代金・役務の対価・取引料等
の経済的負担を「特定負担」という。）を得る仕組みになっている。取引方法としての
妥当性を欠くうえ、ねずみ講とまったく同様に、リクルートによる組織拡大には絶対的
限界があり、最終的には多数の被害者を生んで破綻する取引形態である。特商法は、不
当勧誘行為の禁止（34条。統括者だけでなく、加入者が他の顧客を勧誘する場合も規制
の対象となる。）、広告の規制（35条・36条）、「概要書面」「契約書面」の交付義務（37
条）等を規定する。また、契約書面交付日から20日間のクーリング・オフ、将来に向け
ての契約の解除（中途解約権）が認められ、解除の際の違約金には、上限が設けられて
いる（40条の2）。

60 特定継続的役務提供 エステティックサロン、外国語会話教室、学習塾、家庭教師、
パソコン教室、結婚相手紹介サービス等の継続的サービス契約。長期間にわたる高額契
約の締結、中途解約の制限、高額の違約金特約によるトラブル、事業者の倒産による被
害等が多発したため規制の対象に加えられた。

61 業務提供誘引販売 内職商法、モニター商法等、業者が仕事を提供するから収入が得

（1）クーリング・オフ

　クーリング・オフとは、訪問販売・電話勧誘販売・特定継続的役務提供において、消費者が法定の契約書面を受領した日から起算して8日以内、連鎖販売取引・業務提供誘引販売においては20日以内であれば、消費者は、無条件で申込みの撤回や契約の解除ができるという制度である（特商法9条）。民法の原則によれば、契約の申込みをなした者（消費者）は、自らの申込みに拘束され、一定期間内は申込みの撤回ができない（民法523条1項・525条1項）。また、契約の解除が認められるのは、通常、相手方（業者）に債務不履行がある場合や、当事者間に合意がある場合に限られる（9-2参照）。特商法は、民法の原則を修正し、消費者の一方的な意思表示により、消費者が一切の不利益を受けることなく、申込みの撤回・契約の解除をなすことができるものとした。

　クーリング・オフがなされた場合、業者による損害賠償請求や違約金請求等は認められない（特商法9条3項）。すなわち、未払い代金は支払いが不要となり、すでに支払われた代金については、業者に返還義務が発生する（同条6項）。他方、消費者が商品を受け取っていた場合、これを返還する義務を負うが、その費用は業者が負担しなければならない（同条4項）。施設の利用、役務（サービス）の提供がなされている場合でも、利用・提供の対価その他の金銭、権利行使により得られた利益に相当する金銭支払いを業者は請求できない（同条5項）。その他、消費者に不利な特約は一切無効とされる（同条8項）。

　クーリング・オフは、書面により通知する旨定められている（同条1項本文。これは、口頭の通知が無効であるという意味ではない。）。後のトラブルに備えて、内容証明郵便や簡易書留等を利用して、期間内にクーリング・オフを行ったことを証明できるようにしておくことが望ましい。クーリング・オフの意思表示は、発信主義[63]がとられているので（同条2項）、契約書面を受領

───────────

　　られると消費者を勧誘し、その仕事のために必要だとして商品や役務を販売する取引形態。実際には、仕事の提供がなく、購入者が被害を受けることになる。

62　訪問購入　自宅に押しかけた業者が貴金属などを強引に買い取るいわゆる「押し買い」被害が急増したため、2012年の改正により規制対象に追加された。

した日から起算して 8 日が経過するまでにクーリング・オフの意思を表示する郵便を発信すればよく、業者への到達がそれ以降になっても、クーリング・オフは有効である。業者の契約書面に不備がある場合や虚偽記載がある場合には、クーリング・オフ期間は進行しない。

（2）過量販売解除制度

　消費者にとってその日常生活において通常必要とされる分量を著しく超えた商品・権利・役務に関する契約、すなわち、訪問販売による過量販売については、その申込みを撤回し、もしくは、契約を解除することができる（9 条の 2）。権利行使期間は、契約締結から 1 年である。高齢者を狙ったいわゆる「次々販売」の被害が多発したため、2008年の改正で導入された制度である。なお、消費者契約法 4 条 4 項は、過量販売を理由とする消費者契約の申込み・承諾の取消権を規定する。

（3）不実告知等を理由とする取消権

　業者が、商品の種類・性能・品質、価格といった重要事項に関して、不実のことを告げ（不実告知）、あるいは、故意に事実を告げなかった場合、消費者は契約を取り消すことができる（9 条の 3）。なお、消費者契約法の同様な規定については、3 － 3 注15参照。

12　消費貸借と利息の規制

12－1　消費貸借の意義

（1）消費貸借とは

　他人の物を借りて使用する民法典上の契約には、消費貸借（民法587条～）・使用貸借（593条～）・賃貸借（601条～）がある。消費貸借は、他人から借りたものを消費してしまい（従って、借りた物自体は返還できない）、それと同種・同等・同量の物を返還する契約であるが、社会的・経済的に意味を有するのは金銭消費貸借契約（借金の契約）であり、法的には、特に、消

63　**発信主義・到達主義**　書面による意思表示の場合、これが郵便ポストに投函される等すれば効力が生じるとするのが発信主義である。これに対して、郵便受け等相手方の了知できる支配圏内に入った時に意思表示は効力を生じるとするのが到達主義である。

費者信用における利息の規制が重要な課題となる。

（2）消費貸借の2類型

　民法においては、要物契約[64]としての消費貸借契約と書面でする諾成契約としての消費貸借契約（諾成的消費貸借）が規定されている。

　要物契約としての消費貸借は、当事者の一方が種類・品質・数量の同じ物をもって返還することを約して相手方から金銭その他の物を受け取ることによって成立する（587条）。貸主は債務を負わず、借主だけが返還義務を負う片務契約である。

　他方、諾成的消費貸借は、書面によって、当事者の一方が金銭その他の物を引き渡すことを約し、相手方が受け取った物と種類・品質・数量の同じ物を返還することを約することにより成立する要式契約である（587条の2）。諾成的消費貸借契約の成立により、借主の貸主に対する金銭等目的物の引渡請求権が発生し、金銭等の引渡しがなされて初めて、借主の貸主に対する返還義務が発生する（従って、やはり片務契約である）。

　注意すべきは、諾成的消費貸借の成立により借主の「借りる義務」（貸主の「貸す権利」）が発生するわけではない。587条の2第2項前段が、借主が金銭等を受け取るまで、契約を解除することができるとしているのは、このことを示すものである。この解除により損害が発生した場合、貸主は借主に損害賠償を請求できるが（同項後段）、損害の発生・因果関係・損害額の立証責任は貸主が負う。ここでの損害は、契約実行のための資金調達により余儀なくされた出費等を意味し、解除により得られなくなった利息等を意味しない[65]。

（3）返還の時期

　返還時期は、当事者の合意によるが、当事者が返還の時期を定めなかった

64　諾成契約・要式契約・要物契約　契約は、合意のみで成立するのが原則である（諾成契約の原則。2－1参照）。しかし、保証契約のように、契約の成立に当事者の合意のほか、書面の作成等一定の方式を必要とする契約があり、これを要式契約という（8－3参照）。さらに、物の引渡しなどの給付を必要とする契約を要物契約という。

65　消費者金融業者の損害　消費者金融業者は、一般に多数の小口貸付けを行っているから、借主が受領を拒否した金銭を他の顧客の貸付けに振り向けることができるため、通常は、業者に損害は生じないと考えられる。

ときは、貸主は相当の期間（催告期間）を定めて借主に返還を請求できる（591条 1 項）。

　借主は、期限前に返還することもできる（同条 2 項）。これにより損害が生じたときは、貸主は借主に損害賠償を請求することできるが（同条 3 項）、利息付金銭消費貸借契約においては、返済期限までの利息を損害として請求することはできないと解されている（返済された元本は、再運用が可能である。）。

12－ 2　利息の規制
（1）消費者信用における利息規制の必要性[66]

　民法は、消費貸借の無利息を原則としているが（民法589条 1 項。従って、特約がなければ、利息は請求できない。）、ビジネスとしてなされる金銭消費貸借では、利息の特約は当然である。

　利息付金銭消費貸借は、市民の生活の必要から生じる少額の借財（消費金融）から、大企業の巨額な資金調達（生産金融）にいたるまで、各種のレベルで広範囲に利用されている。消費者が利用する金融信用（ローン）には、借り入れる金銭の使途の特定性の有無、担保の有無、支払いが分割方式か否か（分割払いを「割賦式」、一括全額払いを「非割賦式」という。）等に応じて各種の類型がある。例えば、住宅ローンは、金銭の使用目的が特定され（住宅の購入資金等）、担保を必要とし、割賦式で弁済を行うのが通常である。これ

66　消費者信用　消費者が各種の商品（物、サービス、権利、金銭）を入手し、後でその対価を支払う債務を負担する契約類型を総称して消費者信用という。ローンとよばれる消費者の金銭貸借（金融信用）、クレジットとよばれる代金後払いの商品売買（販売信用）である。企業が生産や商業等を行うためにする金銭の借入（企業信用）と比較した場合、消費者信用は、高金利・自己持続的といった特質がある。すなわち、企業信用に比べると平均貸付額が小さいためコスト高になることから利息が高くなる。また、企業信用では、信用（融資）によって企業活動を行い、得た利益から返済を行うのに対し、消費者信用の場合には、消費者は、借りた金銭を消費してしまうため、借金返済のために借金を繰り返すことになりがちである。消費者信用においては、消費者は容易に経済的価値を入手できる反面、不要な購入を行い、過剰な負担を強いられる場合も多く、立法による対応が不可避とされる。消費者としても、自己の消費行動に対して十分自覚的である必要がある。

に対し消費者金融（古くは「町金」「高利貸し」、また、最近まで「サラ金（サラリーマン金融）」とよばれた。）の貸付けは、生活費に使おうとギャンブルに消費しようと使用目的は自由であり、担保も必要としないので、極めて利用しやすい金融形態である。しかし、かつてのサラ金業者は、高金利、過剰融資、過酷な取り立て（以上を「サラ金三悪」という。）により大きな社会問題（借主の自殺、家出、家庭崩壊、返済のための凶悪犯罪等）を引き起こした。消費者金融における暴利行為や不正な取立行為を排除し、適正な金融を確保する必要がある。

　利息については、1878年に制定された利息制限法（現行法は、1954年改正法を基礎とする。）が規制を行っている。しかし、同法は、かつて、制限を超過し無効とされる暴利の利息であっても、債務者（借主）がそれを任意に支払った場合は、その返還を請求できない旨の規定（旧1条2項）をおいていた。これがサラ金による反社会的な暴利行為を容認・放置する原因となったのである。これに対し、最高裁は、1条2項の規定を無力化する判例法理を展開し（最大判昭和39・11・18民集18・9・1868は、制限利率は強行法規であるからこれを超える利息債務は無効であって存在せず、債務者がこれを任意に支払っても、支払金は利息に充当されずに残存元本に充当されるとし、また、同昭和43・11・13民集22・12・2526は、制限超過分の元本充当により計算上元本が完済となった後に債務者が支払った金額は不当利得となり、過払請求ができるとした。）、その後、2006年の同法改正により、同項は削除された。現行の利息制限法の規制は、以下のとおりである。

（2）利息の上限（1条）

　以下の割合を超える利息の約束は、その超過部分について無効である。

　　一　元本額が10万円未満の場合　　年2割

　　二　元本額が10万円以上100万円未満の場合　　年1割8分

　　三　元本額が100万円以上の場合　　年1割5分

　損害賠償額の予定については、上記の1.46倍が制限利息となる（4条）。

（3）利息の天引き（2条）・みなし利息（3条）

　利息の天引き（元本交付の際に元本から利息を差し引いた額を交付すること。）をした場合、天引き額が債務者の受領額を元本として1条の利率により計算

した金額を超えたときは、超過部分は、元本の支払いにあてたものとみなされる（2条）。また、債権者の受ける元本以外の金銭は、礼金・割引金・手数料・調査料その他いかなる名義をもってするかを問わず利息とみなされる（3条。ただし、契約締結費用・債務弁済費用は、これに該当しない。）。

（4）出資法・貸金業法

　また、出資法（出資の受入れ、預り金及び金利等の取締りに関する法律）5条は、刑罰によって暴利行為を禁止する。すなわち、109.5%（1日当たり0.3%）を超える利息の契約を締結したり、これを受領・要求した場合には、5年以下の懲役若しくは1000万円以下の罰金、又はこれを併科される（同時に懲役刑と罰金刑の両法の刑に処される。）。貸金業者の場合は、この金利は20%とされ、109.5%を超えるときは、10年以下の懲役若しくは3000万円以下の罰金、又はこれを併科される。

　貸金業者の開業規制・業務規制については、貸金業法（貸金業の規制等に関する法律）が行い、違反すると刑事罰や行政処分の対象となる[67]。利息に関し、同法では、年109.5%を超える利息の契約をしたときは、当該消費貸借契約は無効とされるから、この場合、債務者は利息を一切支払う必要はない。

12－3　補論：クレジット

　消費貸借ではないがこれに関連する特殊な売買の一形態であるクレジットについても言及しておこう。

　商品の購入契約において対価（代金）を後払いとするのがクレジット契約（販売信用）である。これには様々な形態があるが、現在では、販売業者があらかじめクレジット業者（与信業者）と加盟店契約を締結し、消費者が販売業者（信用購入関連業者）から商品を割賦方式で購入する場合には、クレジット業者が消費者（購入者）に代わって売買代金を販売業者に支払い、消

67　**貸金業法の規制**　例えば、人を威迫し、又は、人の私生活若しくは業務の平穏を害するような言動による取立て行為は禁止されている（21条1項）。また、過剰融資を規制するため、貸金業者に顧客の返済能力の調査義務が課され（13条）、さらに、総借入額が年収の3分の1を超える場合には、原則として貸付けが禁止される（13条の2）。

費者はこれを分割してクレジット業者に返済するという**信用購入あっせん**方式が一般化している。信用購入あっせんには、あらかじめ利用限度枠を定めてクレジットカードを発行し、販売業者にカードを提示して商品を購入する包括信用購入あっせん（割賦販売法2条3項）と、カードは利用せず、商品購入のつどクレジット申込書を作成して契約を締結する個別信用購入あっせん（同条4項）がある。

〈信用購入あっせん〉

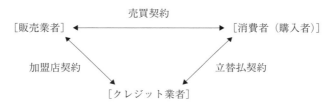

　販売信用の利用により、消費者はその時の経済状態に関係なく商品をすぐに入手できて好都合である。その際、割賦方式を採用すれば、支払いも容易となる。また、販売業者も購入層と販売量の拡大が可能となる。他方、クレジット会社は、立替払い金の未回収をおそれて、期限の利益喪失約款（分割払債務の支払いを1回でも怠れば残債務全額について期限の利益を失うとする契約条項。期限の利益については、15－3注79参照。）、無催告解除約款（債務の支払いを怠れば、催告なしに契約を解除できるとする条項。）等の厳しい過怠約款をつけることになる。消費者においても、安易に不必要な商品を購入して後悔したり、自己の支払い能力を上回る商品購入を行い、経済的に破綻するといった事態に直面することになる。

　そこで、割賦販売法は、消費者被害の防止と救済のため、割賦販売業者への規制を行っている。特に重要な制度は、**抗弁の対抗**（抗弁の接続）である（30条の4、35条の3の19、29条の4）。これは、購入者が信用購入あっせんを利用して商品を購入した場合、購入者は当該商品購入契約につき販売業者に対して生じた抗弁事由をもってクレジット業者に対抗（支払い拒絶）することができるという制度である。例えば、販売業者の債務不履行を理由に売買

契約を解除した場合、購入者は、クレジット業者への支払いを拒絶することができる。

13　賃貸借1：民法の規定

13—1　賃貸借契約の意義及び成立

　他人の物を借りて使用する契約のうち、賃貸借と使用貸借（民法593条〜）は、契約終了後、借りていた物自体を返還しなければならない点で共通するが、前者は、賃料の支払義務を負う有償契約であるのに対し、後者は無償である。従って、経済的・法的には、賃貸借、特に不動産の賃貸借が重要である。

　賃貸借とは、A（賃貸人）がB（賃借人）に物を使用・収益させことを約束し、これに対してBがAにその対価（賃料）の支払と、契約終了時の賃借物返還を約束する契約である（601条）。賃貸借は、当事者の合意のみによって成立する（諾成契約）。

　不動産の賃貸借、特にマンション等の建物賃貸借では、多くの場合、敷金の授受が行われる。敷金とは、いかなる名目によるかを問わず、賃料債務その他の賃貸借契約に基づいて生じる賃借人の賃貸人に対する金銭給付を目的とする債務を担保する目的で、賃借人が賃貸人に交付する金銭をいう。従って、①賃貸借が終了し、かつ、賃貸物の返還を受けたとき、又は、②賃借人が適法に賃借権を譲渡したときは、賃貸人は賃借人に対して、敷金額から賃借人の未払賃料、損害賠償等の額を控除した残額を返還しなければならない（622条の2第1項）。なお、敷金による充当ができるのは賃貸人であり、賃借人に充当請求権はない（同条2項。例えば、賃借人は賃貸人に、「今月分の賃料は、敷金でまかなってくれ。」といって賃料の支払いを拒むことはできない。）[68]。

68　**権利金等**　不動産の賃貸借において、敷金や賃料以外にも賃借人が賃貸人に交付する金銭がある。権利金・礼金・保証金・更新料等であるが、その意味や根拠が必ずしも明確でないものもある。例えば、権利金は、場所の利便性に対する対価、営業権の対価、賃料の一部一括前払い、賃借権の譲渡・転貸の承諾料というように、その性質は多様である。更新料は、契約更新時に賃貸人に交付される金銭であり、賃料の補充・契約更新の対価としての性格を有するものとされ、更新料支払いの合意をしながら賃借人が支払

　賃貸借の存続期間は、当事者の合意によって決定されるが、民法は、50年を超えることはできないとしている。50年を超える定めをした場合は、50年とされる（604条1項）。更新が可能であるが、その期間は、更新時から50年を超えることができない（同条2項）。

13－2　賃貸人・賃借人の権利・義務

　賃貸人は、賃借人に対し、①目的物を使用収益させる義務（民法601条）、②費用償還義務（608条）等を負う。

　①の目的物を使用・収益させる義務から、例えば、土地・建物等の賃借物を不法に占拠する者がいて、そのために賃借人が賃借物を使用できない場合には、不法占拠者を排除（妨害排除）するのは賃貸人の義務である[69]。また、賃貸人は、賃貸している物に必要な修繕をなす義務を負う（606条1項本文）。例えば、賃貸マンションのバス・トイレ等が壊れて使用できなくなった場合、特約がない限り、賃貸人がこれを修理しなければならない。ただし、賃借人の責めに帰すべき事由によって修繕が必要になったときは、賃貸人に修繕義務はない（同項ただし書）。

　賃貸人が必要な修繕をなさない場合には、賃借人はこれを修理して（607条の2）、その費用を賃貸人に請求することができる（もちろん、賃借人が壊した場合は、修理費用を負担するのは賃借人である。）。これが②の賃貸人の費用償還義務である。賃借人は、賃借物について賃貸人の負担に属する必要費を支出したときは、賃貸人に対して直ちにその償還を請求できる（608条1項）。必要費とは、通常の用法に適するように目的物を維持・保存するのに必要な費用をいう。また、目的物の改良に要した費用を有益費というが、これについては、賃借人が支出した費用又は価格増加額を賃貸人が選択して償還する義務を負う（同条2項・196条2項）。必要費と異なり、償還の時期は、賃貸借契約終了時でよく、しかも価値の増加が現存することが要件となる。

わない場合は、契約の解除事由となる（最判昭和59・4・20民集38・6・610）。

69　不動産賃貸人による妨害停止等の請求　対抗要件を備えた不動産賃借人（14－2参照）は、不法占拠者等に対し、自らの賃借権に基づき妨害排除請求権・返還請求権を行使することもできる（民法605条の4）。

除斥期間（費用の償還を請求できる期間）は、目的物の返還時から1年である（622条・600条1項）。

　賃借人は、①賃料支払義務（601条）を負うほか、②賃借物を賃貸人に無断で譲渡・転貸しない義務（612条）、③賃借物を善良なる管理者の注意をもって保管し（賃借物保管義務としての善管注意義務。400条）、その目的物の性質によって定まった用法に従い使用・収益をなす義務（用法遵守義務。616条・594条1項）、④賃貸借契約終了時には、賃借物を返還する義務を負う（601条）。なお、返還に際して、賃借人は賃借物を原状に復して、付属させた物を収去する権利を有し、義務を負う。ただし、賃借物から分離することができない物又は分離に過分の費用を要する物については、収去義務はない（622条、599条1項・2項）。賃借物を受け取った後に生じた損傷（通常の使用・収益により生じた損傷並びに賃借物の経年変化は除く。）がある場合にも、賃借人は原状回復義務を負うが、賃借人の責めに帰することができない事由よるものであるとき、原状回復義務を負わない（621条）。

　賃借人が無断譲渡・転貸しない義務、用法遵守義務に違反した場合には、契約の解除が認められるが（612条2項・541条）、これを制限する重要な判例法理が確立している。すなわち、賃借人の義務違反行為が賃貸人に対する背信的行為と認めるに足らない特段の事情がある場合には、解除権は発生しない（信頼関係破壊法理・背信行為理論。最判昭和27・4・25民集6・4・451；同昭和28・9・25民集7・9・979；同昭和41・4・21民集20・4・720等）。

13－3　承諾ある譲渡・転貸の法律関係

　前述した賃借権の譲渡とは、賃貸人A・賃借人Bの賃貸借関係を前提に、Bと第三者Cとの契約により、CにBの賃借人の地位を譲渡することをいう。これにより、賃貸人Aの承諾[70]があれば、Bは賃貸借契約から離脱し、A・Cが賃貸借契約関係に立つことになる。

70　賃貸人の承諾　借地権（14－1参照）については、賃貸人（地主）の承諾が得られない場合、右承諾に代わる裁判所の許可を得ることによって、賃借権の譲渡・転貸が可能である（借地借家法19条）。

〈承諾ある賃借権の譲渡〉

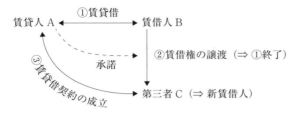

　また、賃借物の転貸とは、賃借人Bが賃借物を第三者Dに賃貸することであり、Aの承諾があれば、BD間に適法な転貸＝賃貸借契約が成立する。AB間の賃貸借契約は存続し、転借人Dは、BのAに対する債務の範囲を限度として、賃貸人Aに対して転貸借に基づく債務を直接履行する義務を負う（613条1項）。すなわち、Aは、Dに対し自らへの転借料の支払いを請求することができ（ただし、Aへの支払額は、Bの賃料の範囲内に限定される）、Dは、Bに対する賃料前払いをもってAに対抗できない（同項後段）。DがAに転借料を支払った場合には、その限度でDはBへの支払いを免れる。

〈承諾ある転貸〉

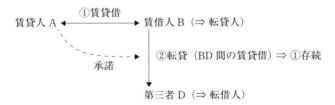

　Bの債務不履行を理由にAB間の賃貸借契約が解除された場合、BD間の転貸借は、AがDに目的物の返還を請求したときに、BのDに対する債務の履行不能により終了する（613条3項ただし書。最判平成9・2・25民集51・2・398）。AB間の合意解除の場合には、Aはこれを転借人Dに対抗できない（同項本文）。

　建物賃貸借においては、借家契約が終了するとき、建物賃貸人は、転借人にその旨の通知をしなければ、その終了を対抗できない（借地借家法34条1

項)。通知後6か月経過した時に転貸借は終了する(同条2項)。

14　賃貸借2：借地借家法

14―1　不動産賃貸借の問題点

　民法典の立法者は、長期の不動産利用には地上権等の物権の設定を想定していた。しかし、土地所有者は、自らの権利を制限する物権の設定を好まず、不動産利用においても賃貸借契約が利用された[71]。もともと、民法典において賃借人の地位は弱いものであったが、当事者間の特約によってその地位はさらに劣悪なものとされた。土地や建物を賃借してそこに居住する者の生活がおびやかされ、社会問題化したため、立法及び判例により建物所有を目的とする土地賃借人(借地人)や建物賃借人(借家人)の保護をはかる必要が生じた(判例は、13―2の信頼関係破壊法理を参照。)。そこで、建物保護法(明治42年)、借地法(大正10年)、借家法(大正10年)が制定され、借地人・借家人の保護が図られたが、これらの法律は、1991年に借地借家法に改革・統合された。借地借家法では、建物所有を目的とする地上権及び賃借権を合わせて借地権として保護している(2条)。借地借家法は強行規定であるから、原則として、同法の規定に反する特約は無効であるが、借地権者・借家人に有利な特約は有効である(片面的強行規定という)。

14―2　不動産賃借権の対抗力

　Aが所有する土地をBが建物所有目的で賃借し、Bは、この土地の上に家屋を建築して居住を開始したとする。Aがこの土地をCに売却した場合、A(賃貸人・旧土地所有者)・B(賃借人)・C(新土地所有者)三者の関係はどうなるであろうか。民法の原則では、Cが所有権に基づきBに土地明渡しを求めた場合、Bは、土地賃借権をCに対抗できず、せっかくの家屋を撤去してこの土地から出ていかなければならなかった。これを「売買は賃貸借

---

[71]　**地上権のメリット**　例えば、地上権(民法265条)は、賃借権よりも長期の存続期間が可能であり、また、土地が売却され所有者が交代しても、地上権者は新所有者に対しその権利を主張できる。

を破る。」という[72]。土地賃借人Bは、賃貸人Aに対し賃借権を主張できるが、賃借権は債権であるから、賃貸借契約の当事者ではないCには権利を主張できないからである（債権の相対性）。もちろん、改正前の民法においても、賃借権もこれを登記すれば対抗力が与えられた（民法605条）。しかし、賃借権の登記は、賃貸人と賃借人の両者が共同してなさなければならないが、賃貸人には登記に協力する義務がないため、土地賃貸借において賃借権登記を期待することはできなかった。

　そこで、土地賃借人を保護するため、建物保護法1条（現在の借地借家法10条1項）により、土地賃借人が、自己の所有する借地上建物を登記すれば（この登記は賃借人が単独でできる。）、建物所有を目的とする土地賃借権（地上権も同様）＝**借地権**に対抗力が与えられることになった。その結果、AからCに土地が売却された場合、賃貸人の地位もCに移転する。従って、建物所有を目的とする借地契約においては、「売買は賃貸借を破らない。」ことになる。

　建物賃貸借については、建物の引渡しにより対抗力が与えられる（借地借家法31条。かつての借家法1条）。

　これに関連して、民法605条の2第1項は、不動産の賃借人が対抗要件を備えた場合、その不動産が譲渡されたときは、賃貸人たる地位は、その譲受人に移転することを明文化する。なお、不動産の譲渡人と譲受人の合意によって賃貸人たる地位を譲渡人に留保することは可能である。ただし、その不動産を譲受人が譲渡人に賃貸する合意をすることが必要である（同条2項）。従って、この場合、転貸借関係が形成されることになる。

14－3　借地権の存続期間

　前述したように、民法は、賃貸借の存続期間の上限を50年としている（民法604条1項）。更新後の存続期間も同様である（同条2項）。しかし、2020年改正施行前の民法では、20年を超えることはできないとしていた（更新も同

72　地震売買　また、このような売買は、「地震売買」とよばれ（売買によって家屋がなくなってしまうから。）、土地の賃料値上げに応じない賃借人を追い出す手法として用いられた。

様である。）。短期の特約は自由であったから、建物所有目的で土地を賃借しようとする者の地位は、極めて不安定であった。

借地借家法は、借地権[73]の存続期間を30年とし、当事者がこれより長い期間を定めた場合にはそれによることとして借地人の保護を図ってきた（借地借家法3条）。更新が可能であり、更新後の期間は、最初の更新にあっては20年、その後は10年とし、当事者がこれより長い期間を定めた場合は、それによることとした（4条）。反対に、これより短い期間の定めは無効である（9条）。なお、借地権存続期間満了前に建物が滅失したため、借地権者が借地権設定者（土地所有者）の承諾を得て借地権の残存期間を超えて存続すべき建物を再築したときは、存続期間の延長が認められる（7条）。

契約の更新は、当事者の合意によるほか、借地権者の更新請求等による法定更新の制度がある（5条）。借地権設定者の更新拒絶には、正当事由が必要とされる（6条）。また、更新がなされない場合、借地人は借地権設定者に対し、建物の買取りを請求することができる（建物買取請求権・13条）。

14－4　建物賃借権の存続期間等

建物賃貸借（借家）[74]の存続期間については、1年以上の約定が有効とされ、1年未満の定めは期間の定めのないものとみなされる（借地借家法29条1項）。なお、民法604条の適用が排除され、50年を超える建物賃貸借（普通借家契約・定期借家契約）が可能である（同条2項）。

期間の定めのある建物賃貸借においては、当事者の合意による更新が可能である。合意がない場合でも、賃貸人が、期間満了の1年前から6ヵ月前までの間に更新拒絶の通知・条件変更の通知をしなければ、契約は従前と同一

---

73 借地権　本文の記載は、普通借地権に関するものである。借地借家法は、借地方式の土地利用を促進するため、普通借地権のほかに、契約更新のない定期借地権（22条）、事業用定期借地権（23条）、建物譲渡特約付借地権（24条）という特殊な借地権を定めている。また、一時使用目的の借地権については存続期間に関する規定（3条～8条）その他の適用がない（25条）。

74 建物賃貸借　本文の記載は、普通建物賃貸借に関するものである。借地借家法は、このほかに、定期建物賃貸借（38条）、取壊し予定の建物の賃貸借（39条）を規定する。また、一時使用目的の建物賃貸借には、全く借地借家法の適用がない（40条。民法の適用を受ける。）。

の条件で更新されたものとみなされる（法定更新・26条1項。期間の定めのない賃貸借となる。）。更新拒絶には正当事由が必要であり（28条）、また、更新拒絶の通知をした場合であっても、期間満了後も賃借物の使用が継続され、これに対し賃貸人が遅滞なく異議を述べなかったときは、法定更新される（26条2項）。

　期間の定めのない賃貸借においては、解約の申入れは自由であり、賃貸人が解約の申入れをした場合、その6ヵ月後に賃貸借契約は終了する（27条）。賃借人が解約の申入れをした場合には、3ヵ月後に契約は終了する（民法617条1項）。なお、建物賃借人が賃貸人の同意を得て、建物に造作を付加した場合には、契約終了に際し、その買取を請求することができる（造作買取請求権・借地借家法33条。但し、任意規定である。）

15　事務管理と不当利得

15−1　事務管理

　契約によらないで、法律が一定の目的から債権債務関係を発生させる場合があり、法定債権関係とよばれている。事務管理、不当利得及び不法行為である。不法行為については、第3章で扱い、ここでは、事務管理と不当利得について説明していく。

　法律上の義務がないのに他人のために事務（仕事）を管理（処理）することを事務管理という（民法697条）。通常、他人のために仕事をするのは契約があるからである。建築会社が他人（顧客）の家を建築・修理するのは請負契約、弁護士が依頼人のために訴訟行為を行うのは委任契約があるからである。このような契約関係が無いにもかかわらず、他人の領域に干渉することは、原則として違法な行為であり、不法行為（刑事では犯罪）となり得る。他方で、社会はお互いの助け合いで成り立っており、相互扶助や社会連帯の見地からは、契約や法律の規定によらない行為であっても、一定の場合にその違法性を阻却し（第3章3−5参照）、さらには、費用を事務管理者から本人に請求することが認められる。

　事務管理が成立するためには、①法律上の義務がないのに（契約や法律の

規定があれば、事務管理ではなく、当該契約関係や法規定によって処理される）、②他人のためにする意思（事務管理意思）をもって、③「他人の事務」の管理を始めること、しかも、④本人（「他人」）の意思及び利益に適合することが必要である。

　事務管理の成立により、管理者の行為は違法性が阻却され、本人に対する不法行為は成立しない。また、本人と管理者との間に債権債務関係が発生する。すなわち、管理者には、事務の性質に従い、最も本人の利益に適合する方法で管理をする義務（管理義務）が発生し[75]、他方、管理者は本人に対し有益費用償還請求権を取得するが（702条）、報酬支払請求権は発生しないと解されている。

　なお、管理者は善管注意をもって事務を管理する義務を負うのが原則であるが、本人の身体、名誉、財産に対する急迫の危害を免れさせるために事務を管理した場合、管理者の責任は軽減され、悪意又は重過失の場合にのみ損害賠償責任を負う（緊急事務管理・698条）。

15― 2　不当利得

　法律上の原因がないのに他人の財産や労務から利益を受け、これによって他人に損失を及ぼすことを不当利得という。損失者（損失を受けた「他人」）に受益者（利益を受けた者）に対する**不当利得返還請求権**が発生する（民法703条以下）。

　例えば、AがBに騙されて価値のない商品を1000万円で購入する契約を締結したとしよう。契約締結の意思表示がBの詐欺によるものであることを理由に、Aがこの意思表示を取消したとする（96条1項。3―3参照）。取消しにより契約は、初めから無効であったものとみなされる（121条本文）。契約はなかったことになるわけであるから、AB間には債権債務関係は発生

---

[75]　**管理者の義務**　そのほか、①本人（又は、その相続人・代理人）が管理をすることができるようになるまで、これを継続する義務（管理継続義務・民法700条）、②事務管理開始を通知する義務（699条）を負う。また、委任契約の規定が準用され（701条）、③管理状況や結果の報告義務（645条）、④受け取った金銭・物の引渡義務、及び、権利の移転義務（646条）、⑤本人に引渡すべき金銭を消費した場合には、利息支払いや損害賠償の責任を負う（647条）。

しない。Aが売買代金を支払っていない場合には、これで問題は解決するが、すでに代金を支払っていた場合はどうであろうか。この場合に認められるのが不当利得返還請求権である。Aは、Bに対し、支払った代金相当額の返還を請求することができる。これは、**給付利得**とよばれる不当利得類型である。

　また、Cが所有する土地をDが勝手に駐車場として利用していたとしよう。他人の土地を利用するには、所有者との間で賃貸借契約等を締結する必要がある。Dの行為は、Cの土地所有権に対する侵害行為であり、Cは、Dに対し、所有権に基づいてその妨害（土地の無断使用）の排除を請求できる。これは物権的請求権の問題であるが（1－2参照）、さらに、Cは、土地の賃料相当額の損失を被ったと考えられ、これをDに対し請求できる。**侵害利得**とよばれる類型である。

　不当利得に基づく返還義務の内容・範囲につき、民法典は、善意の受益者は、現存利益[76]の返還でたりるが（703条）、悪意の受益者は、受けた利益の全額に利息を付し、損害賠償責任も負うと規定している（704条）。しかし、現在の学説は、給付利得において、703条・704条の枠組みをそのまま適用するのは妥当ではなく、給付の巻き戻し、すなわち、表見的法律関係[77]の清算であることにかんがみ、表見的法律関係の性質を反映させるべきであると考えている。したがって、受益者の善意・悪意に関係なく、給付全部の返還が原則であり、さらに双務契約においては、もとの契約（表見的法律関係）や民法の趣旨を反映させ、同時履行の抗弁権（533条。8－3注44参照）等が適用されるべきであるとする。

　このような考え方を不当利得における類型論というが、その主張を受け

76　現存利益　受け取った財産・利益の現状を意味する。受領した利益がそのまま残っていればその全部、他方、減少し、毀損し、あるいは、形を変えていればその残された状態が現存利益である。例えば、購入したバイクを10万円で売却すれば、手元にある10万円が現存利益であり、バイクを事故で壊してしまった場合は、壊れた状態のバイクが現存利益となる。注意すべきは、金銭の場合、それを生活費等に消費しても、自分の財産からの出費を節約したとみられるから、現存利益は存在するとされる。

77　表見的法律関係　例えば、契約の取消しや無効の場合に、無効になる前に存在した契約関係のこと。

て、2020年施行の改正民法では、121条の 2 の規定が追加され、無効行為に基づく給付受領者は、相手方に対し原状回復義務を負うことが明記された（同条 1 項）[78]。

15— 3　特殊の不当利得

民法705条以下は、不当利得の特則を定めている。

（ 1 ）非債弁済に関する特則

債務が存在しないのに弁済をなすことを非債弁済という。当然、不当利得として返還請求ができる。しかし、債務の不存在を知りながら債務を任意に弁済した場合は、返還請求できない（705条）。

期限前の弁済も有効であり（期限の利益の放棄）[79]、債務は消滅し、不当利得にはならない。但し、錯誤（弁済期限の到来を誤信）による弁済の場合は、債権者の得た利子等の利益の返還を請求できる（706条）。

第三者が他人の債務であることを知りながらした弁済（第三者弁済）は有効であり、債務は消滅する（474条 1 項。 7 — 1 （ 2 ）参照）。しかし、第三者が他人の債務を自己の債務と誤信して弁済した場合には、弁済者に債権者に対する不当利得返還請求権が発生する。このとき、債権者が善意で（つまり有効な弁済と信じて）証書を滅失・損傷し、担保を放棄し、又は時効により債権を喪失したときは、弁済者は、不当利得返還請求権を行使できない（707条 1 項）。

（ 2 ）不法原因給付

不法な原因のために給付をした者は、給付をしたものの返還を請求することができない（708条本文）。不法な原因とは、倫理的・道徳的に醜悪な行為

78　現存利益の返還　これに対し、同条 2 項は、無償行為の給付受領者が善意の場合、 3 項は、意思無能力者・制限行為能力者の場合、返還義務の範囲を現存利益に限定し、これらの者の保護を図っている点に注意しよう。

79　期限の利益　契約によって期限を定めた場合、債務者は、期限が到来するまでは債務を弁済しなくてもよいという利益（期限の利益）を有する。例えば、金銭消費貸借契約において、2023年 9 月30日を弁済期日とした場合、その期日までは債務者は弁済する義務を負わない。もちろん、債務者が自らの意思で期限の利益を放棄し、その前に弁済することは、原則として自由である（民法136条）。

を意味する（最判昭和37・3・8民集16・3・500）。この規定は、民法90条が公序良俗に反する法律行為を無効とすることにより、反社会的な契約に基づく給付を認めない（例えば、殺人請負契約の報酬請求を認めない。2－5参照）ことに対応し、一度なされた給付の返還（殺人請負契約に基づき支払われた報酬につき、右契約が90条に反して無効であるとし、右報酬を不当利得であるとする返還請求）にも裁判所は手を貸さないことを明言するものである。ただし、不法の原因が受益者にのみある場合には、不当利得返還請求が認められる（同条ただし書）[80]。

80　**不法性の衡量**　さらに、判例は、双方に不法性がある場合であっても、双方の不法性を比較衡量し、給付者の不法性がより強い場合には返還請求を否定し、受益者の不法性がより強い場合には返還請求を肯定する（最判昭和29・8・31民集8・8・1557）。

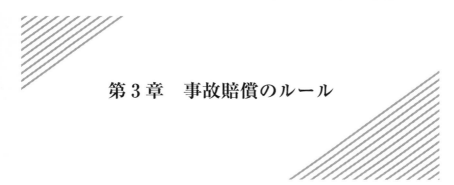

第3章　事故賠償のルール

1　不法行為の意義・成立要件

1－1　事故と不法行為責任

　科学技術の進歩と経済の発展は、私達に豊かな社会をもたらしたが、他方で、深刻かつ広範な危険を日常的なものとした。19世紀後半には、資本主義諸国で労働災害が重大な社会問題となった。20世紀に入ると、交通事故が多くの市民の命を奪うことになる。また、我が国では、悲惨な公害被害が多発し、四大公害裁判[1]をはじめ、多数の大規模公害訴訟が争われてきた。現在では、医療過誤[2]、欠陥商品事故による人身被害や悪質商法による財産的被

1　**四大公害訴訟**　①富山イタイイタイ病事件、②新潟水俣病事件、③熊本水俣病事件、④四日市ぜんそく事件は、企業の利潤追求活動により多数の周辺住民らに深刻な被害をもたらした悲惨な事件である。①は、三井鉱山神岡鉱業所から神通川に排出された廃液中に含まれるカドミウムによる生命・健康侵害事件、②、③は、昭和電工株式会社及びチッソ株式会社各工場の排水に含まれるメチル水銀による有機水銀中毒事件、④は、昭和四日市石油株式会社ら6社によって構成される四日市第一コンビナートの各工場から排出される硫黄酸化物を含むばい煙による大気汚染事件である。患者らは、命や健康を奪われ、生活を破壊され、社会的差別まで受けた。1967年以降、あいついで加害企業に対する損害賠償請求訴訟が提起され、すべての訴訟で原告（被害者）勝訴の判決が言い渡された（①富山地判昭和46・6・30下民集22巻5＝6号別冊1、名古屋高裁金沢支判昭和47・8・9判時674・25、②新潟地判昭和46・9・29判時642・96、③熊本地判昭和48・3・20判時696・15、④津地裁四日市支判昭和47・7・24判時672・30）。これらの訴訟により、我が国の不法行為法、特に、因果関係論、過失論、損害論、共同不法行為論等は理論的深化をとげた。

害、名誉毀損、プライバシー侵害、各種ハラスメント、いじめを含む学校事故等も後を絶たない。原発事故、アスベストによる被害救済も未解決である。スポーツ中の事故やペットによる被害が法的に争われることもある。事故は、被害者となった個人に生命・健康・身体被害や精神的苦痛、経済的困難をもたらし、社会にも損失を生み出すことになるから、事故の抑止（防止）と被害者の救済が重要な課題となる。第1章で述べたように、事故が発生した場合、加害者の民事責任・刑事責任・行政上の処分が問題となるが、このうち、民事責任が本章のテーマである。

　民事責任とは、加害者が被害者に与えた損害を填補（てんぽ）する責任、すなわち、損害賠償責任のことである。これには、**不法行為責任**（民法709条〜）と**債務不履行責任**（415条〜）とがある。前者は、事故による損害の賠償、後者は、契約違反による賠償の問題である（債務不履行責任については、第2章9以下、特に10参照。）。ところで、例えば、医療過誤は、医療事故として不法行為責任が問題となるだけではなく、医療契約違反として債務不履行責任も問題となり得る。このように不法行為に基づく損害賠償請求権と債務不履行に基づく損害賠償請求権とが競合する場合、被害者やその遺族は、自己に有利な制度を選択して訴訟を提起することができる（請求権競合説。大判大正6・10・20民録23・1821）。

　不法行為法の目的や機能はどこにあるのだろうか。まず、不法行為法は、事故によって発生した損害を有責な加害者に負担させることにより（責任の転嫁）、**被害者の救済**をはかることを目的としている。その際、社会に発生した損害の公平な分担の理念が追求される。これにより発生した損害の填補を実現し、加害者に対する制裁を行い、また、同様な活動をする者の注意を促すことによって、事故の抑止を図ろうとするものである。

2　医療過誤　交通事故や学校事故等の用語法に対し、医療「事故」ではなく医療「過誤」という用語が使われることに違和感を覚える読者もいるのではないだろうか。医療過誤とは、医療の現場で起こる様々な事故のうち、医師や看護師等医療関係者の過失によって発生する人身事故をいう。medical malpractice の訳語である。同様な用語例に弁護過誤がある。これは、弁護士が職務上の過失によって依頼人に損害を与える事故のことで、やはり弁護士の損害賠償責任が問題となる（弁護過誤訴訟）。

1－2　一般的不法行為と特殊的不法行為

　不法行為法には、二つの原則がある。**自己責任の原則**と**過失責任の原則**である。自己責任の原則とは、市民は、自分の行為についてだけ責任を負えばよく、他人の行為についての責任は負わないとする原則である。個人の独立・自由・平等を前提とする市民社会において、当然とされる原則である。また、過失責任の原則とは、他人に損害を与えた者は、常に損害賠償責任を負うのではなく、自己の行為に故意又は過失といった非難される点があった場合にのみ賠償責任を負うという原則である。つまり、自分の意思で行った侵害行為、あるいは、必要な注意を怠ったことにより引き起こした事故については責任を負わなければならないが、十分注意して行動していた場合には、他人に損害を与えたとしても責任を負わされることはないとするもので、近代市民社会における市民の活動の自由を保障するものといえる。このような自己責任・過失責任を原則とする賠償責任を**一般的不法行為**とよぶ（民法709条）。

　しかし、これらの原則にも限界がある。近代市民社会における市民の独立・自由・平等は理念的なものにすぎない。また、経済の発展にともなう社会関係の複雑化や危険の増大は、自己責任の原則・過失責任の原則を貫くことによる社会的な不公平を拡大させた。例えば、企業は従業員に危険な仕事をさせて利益を上げる場合があるが、事故が発生した場合、自己責任の原則を貫徹して、事故を惹起した従業員のみに損害を負担させるのは不公平である。また、過失責任の原則によれば、被害者が加害者の過失を立証しなければならないが（2－2参照）、交通事故や欠陥商品事故の被害者が、加害運転者やメーカーにどのような過失があったかを証拠に基づき具体的に証明することは不可能あるいは著しく困難な場合が少なくない。そこで、自己責任の原則・過失責任の原則を修正ないし拡大して、一定の関係にある他人の行為についても責任を負わせたり、過失の立証責任を転換して加害者側に過失がなかったことの証明を求め（中間責任）、あるいは、過失の存否を問題とせずに賠償を認める制度（無過失責任制度）が必要である。これを**特殊的不法行為**といい、民法714条以下の規定、及び、自動車損害賠償保障法（11参照）、原子力損害賠償法、製造物責任法（12参照）等の特別法がこれを規定し

ている。

1－3　一般的不法行為の成立要件

　民法709条は、一般的不法行為について、「故意又は過失によって他人の権
利又は法律上保護される利益を侵害した者は、これによって生じた損害を賠
償する責任を負う。」と規定している。不法行為が成立し、加害者に対する
損害賠償が認められるためには、まず、損害が発生し、この損害発生が加害
行為によって惹起されたこと、すなわち、加害行為と損害発生との間に因果
関係が存在しなければならない。また、過失責任の原則のもとでは、加害者
に故意又は過失が認められる場合にのみ不法行為責任が認められる。本条
は、権利又は法律上保護される利益の侵害をも要件としているが、これを判
例・学説は違法性とよんできた。さらに、通説・判例によれば、自然人の場
合、責任能力とよばれる一定の判断能力が行為者に備わっていなければなら
ないとされる。この要件は、本条には登場しないが、712条・713条の規定
は、責任無能力者に不法行為責任を問い得ないことを明らかにしている。し
たがって、通説・判例によれば、一般的不法行為が成立するためには、①**損
害の発生**、②**因果関係**、③**故意又は過失**、④**違法性**（権利侵害又は法律上保
護される利益の侵害）、⑤**責任能力**の五つの要件が必要ということになる。以
下、③④⑤①②の順に論述していく。

2　故意又は過失

2－1　故　意

　故意とは、一定の被害発生を予見（認識）しながら、あえて行為を行う心
理状態をいう。故意が認定されるためには、権利ないし利益侵害の事実を認
識するだけで足りるとする認識説と、これに加えて結果発生の認容を必要と
する認容説とが対立する。しかし、ある行為によってある結果が発生するこ
とを認識しながらその行為を行うことは、結果発生を少なくとも認容してい
るというべきであるから、認容をあえて問題にする必要はないと思われる。
　刑法においては、故意犯を処罰するのが原則であるから、故意の定義は重

要であり、「未必の故意」と「認識ある過失」とが区別される。未必の故意とは、権利侵害の結果が発生するかもしれないと認識しながら、あえてその行為を行うことを意味し、認識ある過失とは、権利侵害の可能性を予見しながら、結果を発生させることはないであろうと信じて行為することである。しかし、民法においては、故意のみならず過失であっても不法行為が成立するから、右区別も含めて、故意と過失とを区別することは、あまり意味がない。ただし、故意と過失とでは、損害賠償の範囲、慰謝料の算定等に相違が生じることになるとされており、債権侵害等の一定の不法行為類型では、故意による侵害の場合にのみ不法行為が成立すると考えられている（第2章10－1注50参照）。

2－2　過失の意義と構造

　不法行為紛争の大多数は、過失による事故をめぐるものである。かつての通説は、過失とは不注意、すなわち、注意の欠如を意味するものとしていた。つまり、自己の行為の結果として被害の発生を認識ないし予見すべきであるのに、注意を欠いたためにこれを認識・予見しないで行為を行う心理状態を過失と理解してきた。従って、故意の内容は端的に予見（認識）であるのに対し、過失の内容は「予見可能性」、つまり「注意すれば予見できたはずであった」ということになる（予見可能性説）。

　しかし、現在では、過失は客観的な**注意義務違反**と理解されている。すなわち、予見可能性として過失を理解する旧通説（予見可能性説）に対し、**予見可能性**に加え、**結果回避義務違反**をも過失の要件とする見解が、判例及び多数説の立場である（結果回避義務違反説）。その根拠は、①大阪アルカリ事件判決（大判大正5・12・22民録22・2474）以来の判例が結果回避義務違反を要求していること、②現代社会の多くの活動はその危険性が予見されるから、予見可能性のみで過失が認められると、結果の発生により即過失が認められてしまうが、危険を予見できる場合でも一定の適切な結果回避の措置をとっている限り、危険な活動も許されると考えるべきであること等にある。

　大阪アルカリ事件とは、明治末期、大阪市で硫酸製造、銅の精錬等を行っていた工場から排出された亜硫酸ガス・硫酸ガスにより深刻な農業被害を受

けた周辺の地主及び小作人が、工場を経営する大阪アルカリ株式会社に対し損害賠償を請求したものである。大阪控訴院が企業側の過失を認めたのに対し、大審院は、化学工場に従事する企業が、損害を予防するため、事業の性質に従い「相当ナル設備ヲ施シタル以上」は、これにより他人に損害を与えても故意・過失ありとはいえないとして、原判決を破毀し、大阪控訴院に差し戻した。右判決は、当時の富国強兵・殖産興業といった国家政策を背景に、公害事例において過失の定式化を行ったものであり、その産業保護的色彩は否定しがたい。その後の判決は、右定式を踏襲しているが、特に、公害・薬害等による深刻な生命・健康被害事例において、相当な防止措置ないし結果回避義務違反は、右大審院のように、免責要件としては機能していないことに注意する必要がある（結果回避義務を尽したとして、加害企業を免責した事例は存在しない。）。大阪アルカリ事件の差戻控訴審判決（大阪控判大正8・12・27新聞1659・11）も、相当な防止措置を検討しつつ、再び過失を認めた（なお、会社側が再上告したが、大審院は差戻控訴審の判断を肯定し、結局、大阪アルカリ株式会社の賠償責任は確定した。）。また、近年の新潟水俣病判決（新潟地判昭和46・9・29下民集22・9＝10別冊1）は、化学企業の結果回避義務につき、「最高の設備をもってしてもなお人の生命、身体に危害が及ぶおそれがあるような場合には、企業の操業短縮はもちろん操業停止までが要請されることもある」との判断を示した。このように、人の生命・身体を侵害するおそれのある公害においては、企業の操業停止までもが要求されるのであり、この場合には、予見可能性の有無が過失の存否を決定することになる。

　現代社会における危険の高度化と普遍化は、過失の客観化をもたらした。例えば、スピードの出しすぎが原因で交通事故が発生した場合、運転者の意思の緊張状態を立証の対象とせずに、規制速度の超過という客観的な事実で過失を認定することは、困難な立証の負担を被害者から軽減することになる点で積極的な意味がある。しかし、これにより意思への非難としての過失が意味を失ったわけではない。予見可能性としての過失と、結果回避義務違反としての過失は重層的に位置づけられるべきである。

2－3　注意義務の内容・程度

　過失は、その注意義務の基準に応じて具体的過失と抽象的過失に分類される。当該行為者の能力を基準とした注意義務違反が具体的過失である。民法659条の「自己の財産に対するのと同一の注意」（無償受寄者の注意義務）、827条の「自己のためにするのと同一の注意」（親権者の財産管理における注意義務）を怠ることがこれにあたる。抽象的過失は、一般標準人を基準とした注意義務違反である。400条の「善良な管理者の注意」を尽さないこと（善管注意義務違反）は、抽象的過失である。

　また、注意義務違反の程度に応じて、過失は、軽過失と重過失に分けられる。重過失とは、わずかな注意さえ払えば結果発生を容易に予見ないし回避しえたにもかかわらず、漫然とこれを見過ごすことをいい、故意に近いような著しい注意の懈怠を意味する。軽過失は、通常の過失を意味し、「軽い」過失という意味ではない（用語上、「重」過失との対比での「軽」過失である。）。709条の過失は、**抽象的軽過失**である。なお、失火責任法（「失火の責任に関する法律」）では重過失が責任要件である（軽過失の失火者は賠償責任を負わない。）。

　709条の過失が抽象的軽過失であり、一般標準人を基準にして判断されるといっても、例えば、医療過誤では標準的な医師・看護師等、交通事故では自動車免許を取得している標準的な運転者が基準になる。すなわち、行為者が具体的にどのような注意義務を負うのかは、行為者の職業・地位・立場や行為の類型により異なってくる[3]。

3　**医療と注意義務**　人の生命・健康を管理すべき医業に従事する者は、「その業務の性質に照らし、危険防止のために実験上必要とされる最善の注意義務」を負うというのが判例である（東大輸血梅毒事件・最判昭和36・2・16民集15・2・244。東大附属病院に入院中の被害者が、梅毒菌に汚染された血液を輸血されたため、梅毒に罹患した事故。）。また、最高裁は、未熟児網膜症をめぐる一連の判決（最判昭和57・3・30判時1039・66ほか）において、「最善の注意義務」を尽くしたか否かの基準は、学問的な

　注意義務の具体的判断にあたっては、①被害の重大性と②行為の危険性が中心的な判断要素となる。立場の交替可能性の有無もその判断に影響を与える。さらに、③行為の社会的有用性あるいは結果回避義務を課すことにより犠牲にされる利益といった要素が考慮されるとの見解もある。例えば、医療行為のように、危険な当該行為が被害者の利益を目的として行われる場合には、右③の要素も一つの判断ファクターとされよう。しかし、右③の要素は被害の重大性と同じレベルで評価されるべきものではない。また、企業の営利活動により生命侵害・身体被害がもたらされる公害のような事例では、過失判断において、行為の社会的有用性や結果回避義務を課されることによって犠牲にされる利益は、考慮されるべきではない[4]。

2－4　立証責任と過失の推定

　故意・過失の立証責任（第1章3－4参照）は、被害者（原告）が負担するのが原則である。しかし、その立証は、困難な場合が少なくない。そこで、

「医学水準」（まだ実際の臨床レベルで一般化していない研究レベル）ではなく、診療当時の臨床医学の実践における「医療水準」であるとした。診療契約に基づき要求される医療水準については、①当該医療機関の性格、所在地域の医療環境の特性等諸般の事情を考慮すべきであり、すべての医療機関を一律に解するのは相当ではない（相対説）、②新規の治療法に関する知見が当該医療機関と類似の特性を備えた医療機関に相当程度普及し、当該医療機関において右知見を有することが相当と認められる場合には、特段の事情のない限り、右知見が医療水準であるとされる（最判平成7・6・9民集49・6・1499）。従って、医師が右知見を有しない場合や、医療機関が新規治療実施のための技術・設備等を有しない場合には、他の医療機関に転医させる義務（転医義務・転送義務）が生じる。注意すべきは、平均的な医師が実際に行っている「医療慣行」は、必ずしも右の「医療水準」とは一致しないということである（最判平成8・1・23民集50・1・1）。

4　公害と高度の注意義務論　公害によって、多数の市民の生命・健康を犠牲にするおそれのある活動を行う化学企業は、「高度の注意義務」を負うというのが判例の立場である。熊本水俣病判決（熊本地判昭和48・3・20判時696・15）は、「化学工場が廃水を工場外に放流するにあたっては、常に最高の知識と技術を用いて……その安全性を確認」し、安全性に疑念が生じた場合には、直ちに操業を中止するなどして必要最大限の防止措置を講じ、「地域住民の生命・健康に対する危害を未然に防止すべき高度の注意義務を有する。」と明言する。このような高度の注意義務は、食品メーカー等にも認められる（カネミ油症事件に関する福岡地判昭和53・3・10判時881・17ほか）。

責任無能力者の監督者責任に関する民法714条（7参照）、使用者責任に関する715条等の規定（8参照）、あるいは、自動車損害賠償保障法3条（11参照）等の特別法は、過失の立証責任を被害者から加害者側に転換し、相当な注意をなしたこと（自己に過失がなかったこと）等を加害者側が立証しない限り、賠償責任を免れないものとした。法律上の「立証責任の転換」である。このように過失の立証責任が転換される場合を**中間責任**という（過失責任と無過失責任との「中間」にある責任という意味である。）。

　また、裁判所は、経験則上過失の存在を肯定しうる一定の事実の存在を被害者が証明した場合に、過失の存在を推定するという手法を用いて加害者の賠償責任を肯定することがある。この場合、加害者は、当該事例においては、被害者の主張する経験則が妥当しないとの反証により責任を免れることになる。「過失の一応の推定」、あるいは、「事実上の推定」とよばれる（インフルエンザ予防接種禍に関する最判昭和51・9・30民集30・8・816ほか）。

3　違法性

3−1　権利侵害から違法性へ

　民法709条は、損害賠償請求権の発生につき、「故意又は過失」のほかに「他人の権利又は法律上保護される利益を侵害」したことを要件としている。2004年の改正以前は、この要件の文言は「他人ノ権利ヲ侵害」であった。民法起草者が、「過失」による「損害」発生のみを要件とせずに、「権利侵害」を要件としたのは、賠償される侵害（対象）に限界を設け、経済活動の自由をより強く保障するためであったと考えられる。この「権利侵害」要件を厳格に解すると、権利とはいえない「利益」侵害は救済されない。その不都合が問題になったのが「桃中軒雲右衛門事件」である。桃中軒雲右衛門の浪曲を吹き込んだレコード盤の製造販売権を有するXが、権限なくこれを複製販売したYに対し、著作権侵害を理由に損害賠償を請求した事件において、大審院は、浪曲のような旋律の定型性を欠く「低級音楽」には著作権は成立せず、従って、不法行為は成立しないとしてXの請求を退けた（大判大正3・7・4刑録20・1360）。これに対し、学説は、①この場合に著作権が成立

しないとした点を問題とし、さらに重大な問題として、②判例が権利侵害要件を狭く解している点、すなわち、「○○権」といった名称をもった確立した権利の侵害を要件とした点を厳しく批判した。

　その後、学説の批判をいれ、いわゆる「大学湯事件」において、大審院は判例を変更する（大判大正14・11・28民集4・670）。次のような事案である。Xは、先代AがY₁から「大学湯」という老舗（暖簾。それぞれ「しにせ」「のれん」と読む。多年にわたる事業実績等から得られる店や企業等の信用等無形の財産。）を950円で買い取り、「大学湯」の建物を月160円で賃借して湯屋業を営んでいたのを相続して営業していたが、後に、XとY₁は賃貸借契約を合意解除した。Y₁がこの建物をY₂に月380円で賃貸し、大学湯の名称で湯屋業を営ませたため、Xは老舗を売却することができず、損害を被ったとして、Y₁・Y₂に損害賠償を請求した。原審は、老舗は権利ではないから不法行為は成立しないとしてXの請求を棄却した。Xの上告に対し、大審院は、①民法709条は、故意又は過失によって「法規違反ノ行為」にでて他人を侵害した者は、これによって生じた損害を賠償する責任を負うという広い意味にほかならず、②侵害の対象は、厳密な意味においていまだ権利とはなしえない場合でも、「法律上保護セラルル一ノ利益」であればよいとして原審を破棄差戻した。

　学説は、この判決を高く評価し、その後、権利侵害は違法な行為の徴表にすぎず、権利侵害がなくとも、法規違反の行為、公序良俗違反等の違法と評価される行為があれば不法行為は成立するとする末川博士の「違法性論」により、**「権利侵害から違法性へ」** という流れが判例・学説において定着する。さらに、我妻博士は、末川・違法性論を発展させ、一般条項化した違法性が恣意的に判断されることを回避するための判断基準として、被侵害利益の種類と侵害行為の態様とを相関的に考量することを主張し、この相関関係説は通説・判例となるに至った。侵害行為の態様とは、刑罰法規違反、取締法規違反、公序良俗違反、権利濫用行為である。人の生命・身体や所有権のように、被侵害利益が強固なものであれば、その侵害は原則として違法と評価されるが、営業上の利益のように、被侵害利益が強固なものでない場合には、右侵害行為の態様との相関的な判断で違法性の有無が判断される。

3－2　人格的利益の侵害

　人格的利益は、人格権として保護される。民法710条は、身体、自由、名誉侵害を規定するが、これにとどまらず、人の生命、健康、プライバシー、自己決定権、氏名権、肖像権といった様々な法益が保護の対象とされる。

（1）生命・身体・健康

　生命・身体・健康は極めて重要な法益であり、その侵害は原則として違法である。例えば、車の衝突で歩行者が死亡・負傷した場合、違法性の存在は当然であり、訴訟では違法性はそもそも争点にならない。但し、例外的に、違法性阻却事由があるとして不法行為の成立が否定される場合がある（3－5参照）。また、被害の程度が極めて軽微で、そもそも損害が発生しているとはいえないような場合にも、例外的に違法性が否定され得る（3－4参照）。

（2）精神的自由・身体的自由・自己決定権

　監禁のように身体的自由を侵害する行為や、共同絶交（村八分）のような精神的自由に対する侵害は違法である。詐欺・脅迫・暴力等を用いて性的関係を結ぶ行為、職場や学内での優越的な地位を利用して行われるセクシャル・ハラスメント等の性的自己決定権に対する侵害も同様である。さらに、職場におけるパワー・ハラスメント、大学等におけるアカデミック・ハラスメント等の事例が増加している。

（3）婚姻関係・貞操侵害

　婚姻あるいは婚姻予約の不当破棄は違法である（第2編第2章2－3参照）。貞操侵害に関して、婚姻関係ある者と情交関係を結んだ者は、その配偶者に対して不法行為責任を負うのかが争われている。戦前は、刑法に姦通罪が規定され、民事においても、判例は、一方配偶者の不倫相手に対する他方配偶者による不法行為に基づく損害賠償請求を肯定していた。戦後、姦通罪規定がなくなったが、判例は、依然として不法行為の成立を肯定する。しかも、「夫婦の一方の配偶者と肉体関係を持つ者は、故意又は過失のある限り、右配偶者を誘惑するなどして肉体関係を持つに至らせたかどうか、両名の関係が自然の愛情によって生じたかどうかにかかわらず、他方の配偶者の夫又は妻としての権利を侵害し、その行為は違法性を帯び、右他方の配偶者

の被った精神上の苦痛を慰謝すべき義務がある」とする（最判昭和54・3・
30民集33・2・303。なお、夫婦の婚姻関係がすでに破綻していた場合は、不倫の
相手方は、不法行為責任を負わない。最判平成8・3・26民集50・4・993）[5]。

　では、不倫により家庭生活上の利益が侵害されたとして、親の不倫相手に
対する子供（未成年子）からの損害賠償請求は認められるであろうか。前掲
昭和54年最判は、未成年子から父親の不倫相手に対する賠償請求につき、相
手方女性が害意をもって父親の子に対する監護等を積極的に阻止するなどの
特段の事情のない限り不法行為を構成しないとして、右請求を否定する。

（4）名　誉

　名誉権・プライバシーは、人格権の精神的側面を代表するものであるが、
違法性判断にあたっては、侵害行為の態様が問題となる。

　名誉については、民法710条が保護法益として明示し、さらに民法723条
は、裁判所は、他人の名誉を毀損した者に対し、被害者の請求により、「損
害賠償」（金銭賠償）と「名誉を回復するのに適当な処分」（原状回復）を選
択的に、又は、並存して命ずることができることを規定する。名誉毀損の原
状回復は、謝罪広告の方法による（6－3（2）参照）。

　名誉毀損における名誉とは、人がその品性、徳行、名声、信用その他の人
格的価値について社会から受ける客観的な評価とされ、従って、名誉毀損と
は、他人の社会的評価を低下させる行為であり（大判明治39・2・19民録12・
226）、たんにその人の主観的な名誉感情を侵害した場合はこれにあたらない
と解されている（最判昭和45・12・18民集24・13・2151）。ただし、名誉感情
の侵害が名誉毀損とはならないということは、これが民法709条の不法行為
に該当しないということを意味するものではない（大阪高判昭和54・1127判時
961・83。お笑いタレントが、タクシー内で20分余りにわたり、運転手に対し誹
謗・侮辱発言を続けた事案で、慰謝料請求を肯定。）。自然人のみならず、法人
に対する名誉毀損についても不法行為が成立する（最判昭和39・1・28民集
18・1・136）。

　報道による名誉毀損における違法性判断においては、表現の自由や国民の
知る権利（憲法21条）との関係で、特別な配慮が必要とされる。判例は、
「事実を摘示しての名誉毀損」につき、その行為が①「公共の利害に関する

事実」に係わるものであり、②もっぱら「公益を図る目的」に出た場合には、③摘示された事実が「真実であることが証明」されたときは、違法性がないとしている（真実性の法理。なお、刑法230条の2参照）。さらに、④真実性の証明がなされない場合であっても、真実と信ずるにつき相当の理由があるときには、故意・過失が否定され、不法行為は成立しない（相当性の法理。最判昭和41・6・23民集20・5・1118）[6]。

（5）プライバシー

　プライバシー（privacy）とは、「私生活をみだりに公開されないという法的保障ないし権利」と定義されるが（『宴のあと』事件・東京地判昭和39・9・28下民集15・9・2317）、より一般的には、「ひとりにしておいてもらう権利（right to be let alone）」と理解されてきた。さらに、ネット社会の到来により、「自己の情報をコントロールする権利」を含めて理解する見解が有力である。プライバシー侵害においては、名誉毀損と異なり、社会的評価の低下は問題とならない。また、公表された事実が真実であっても、違法性は阻却されない。個人の生活・情報を公表すること自体に権利侵害が認められるからである[7]。

5　**判例の評価**　学説は、これを支持するものが多数であったが、近年、個人の人格の尊重や自己決定権の観点から、法が性という私的なことに介入すべきではないとして、このような賠償請求に否定的な見解が強く主張されている。とくに、①夫が請求する場合には、美人局（つつもたせ）として機能すること、②妻が請求する場合には、非嫡出子から夫に対する強制認知を抑制するものとして機能すること、さらに、③共同不法行為（不貞行為）者である配偶者を宥恕（ゆうじょ）しながら、相手方にだけ慰謝料請求することの不当性が指摘されている。

6　**意見・論評による名誉毀損**　「意見ないし論評による名誉毀損」においては、上記①②要件が満たされ、⑤意見・論評の前提となっている事実が重要な部分について真実であることの証明があったときは、⑥人身攻撃に及ぶなど意見・論評の域を逸脱したものでない限り違法性を欠き（最判昭和62・4・24民集41・3・490、同平成元年12・21民集43・12・2252）、そして、⑦右意見ないし論評の前提としての事実が真実であることの証明がないときにも、行為者において右事実を真実と信ずるについて相当な理由があれば、その故意又は過失は否定されるとする（最判平成9・9・9民集51・8・3804）。

7　**公的存在（public figure）のプライバシー**　政治家の行動のように、公共の利益に関する事項については、その報道は、原則として、プライバシーの侵害とならないと考えるべきである。アメリカ法では、「現実の悪意（actual malice）」をプライバシー侵害の要件としている。

（6）氏名権・肖像権・パブリシティ

　他人の氏名を無断で使用することは、氏名権の侵害となる。氏名を正確に呼称されることも不法行為法上の保護を受けうる人格的利益であるが、侵害行為の態様が問題とされ、当該個人の明示的な意思に反し、あるいは、害意をもって不正確な呼称をした場合に、違法性ありとされる（最判昭和63・2・16民集42・2・27）。また、本人に無断で写真を撮影し、あるいは、それを公表することは、肖像権の侵害である。肖像を営利目的で使用される場合も同様である。

　最近では、タレントやプロスポーツ選手といった著名人の氏名や肖像が、本人に無断で、あるいは、契約条件に反して、商品宣伝等に使用され、本人に財産的損害を与えることがある。著名人の獲得した固有の名声・社会的評価・知名度等の故にその氏名・肖像等から生ずる顧客吸引力のもつ経済的利益ないし価値を排他的に支配する人格権に由来する権利をパブリシティ（publicity）権という。その実体は、氏名・肖像その他の媒体の使用料徴収権限にあるが、媒体に化体された顧客吸引力を毀損する使用がなされた場合には、イメージの毀損による損害の賠償も問題となる。

3－3　財産的利益の侵害

　所有権のような絶対権の侵害は原則として違法である。従って、他人の所有物を滅失・毀損し、あるいは、他人の不動産を不法に占拠する等してその使用・収益を妨害することは違法である。しかし、不動産の二重譲渡においては、第二買主が悪意であっても登記を得ると、第一買主は所有権を取得できないことになるが（民法177条。ただし、背信的悪意者に対しては、第一買主は登記なくして対抗できる。第2章6－2参照）、この場合、第二買主の行為は、自由競争の範囲内にあるものとされ、第一買主に対して第二買主は不法行為責任を負わないとされている（最判昭和30・5・31民集9・6・774）。

　用益物権の侵害も、所有権侵害に準じて違法性が認められる。鉱業権・採石権・漁業権等の特別法上の物権も同様である。また、著作権・特許権・実用新案権・意匠権等の無体財産権（知的財産権）も排他的支配権としてその侵害は違法であるが、著作権法、特許権法等の各特別法に保護規定がある。

　担保物権の侵害も違法であり、不法行為となる。しかし、例えば、第三者が抵当目的物の毀損（大判昭和7・5・27民集11・1289）や競売妨害（大判昭和11・4・13民集15・630）によって担保価値を減少させた場合であっても、残存価格で弁済が可能な場合には、抵当権の担保機能を侵害したものとはいえず、損害賠償請求権は発生しない（大判昭和3・8・1民集7・671）。

　占有権の侵害に基づく損害賠償請求については、民法198条以下に規定がある。201条により出訴期限が1年に制限されているほかは不法行為一般と異ならない。

　債権侵害については、第2章10－1注50参照。

　その他、営業権ないし営業上の利益が法的保護の対象となることは当然である。しかし、自由競争の保障との調整をはかる必要があり、侵害行為の態様、即ち、行為の悪性・反社会性の程度との相関衡量によって違法性が判断される。

3－4　公害・生活妨害その他

　大気汚染、水質汚濁、土壌汚染、騒音、振動、悪臭といった公害、あるいは、日照・通風・眺望の妨害により人の生命・健康や生活上の利益が侵害される場合がある。判例は、その違法性判断にあたり、受忍限度論を採用している（大阪空港公害訴訟に関する最判昭和56・12・16民集35・10・1369ほか）。この見解は、被侵害利益の種類・性質と被害の程度、地域性、土地利用の先後関係、被害防止措置の有無・内容、公共性ないし社会的有用性、官庁の許認可、規制基準の遵守等の被害者側と加害者側の諸事情とを比較衡量し違法性の存否を判断しようとするものである。対等な市民間の相隣紛争においては、立場の交替可能性があり、被害も軽微であることから、地域環境と紛争当事者間の諸事情を斟酌して、賠償違法を決定するという判断枠組みは不当ではない。しかし、企業の営利活動により一方的に周辺住民に深刻な生命・健康被害と生活破壊がもたらされる事例（四大公害等）では、加害者側の広範囲にわたる事情を責任成否の斟酌事由とし、また、判断を裁判所の自由な利益衡量に委ねてしまう受忍限度による違法性判断は妥当ではない。

　公害・生活妨害とは別に、最近、景観利益をめぐる紛争が登場した。判例

は、景観利益を「良好な景観の恵沢を享受する利益」として法律上保護に値
する利益と認め、マンション建築が景観利益の違法な侵害といえるかは、相
関的な判断（3－1参照）によるものとしている（国立マンション景観訴訟。
最判平成12・3・30民集60・3・948）。

3－5　違法性阻却事由

　権利が侵害される等して形式的に違法とみえる場合であっても、一定の事
情により、不法行為を成立させる違法性が無いと法的に評価される場合があ
る。右の事情を違法性阻却事由という。民法典は、正当防衛と緊急避難につ
いて規定しているが、正当業務行為や被害者の同意等もこれに該当する。

（1）正当防衛・緊急避難

　他人の不法行為から自己や第三者の権利又は法律上保護される利益を守る
ために、やむを得ず加害行為を行っても、損害賠償責任は発生しない（正当
防衛・民法720条1項本文）。例えば、Aが強盗Bから身を守るために、襲っ
てきたBに反撃してけがをさせた場合、あるいは、他人Cの家に逃げ込み、
その家の垣根を壊したような場合である。Aは、Bに対してのみならず、C
に対しても賠償責任を負わない。後者の場合、Cは、Bに対して損害賠償を
請求することになる（同項ただし書）。また、他人の物から生じた急迫の危難
を避けるためにその物を損傷した場合も同様である（緊急避難・同条2項）。
例えば、他人の飼い犬に襲われ、自己や第三者の身を守るためにやむを得ず
その犬を負傷させてしまった場合である。

（2）法令による行為・正当業務行為（正当行為）

　法律の規定により、一定の行為は違法性が阻却される（なお、刑法35条参
照）。正当な手続きに基づく犯罪者の逮捕や刑の執行（刑事訴訟法199条、210
条、213条、475条等）、親権者の懲戒権の行使（民法822条）、事務管理（697条以
下）等である。また、法律の規定がない場合でも、医療行為やスポーツによ
る侵害も、一定の要件を満たせば正当業務行為として違法性が阻却される。
例えば、手術のように人の身体を傷つける行為は、原則として違法である
が、有資格者（医師）が行う場合（「業」として行う場合）、①医療目的である
こと、②医学的方法によること、③患者の同意があること（分かりやすい説

明による十分な情報提供を受けたうえでの患者の自己決定としての同意＝informed consent）といった要件が満たされる場合には、正当業務行為として違法性が阻却される。

（3） 自力救済

近代法においては、自力救済は原則として禁止されている。しかし、法律の定める手続きによったのでは、侵害の排除が不可能又は著しく困難と認められる緊急やむを得ない特別の事情がある場合には、例外的に、違法性が阻却される（最判昭和40・12・7民集19・9・2101）。

（4） 被害者の同意

被害者の自由な意思による承諾も違法性を阻却する。ただし、公序良俗に反する同意は、違法性を阻却しない（例えば、同意殺人等。）。

4 責任能力

4－1 責任能力の意義

責任弁識能力（「自己の行為の責任を弁識するに足りる知能」「自己の行為の責任を弁識する能力」）を有しない未成年者および精神障害者は責任無能力者とよばれ、民法は、これらの者の行為について不法行為責任は発生しないと規定している（民法712条・713条）。

責任無能力者は、何故免責されるのであろうか。通説・判例は、責任能力を過失責任主義のもとでの過失の理論的前提と理解している。すなわち、行為の結果を予見し、結果発生を回避し得る能力のない者の行為について、過失責任を問うことはできないといことが、右免責の根拠とされている。他方、現在、責任無能力者制度を判断能力が劣る者を保護するための政策的配慮に基づく制度であると理解する見解が有力である。

加害者が責任無能力を理由に免責される場合、その者の法定監督義務者が賠償責任を負う（714条。7参照）。

学説は、損害の公平な分担という理念から、また、現代的危険の普遍化による被害者保護の必要性に対応するため、責任無能力者制度の適用ないし妥当範囲を制限しようとする傾向にある。無過失責任制度においては、責任無

能力者の免責は認められないという見解が通説化している。中間責任においても、それぞれの制度の趣旨を考慮して、責任無能力者制度を適用すべきか否かを判断すべきであると考えられている。例えば、使用者の責任無能力を理由に715条の責任が否定されるべきではなく、また、運行供用者責任（自賠法3条。11参照）において、運転者・運行供用者の心神喪失（責任無能力）を免責事由とすべきではない。

4－2　責任無能力者の類型

（1）責任弁識能力のない未成年者（民法712条）

判例によれば、責任弁識能力とは、自己の行為の道徳的善悪を判断する能力ではなく、法律上の責任を判断できる能力であるとされる（大判大正6・4・30民録23・715。12歳2ヵ月の少年が、遊びで空気銃の銃口を友人に向け、制止を無視して発砲し、顔に命中させて左眼を失明させた事件。）。責任能力の有無は、加害行為の種類・性質や加害行為を行った未成年者の年齢に応じて個別的に判断されるが、判例は、小学校を卒業する12歳前後を責任能力発生のおおよその基準としている[8]。

（2）精神上の障害による責任無能力者（713条）

精神上の障害によって責任弁識能力を欠く状態にある間に、加害をなした者も免責される。本条は、1999年の成年後見制度の導入により、「心神喪失」者から「精神上ノ障害ニ因リ自己ノ行為ノ責任ヲ弁識スル能力ヲ欠ク状態ニ在ル」者へと表現が改められ、さらに2004年改正で現代表記化されたが、意

---

[8] **未成年者の年齢と責任能力**　小学校を卒業した12歳7ヵ月の少年の責任能力を否定した事例として大判大正10・2・3民録27・193（少年が空気銃で樹木の根元を撃とうとして、付近にいた被害者の眼に命中させ、失明させた事件で、少年の監督義務者の責任を肯定。）、14歳11ヵ月の少年の責任能力を否定した事例として大阪地判昭和37・5・26判時310・37がある。他方、民法715条の使用者責任に関する大判大正4・5・12民録21・692（少年店員が主人のために自転車で物を運搬中に、被害者に衝突して負傷させた事件で、使用者責任を肯定。）は、11歳11ヶ月の少年の責任能力を肯定する。これらの判例の態度は、一見すると一貫性のない矛盾したもののようにみられるが、使用者責任の成立においては、被用者に責任能力があることが要件となるため（8－2参照）、判例は比較的低い年齢で責任能力を認めたもので、被害者救済を重視した判断と考えられる。

味は同一である。成年被後見人（7条。第2章4－5参照）と異なり、責任弁
識能力を欠く状態が継続する必要はない。しかし、故意又は過失によって一
時的に責任弁識能力を欠く状態を招いた場合には、免責されない（713条た
だし書。いわゆる「原因において自由な行為」である。）。

5　損害の発生・因果関係

5－1　損害の発生

　事故が発生しても、損害が発生していなければ損害賠償は問題とならな
い。現実に損害が発生し、あるいは、その発生が確実であることが必要であ
る（損害の意義については、6－2参照）。

5－2　因果関係とは
〈因果関係の二側面〉

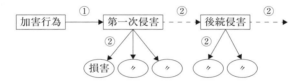

①責任設定的因果関係＝不法行為の成立要件
②責任充足的因果関係＝損害賠償の範囲の問題

　さらに、加害者の行為が原因となって損害が発生したこと、つまり、加害
行為と権利・利益侵害ないし損害発生との間に因果関係が必要である。民法
709条には、「故意又は過失によって他人の権利又は法律上保護される利益を
侵害」と「これによって生じた損害」との二つの「よって」が登場する。前
者は、①責任設定的因果関係、すなわち、不法行為の成立要件としての因果
関係を意味し、後者は、②責任充足的因果関係、すなわち損害賠償の範囲確
定の問題と理解されている。このように、因果関係という概念には、異なる
二つの側面がある。通説・判例は、ドイツの学説の影響を受け、因果関係を
「相当因果関係」と理解してきたが、現在の学説はこれに批判的である（相

当因果関係については、6－5参照）。ここでは、現在の学説の理解に従い、成立要件としての因果関係について述べ、損害賠償の範囲の問題は、不法行為の効果（6－5参照）で論述する。

　不法行為の成立要件としての因果関係は、自然的・社会的意味で加害行為が損害発生の原因といえるかという問題であり、現在の学説は、これを事実的因果関係とよんでいる。事実的因果関係の存否は、条件説（conditio sine qua non）によって判断される。すなわち、AがなければBは発生しなかったという「あれなければこれなし」の関係がAB間にあるとき、AはBの原因であるとされる。もちろん、「事実的」因果関係といっても、あくまでも帰責原因の探求が目的である以上、そこには必然的に法的評価が加えられる（その意味で「法的因果関係」が問題となっている）。従って、事実的因果関係は、自然科学における因果関係を前提とするが、これと同一ではない。例えば、食中毒事故が発生した場合、医師は、患者を治療するために、どの病原菌が「原因」であるかを探求するが、不法行為訴訟においては、食品管理上の注意を怠って食中毒を発生させた「原因者（＝加害者）」は誰であるかが追及される。

　原因の重畳的競合、すなわち、損害Bの発生にAとCがともに関与したが、どちらもそれのみで損害Bを発生させることができる場合には、条件関係は形式的に破綻する。しかし、この場合にも、A及びCと損害Bとの間の因果関係は否定されない。

　不作為不法行為においても、事実的因果関係が存在するといえるのかという理論的問題がある。行為がなかった（不作為）場合、「加害行為がなかったならば」という条件公式の仮定がなりたたないからである。例えば、医師Aが不適切な治療を行った結果、患者Bが死亡した（作為不法行為）というのではなく、医師Aが患者Bに対し必要とされる適切な医療行為を実施しなかった（不作為）ためにBが死亡した場合、Aの不作為とBの死亡との間に事実的因果関係はあるのか。通説・判例は、作為義務の存在を前提に（したがって、まず、行為者に「作為義務」があったか否かの判断が先行する）、作為義務が尽された場合、被害は発生しなかったと認められる場合には、因果関係の存在を肯定する。

5－3　事実的因果関係の立証

因果関係の立証責任も原告（被害者又はその遺族）が負担する。立証の対象は、因果の基本構造であるが、立証の程度については、判例は、「訴訟上の因果関係の立証は、一点の疑義も許されない自然科学的証明ではなく、経験則に照らして全証拠を総合検討し、特定の事実が特定の結果発生を招来した関係を是認しうる高度の蓋然性を証明することであり、その判定は、通常人が疑いを差し挟まない程度に真実性の確信を持ちうるものであることを必要とし、かつ、それで足りる」として、**高度の蓋然性**を要求する（最判昭和50・10・24民集29・9・1417）[9]。

しかし、公害、医療過誤、欠陥商品事故等では、原告が因果関係を立証することが事実上不可能ないし極めて困難な場合が少なくない。何故なら、通常、①事故原因の解明に必要な情報は加害者側（企業・医療機関）がにぎっており、原告にとって必要な情報へのアクセスは不可能ないし困難である、②因果関係解明に必要とされる高度の科学的・医学的知識や分析技術を一般市民（原告）は有していない、③原因究明にかなりの資力を必要とする、さらには、場合によっては、④原因究明を妨害する社会的・政治的な障害が存在するからである。

そこで、因果関係の立証困難を克服するための理論が模索されてきた。公害訴訟においては、因果関係の立証は、「かなりの程度の蓋然性」でたりるとする蓋然性説が主張された。右程度の証明がなされれば、因果関係の一応の証明がなされたものとして因果関係の存在が事実上推定され、加害企業の側で右推定を覆す反証に成功しないかぎり因果関係の存在が肯定されるとする見解である。また、公害の因果関係において問題となるのは、①被害疾患の特質とその原因物質、②原因物質が被害者に到達する経路（汚染経路）、③加害企業における原因物質の排出（生成・排出に至るまでのメカニズム）であるが、①と②の立証がなされれば、③の存在は事実上推認されるとする新

9　**東大ルンバール・ショック事件**　化膿性髄膜炎に罹患して東大病院に入院した３歳児が、医師によるルンバール（腰痛穿刺による髄液採取とペニシリンの髄腔内注入）の施術後、嘔吐、痙攣の発作を起こし、右半身痙攣性不全麻痺、性格障害、知能障害、運動障害等の障害を残したため、両親が国に対し損害賠償を請求した事例。

潟水俣病判決（新潟地判昭和46・9・29判時642・96）の考え方（「門前（到達）説」）もまた、右見解と同様なアプローチである。

　さらに、公害被害の特質からみて、疫学的因果関係の証明をもって法的因果関係ありとする判断が判決に定着している（イタイイタイ病訴訟に関する富山地判昭和46・6・30判時635・17；名古屋高裁金沢支判昭和47・8・9判時674・25、四日市公害訴訟に関する津地裁四日市支判昭和47・7・24判時672・30ほか）。疫学とは、人間集団の中で発生する事件（疾病）の原因を調査し、その制圧と予防に役立てる学問であるが、疾病多発群と不発群との集団的特性の統計的対照から原因の仮説をたてるところにその特徴がある。病理学（医学）的因果関係においては、①原因物質の特定がなされ、②その特定の原因物質を動物に投与し、同じ症状の発現することを確認し、さらに③病理機序の解明、すなわち人間の身体においてその特定原因物質が一定の症状を発生させるに至るメカニズムを解明することが必要になる。しかし、法的因果関係の目的は、誰が被害の原因者であるかを解明することにあるから、病理学的な因果関係の解明は必要不可欠ではない。また、病理学的な証明を求めることは、しばしば原告に不可能ないし著しい困難を強いることになる。これに対し、疫学的因果関係によれば、統計的手法を用いて、①原因となる因子が結果発生（発病）に時間的に先行していること、②因子と結果発生との間に量と効果の関係（因子の増減により結果も増減するという関係）があること、③因子の分布消長により結果発生の特性が矛盾なく説明できること、④因子と結果発生との関係が生物学的に矛盾なく説明できることといった条件が満たされれば因果関係が肯定される。疫学的因果関係論が採用されたことにより、訴訟の場が永遠に続く科学論争の場となるリスクが回避され、公害被害の法的解決は大きな前進をとげた。

5－4　原因競合

　損害発生に加害者の行為以外の原因が競合する場合、競合した他原因は不法行為責任にどのような影響を与えるかが問題となる。これには、第三者の行為、被害者の行為、自然力の競合が考えられる。民法は、複数行為者の関連共同した加害行為については民法719条（共同不法行為・10参照）、被害者

の過失が損害の発生・拡大に寄与した場合には722条2項（過失相殺・6―5参照）の規定をおくが、原因競合に関する一般規定をおいていない。因果関係を割合的にとらえ、寄与度に応じた責任のみを加害者に肯定する見解も存在する（割合的因果関係論・部分的因果関係論・寄与度論）。しかし、そもそもあらゆる事象は単一原因によって発生するものではなく、常に複数の要因によって発生するものであること、事実的因果関係（条件説）は量的評価になじまないことを考えると、他原因の存在のみから割合的責任を導くのは妥当ではない。被害者は、原則として、損害全部につき賠償を得る権利を有すると考えるべきであり、加害者の責任が一部免除されるとすれば、それは別の政策的理由によるものである。

　自然力や被害者・第三者の行為等の競合原因が不可抗力とされる場合には、加害者は免責される。不可抗力免責は無過失責任においてとくに重要である（過失責任においては、加害者に過失がなかったことが証明されれば免責されるが、加害者の過失を問題とせずに賠償を認める無過失責任制度においては、加害者は自己の無過失を立証しても免責されない。）。不可抗力概念は多義的であるが（例えば、自然力＝不可抗力ととらえる見解もあるが誤りである。）、加害者の不法行為責任を免責する事由としての不可抗力は、予見不可能かつ回避不可能な外在的事由（例えば、戦争や予想できないような大災害）と理解されるべきであろう。

6　不法行為の効果

6―1　損害賠償請求権の発生

　不法行為の成立により、被害者に加害者に対する損害賠償請求権が発生する（民法709条では、賠償義務者は加害者であるが、特殊的不法行為では、使用者や運行供用者等、直接の加害者以外の者も賠償義務者となる。）。損害賠償請求においては、賠償される「損害」とは何か、損害賠償はどの範囲にまで及ぶのか、損害の「賠償」はどのようになされるのか、損害賠償請求権を行使できる者は誰か、損害賠償請求権はいつまで行使し得るのかが問題となる。

6－2　損害の理解

　不法行為法において、「損害」とは何か。伝統的な考え方は、**差額説**とよばれるもので、「損害」を不法行為がなかったならばあったであろう仮定的な利益状態と不法行為によって現実にもたらされた利益状態との差として理解し、この差を填補することが損害賠償の目的であるとする。

　第2章10－3でみたように、損害は、**財産的損害と非財産的損害**に区別され、さらに、財産的損害は**積極損害**と**消極損害（逸失利益）**とに区別される。非財産的損害に対する賠償が**慰謝料**である。具体的な損害項目は、金銭に換算され、合計されて損害賠償の総額が決定される（**個別損害積み上げ方式**）。

　このような理解に対し、最近の学説は、特に人身被害の領域において、①差額説の損害概念は、財産的損害にはあてはまっても、精神的損害にはあてはまらないのではないか、②財産的損害においても、生命・身体に対する侵害の場合、差額説により損害を把握し、適正な損害額を算定することは可能なのか、といった疑問を提起する。実際、差額説によれば、同じ侵害を受けても、人により収入額の多少によって賠償額に大きな違いが生じるといった不公平が生じること、また、後遺障害を受けても、給与が下がらなければ損害はないとみなされる（最判昭和42・11・10民集21・9・2352）といった不都合が生じること等が指摘されている。そこで、人の死亡や傷害それ自体を損害ととらえる死傷損害説や、収入の喪失や減少ではなく、生命・身体侵害により労働能力が失われたことを損害とみる労働能力喪失説等、不法行為によって被害者に生じた不利益な事実そのものを損害ととらえる**損害事実説**が有力に主張されている。損害事実説は、侵害された法益（人の生命・身体、あるいは、生活）の価値を規範的に評価しようとするもので、損害概念とその金銭的評価とを区別する試みといえる。判例は、伝統的な差額説に立ちつつも、このような主張に対し一定の理解を示している（最判昭和56・12・22民集35・9・1350。交通事故により軽度の後遺障害を残したが、給与の減少がなかった被害者の逸失利益の請求を否定した事例で、特段の事情による労働能力一部喪失を理由とする財産的損害を認める余地に言及。）。

6－3　損害賠償の方法

（1）金銭賠償主義

　損害賠償の方法には、**金銭賠償**と**原状回復**とがある。金銭賠償とは、損害を経済的価値の側面から把握し、これを金銭に評価して、評価相当額の金銭を支払わせるものである。これに対し、原状回復とは、被害者を損害発生以前の状態に復帰させることであるが、損害発生以前の状態の実現は、物理的・歴史時間的に不可能である。したがって、物を損壊した場合には、その修復や代用物の提供、身体侵害の場合には、治療等による疾病・障害の除去というように、損害発生以前と同様な状態の供給を意味する。

　民法は、金銭賠償を原則としている（民法722条1項・417条）。その根拠として、金銭による賠償が簡単便利であること、原状回復が不可能な場合があること、原状回復を認めると多額の費用を要する等加害者に不当な負担をかける場合があること等があげられる。近代社会が商品交換によって成り立つ社会であることがその背景にある。

　金銭賠償は、賠償金全額を一括して支払わせるのが通常である（一括一時金賠償方式）。しかし、人身被害の領域では、被害者の将来の逸失利益や介護費用等につき、定期的に一定額の賠償金を支払わせるという賠償方法も考えられる（定期金賠償方式。民事訴訟法117条参照）。学説は、一般に定期金賠償方式にも好意的であるが、履行の確保等に問題がないわけではない。したがって、被害者が一時金賠償を求めている場合に、加害者の主張する定期金賠償を命じる判決はできないとする判例（最判昭和62・2・6判時1232・100）は正当であり、他方、被害者が定期金賠償を求めている場合には、原則として、これを肯定すべきことになる。

（2）原状回復

　金銭賠償の例外として、法律の規定により、また、当事者間の合意により、原状回復が認められる。

　民法723条は、名誉毀損の場合に、「裁判所は、被害者の請求により、損害賠償に代えて、又は、損害賠償とともに、名誉を回復するのに適当な処分を命じることができる。」と規定している。ここにいう「損害賠償」とは金銭賠償を意味し、名誉毀損に対する賠償においては、金銭賠償（通常は、慰謝

料の賠償）だけではなく、原状回復も賠償方法として認められることを規定
しているわけである。「名誉を回復するのに適当な処分」で最も一般的な方
法は、新聞・雑誌等への謝罪広告・取消広告の掲載（最判昭和31・7・4民
集10・7・785）であるが、謝罪文の関係者への送付、判決の社内掲示等や、
最近では、インターネット上の電子掲示板に名誉を毀損する書き込みがなさ
れた場合に、電子掲示板管理者による当該書き込みの削除（東京高判平成
14・12・25判時1816・52ほか）等も認められる。ところで、学説では、謝罪広
告を命じる判決は、良心の自由（憲法19条）を侵害するもので違憲であると
の見解が少なくないが、判例は、「単に事態の真相を告白し陳謝の意を表明
するに止まる程度のもの」であれば代替執行による強制執行（民執171条）に
よることができ、被告の倫理的な意思・良心の自由を侵害するものではない
としている（前掲最判昭和31・7・4）。

　特別法では、鉱業法111条2項・3項、不正競争防止法14条、特許法106
条、著作権法115条・116条等が原状回復を規定している。

6-4　損害賠償請求権者
（1）損害賠償請求権の主体

　不法行為により被害を受けた自然人・法人が損害賠償請求の主体となりう
るということには問題はない。胎児には権利能力はないが（民法3条1項）、
「胎児は、損害賠償の請求権については、既に生まれたものとみなす」として
権利能力を擬制する特則がある（721条）。したがって、例えば、Xが胎児
でいる間に、その父親Aが電車に轢かれ死亡した場合、Xは、加害者に対
し固有の損害賠償請求権（711条）を有することになる[10]。

10　**権利能力の擬制**　「既に生まれたものとみなす」の意味については、①胎児は、出生
　前に権利能力を有するわけではなく、生きて生まれたとき、不法行為時に遡及して権利
　能力を取得すると解する人格遡及説（法定停止条件説）と、②胎児の段階で権利能力を
　有しているが、死産の場合に権利能力が遡及的に失われると解する制限人格説（法定解
　除条件説）とが対立する。両説の違いは、出生前に、母親等が胎児の法定代理人として
　権利を行使できるかにある。判例は①説に立つが（大判昭和7・10・6民集11・2023、
　上記の例で、Xが胎児の間にその母親が第三者に依頼してなした示談契約の効力はX
　に及ばないとして、Xからの加害電車会社に対する賠償請求を肯定したもの）、学説で
　は、②説が有力である。

　法人については、非財産的損害の賠償（710条）が認められるのかが問題となる。肉体や精神を持たない法人に、肉体的苦痛・精神的苦痛に対する慰謝料請求権は発生しないと考えられるからである（法諺「法人には救われるべき魂なく、蹴られるべき肉体もない。」）。最判昭和39・1・28民集18・1・136は、民法710条の「財産以外の損害」とは、慰謝料の対象となる精神上の苦痛に限られるものではないとして、法人に対する名誉権侵害につき、金銭評価の可能な「無形の損害」の賠償を認めた。

（2）生命侵害と損害賠償請求権者

　生命侵害が民法709条の権利侵害であることに疑問の余地はないが、不法行為により被害者が死亡した場合、誰がいかなる賠償をなし得るのかが問題となる。被害者本人は、死亡により権利能力を喪失するからである。この問題につき、711条は、被害者の父母、配偶者及び子に固有の慰謝料請求権を認めている[11]。

　また、被害者本人の損害賠償請求権は、その遺族に相続されるというのが判例の立場である（相続説。財産的損害につき、大判大正15・2・16民集5・150頁。慰謝料につき、最大判昭和42・11・1民集21・9・2349）[12]。

11　民法711条の拡張　判例は、711条に該当しない者であっても、被害者との間に本条所定の者と実質的に同視できる身分関係が存在し、被害者の死亡により甚大な精神的苦痛を受けた者には、本条が類推適用されるとしている（最判昭和49・12・17民集28・10・2040。身体障害者であるため、長年にわたり交通事故死した被害者と同居してその庇護の下に生活を維持し、将来もその継続を期待していた被害者の夫の妹に対する賠償を認めた事例。）。また、10歳の女児が交通事故により顔面に傷害を受け、容貌に著しい影響を被った事例で、傷害を受けた者の母が、そのために被害者の生命侵害の場合にも比肩し得べき精神上の苦痛を受けたときは、民法709条・710条に基づき自己の権利として慰謝料を請求し得るとしている（最判昭和33・8・5民集12・12・1901）。

12　相続否定説　これに対し、近年、損害賠償請求権の相続性を肯定することは論理的に困難であり、遺族には、扶養請求権の侵害を理由とする財産的損害の賠償請求、及び、固有の慰謝料請求を認めればよいという見解が有力化した（相続否定説＝固有損害説）。相続否定説は、①死者に損害賠償請求権が発生し相続されることの非論理性（大判大正15・2・16民集15・150は、即死の場合でも傷害と死亡との間に観念上時間の間隔があり、受傷の瞬間に損害賠償請求権を取得し、これが死亡により相続されるとする。）に加え、②逆相続の問題、即ち、子供の死亡事故において、余命の短い親が若年の子の就労可能期間得たであろう逸失利益を取得することは不自然であること、③笑う相続人の問題、即ち、生前被害者と交流がなかった者が、損害賠償請求権を相続する場合がある

（3）間接被害者・間接損害

Yの加害行為によって直接の被害者A以外の第三者Xに損害が生ずることがあるが、この第三者Xをとくに「間接被害者」とよび、その損害を「間接損害」とよぶことがある。（2）で検討した死亡被害者の遺族に対する賠償もこれに関わる問題といえる。不法行為の成立要件が満たされれば間接被害者XにもYに対する損害賠償請求権が発生するのは当然であるから、あえて間接被害者ないし間接損害を議論しなければならない場面は限定される。ここでは、肩代わり損害（反射損害）と企業損害の問題をとりあげる。

肩代わり損害とは、例えば、事故で受傷した被害者Aの親Xが、その入院治療費等を病院に支払った場合に、費用相当額をYに賠償請求できるかという問題である。間接被害者Xによる賠償請求が肯定されることに疑問はなく（例えば、大判昭和12・2・12民集16・46。親の治療費を支出した子の賠償請求を肯定した事例。）、また、直接被害者Aの損害として請求することも認められる（例えば、最判昭和46・6・29民集25・4・650。）。

企業損害とは、企業の経営者や従業員が事故により死傷した場合、これにより企業が被った営業利益等を事故加害者に賠償請求できるかという問題である。この場合には、企業損害の賠償を否定する見解が一般的であり、判例も、直接被害者と企業との間に「経済的に一体をなす関係」があると認められるときにのみ、企業から加害者に対する賠償請求を肯定している（最判昭和43・11・15民集22・12・2614。有限会社の形態をとるが個人経営である薬局の経営者が交通事故により負傷した事例。）。

こと等を相続説の問題点として指摘する。しかし、①相続否定説によれば相続説よりも賠償額が低額化するという無視しえない問題があること、②賠償額の均衡論（場合によっては、傷害のほうが死亡よりも賠償額が高額となる）、③相続説の実務上の簡便・明確性（損害計算基準が客観的で計算が簡明のため損害額の立証が容易である。請求権者の範囲が明確である。）、④逆相続につき、親に子の逸失利益の賠償を認めないことは国民感情に反するし、笑う相続人の問題は相続法制に内在する矛盾であり許容されるものであるとして、相続説を肯定する見解を支持する者も少なくない。私も相続説でよいと考えている。

6 － 5 　損害賠償の範囲・賠償額の算定

（1）損害賠償の範囲

「風が吹けば桶屋が儲かる」という小話のように、事故による被害は果てしなく拡大し得る。加害行為と事実的因果関係（条件関係）にある権利侵害ないし損害のうち、法的にみて合理的な範囲に損害賠償責任を限定する必要がある。通説・判例は、不法行為における因果関係とは相当因果関係であり、さらに、我が国の民法416条は、相当因果関係を定めた規定であって、同条は不法行為にも類推適用されるとする（416条類推適用説・大連判大正15・5・22民集5・386）。同条は、債務不履行による損害を通常損害と特別損害（「特別の事情によって生じた損害」）に分け、前者の賠償を原則とし（同条1項）、後者については、「当事者がその事情を予見すべきであったとき」（改正前の文言は、「その事情を予見し、又は予見することができたとき」であったが、規範的概念に表現が改められた）には、賠償範囲に含まれるとするものである（同条2項。第2章10－3参照）。結果として、相当因果関係の存否は、予見可能性によって決定されることになる[13]。

（2）人身損害における賠償額の算定

人身事故の場合、治療費・入院費等の積極損害、逸失利益（休業損害、後遺障害・死亡による逸失利益)、慰謝料の賠償が認められ得る。前述のとおり、個別損害積み上げ方式により損害賠償の総額が決定される[14]。

---

[13] **相当因果関係論**　この理論は、一定の結果発生と条件関係にある加害行為が、同種の結果発生の客観的可能性を一般的に少なからず高めたとき、右行為は当該結果の相当な条件であるとする考え方である。ドイツ民法学において、完全賠償の原則（加害行為と因果関係にある損害はすべて賠償されなければならないとの原則）を前提に、因果関係概念を精錬することにより賠償範囲を合理的に限界づけようとする試みである。しかし、現在の学説は、通説・判例の見解に批判的である。民法416条は、制限賠償主義（賠償範囲は責任原因により決定されるという考え方）を前提に、予見可能性ルールにより賠償範囲を制限するイギリスの判例法理に由来するという沿革的な理由に加え、契約関係にない不法行為当事者の予見可能性を問題にすることは妥当ではない。そこで、賠償範囲の確定に責任原因を直接結び付ける義務射程説、第一次侵害と後続損害を区別し、後者は、第一次侵害の結果によって生じた特別の危険の実現であるか否かによって判断する危険性関連説等が主張されている。

[14] **定額化論・包括請求方式**　これに対し、交通事故賠償（人身事故）の領域において、個別損害積み上げ方式に代えて、賠償額、特に、逸失利益の賠償を定額化すべきとの考

　積極損害については、実費主義が原則である。実際に病院に支払った治療費・入院費等が賠償されるが、例えば、医学的根拠が薄弱ないし疑問がある治療、過剰な治療等の場合等には、必要性・相当性がないとして賠償請求が否定されることになろう。

　死亡事故の場合、通常、賠償額で最も大きな部分を占めるのが逸失利益である（通常、数千万円から数億円になる）。その算定は、死亡当時の年収に、あと何年働けたか（稼働可能年数）を乗じ、そこから生活費と中間利息を控除して算定する。幼児、学生、主婦等、収入がない者については、平均賃金（厚生労働省の統計「賃金センサス」による）を基礎に算定される。稼働可能年数は、現在、67歳までとするのが判例である（この年齢を超える者については、別の基準による。）。働いて得た収入のすべてを自由に使えるわけではなく、その一部を自己の労働力の再生産に充てなければならないとの理由から、収入の30％～50％程度（交通事故の場合）が生活費として控除される。さらに、損害賠償金は将来得られる収入も賠償の時点で一括して受け取れることから、その運用が可能であるとして利息分の控除が行われる。その割合は、民法404条により、年3％（3年ごとの変動制）である。

　　［逸失利益の算定式：死亡当時の年収×稼働可能年数—生活費—中間利息］

　慰謝料の額は、原則として、裁判官の裁量にゆだねられるが、交通事故賠償実務では、死亡の場合、一家の支柱2800万円、母親・配偶者2400万円、その他2000万円～2200万円と定型化が図られている。

（3）過失相殺

　事故の発生や損害の拡大に被害者の過失が競合した場合、公平の見地か

　え方が主張されたが、実務に大きな影響を与えることはできなかった。また、公害賠償訴訟において、被害者の被った社会的・経済的・精神的損害を総体として捉える包括請求方式が主張された。後者の特質は、「総体としての損害」という被害把握と財産的損害の個別立証を不要にする点にある。公害被害は、長期にわたる継続的なものであり、原告も多数に上る。この場合、各人の被害の個別立証は困難であり、かつ、裁判の長期化も避けられない。近年の下級審判決では、原告の包括請求方式による主張に理解を示すものがある。

ら、賠償額の減額が行われる場合がある。過失相殺という（722条2項）。判例は、特に交通事故賠償において、過失相殺規定の適用に積極的である。まず、過失相殺における「被害者の過失」は、不法行為の成立要件である「注意義務違反」ではなく「単なる不注意」であるとする。これを前提に、過失相殺における被害者の能力（過失相殺能力）については、被害者に「行為の責任を弁識するに足りる知能（責任能力）」は不要であり「事理を弁識するに足りる知能（事理弁識能力）」で足りるとする（最判昭和39・6・24民集18・5・854。8歳の児童の交通事故につき過失相殺を肯定した事例。）。また、被害者本人に過失がない場合でも、**被害者側の過失**を過失相殺において考慮することができるとする（最判昭和34・11・26民集13・12・1573）。被害者側の過失とは、「被害者と身分上ないし生活関係上一体をなす者」の過失をいい（最判昭和42・6・27民集21・6・1507）、幼児の死亡事故につき、その父又は母の監督上の過失（最判昭和44・2・28民集23・2・525）、車両同士の衝突事故による妻の受傷につき、夫の運転上の過失（最判昭和51・3・25民集30・2・160。また、内縁の夫婦につき、同平成19・4・24判時1970・54。）を理由とする賠償額の減額が認められる。使用者の受けた損害につき、被害車両を運転していた従業員の過失も被害者側の過失とされる（大判大正9・6・15民録26・884）。他方、幼児の交通事故につき、保育園の保母の監督上の過失は、被害者側の過失とされない（前掲最判昭和42・6・27）。

　さらに、身体的損害の発生・拡大に寄与した被害者の既存の体質的・心理的要因（例えば、特異体質、既往症、持病、年齢による器質変化等）を「被害者の**素因**」というが、これが競合して損害が発生ないし拡大した場合、判例は、722条2項を類推適用して賠償額の減額を認める（心因的要因につき、最判昭和63・4・21民集42・4・243。既往の疾患につき、同平成4・6・25民集46・4・400。他方、同平成8・10・20民集50・9・2474は、疾患にあたらない身体的特徴については、減額を否定する。）。

　その結果、例えば、幼い子供が交通事故の被害者となった場合でも、過失相殺により賠償額を減額することが可能となったが、それが社会的にみて望ましい賠償のあり方といえるかは疑問である。とりわけ、交通事故のように深刻な人身被害が日常化し、しかも、賠償が保険でカバーされている領域で

は、素因減額の問題も含め、人身事故被害者（特に、歩行者等運転行為を行なっていない者、運転行為を行わない幼児・児童等。）により手厚い救済を与える解決の方向が模索されるべきであるように思われる。

6－6　損害賠償請求権の消滅

　不法行為による損害賠償請求権は、被害者又はその法定代理人（被害者が未成年者である場合の親権者等）が損害及び加害者を知った時（主観的起算点）から3年（民法724条1項1号）、不法行為の時（客観的起算点）から20年で時効消滅する（2号）。1号の時効期間は、人の生命又は身体を害する不法行為の場合、5年となる（724条の2）。

　1号（主観的起算点）の「損害を知った時」とは、被害者が損害の発生を「現実に認識」した時をいう（最判平成14・1・29民集56・1・218）。また、「加害者を知った時」とは、加害者に対する賠償請求権行使が事実上可能な状況の下に、その可能な程度にこれを知った時であり、被害者が不法行為当時、加害者の住所・氏名を的確に知らなかった場合は、これらを確認した時が時効の起算点となる（最判昭和48・11・16民集27・10・1374）。不法占有のような継続的不法行為の場合は、日々新たな損害が発生し、消滅時効も日々進行する（逐次進行説・大連判昭和15・12・14民集19・2325）。

　2号の客観的起算点については、加害行為時説と損害発生時説とが対立するが、判例は、加害行為時説に立ちつつ、蓄積損害・遅発潜伏型損害については、損害発生時を起算点とする（最判平成16・4・27民集58・4・1032）。

6－7　差止請求

　以上のような不法行為制度は、被害発生後に、金銭によって損害を填補する制度である。しかし、例えば生命侵害の場合には、失われた生命を金銭によって回復することはできない。可能であれば、事前に侵害行為を防止できることが望ましい。継続中の侵害行為を阻止したり、将来の権利侵害を事前に阻止する請求を差止請求という。差止請求が問題となる領域は、公害・環境破壊、名誉・プライバシー侵害、ハラスメント行為等である。民法には、公害や名誉毀損行為等の差止を認める規定はない（なお、所有権侵害につき、

第2章1－2参照）。しかし、現在の学説・判例は、このような場合の差止請求を肯定する。その法的構成については争いがあり、所有権・人格権・環境権等の権利侵害を根拠として差止を認める見解（権利説）と、不法行為（民法709条）の効果としてこれを認める見解（不法行為説）とが対立する。判例は、人格権侵害を根拠に差止を認める（名誉侵害等に関する最大判昭和61・6・11民集40・4・872；最判平成14・9・24判時1802・60）。差止の要件についても争いがあり、特に、利益衡量のあり方をめぐって論争が続いている。差止における違法性判断においても、判例は、受忍限度論（3－4参照）を採用する。

7　特殊の不法行為1：責任無能力者の監督者責任

7－1　監督者責任の意義

　責任能力を欠く未成年者や精神上の障害がある者に不法行為責任が成立しないことについてはすでに述べた（4参照）。これによって責任無能力者の保護を実現できるが、被害者を救済せずに放置することは不公平である。そこで、民法は、責任無能力者の法定監督義務者が損害賠償責任を負うものとした（民法714条1項）。監督者責任は、条文上、監督義務者の過失の立証責任が被害者から監督義務者に転換されており、中間責任となっている。また、監督義務者の賠償責任は、未成年者・精神上の障害がある者が責任無能力として免責される場合にはじめて肯定される補充的責任として規定されている。

7－2　成立要件

　法定監督義務者の賠償責任が認められるためには、①責任無能力者の違法な加害行為が行われたこと、②監督義務者が監督義務を怠らなかったこと（監督義務者の無過失）、または、監督義務を怠らなくても損害が生ずべきであったこと（監督義務違反と損害発生との因果関係の不存在）の立証がないこと、が要件となる。右監督義務は、当該具体的状況下で結果発生を回避するために必要とされる監督行為をなすべき義務にとどまらず、責任無能力者の

生活全般についての包括的な身上監護・教育義務を意味すると解されており、従って、監督義務者の過失は、当該違法行為についての過失である必要はない。なお、要件①については被害者が立証責任を負うが、②は免責を主張する監督義務者の側で立証しなければならない。判例は、この免責の主張を容易に認めず、事実上無過失責任化している（但し、免責を認めた事例として、最判平成27・4・9民集69・3・455。放課後の校庭でサッカーの練習をしていた児童の蹴ったボールが校外に転がり、オートバイで進行中の被害者が接触転倒して負傷し、後に死亡した事故で、被害者の遺族が児童及びその両親に損害賠償を請求した事件。）。

7－3　責任主体

　賠償義務者は、法定の監督義務者（民法714条1項）及び代理監督者（同条2項）である。法定監督義務者は、未成年者の場合、親権者（820条）、親権代行者（833条・867条）、未成年後見人（857条）、児童福祉施設の長（児童福祉法47条）などである。精神障害者の場合は、現在、監督義務者が法定されておらず、重大な問題を生じている（JR東海事件に関する最判平成28・3・1民集70・3・681。）。また、代理監督者とは、法定監督義務者との契約、法律の規定、事務管理によって責任無能力者の監督を委託され、あるいは、引き受けた者である。これに該当する者として、幼稚園・保育園の保母、小学校・中学校の教員、病院の医師等が考えられるが、むしろ、幼稚園、保育園、小学校、医療機関等施設ないし事業体（法人）を代理監督者責任の主体と考えるべきである。

7－4　責任能力ある未成年者の問題

　責任無能力者の監督者責任は、加害行為者本人に責任能力がなく、本人が賠償責任を免れる場合にのみ認められる補充的責任である。従って、加害者が未成年者であっても責任能力ありとされれば、加害者本人が賠償責任を負うことになり、監督者責任は認められない。しかし、この場合、未成年者は賠償資力を欠くことが通常であるから、被害者が賠償金を得る可能性はほとんどなく、不公平な結果を招くことになる。そこで、判例は、監督義務者の

責任が追及されている事例では、責任能力の発生する年齢を高いところに設定する傾向にある（4 − 2 注 8 参照）。

　さらに、判例は、未成年者に責任能力が認められ、親の監督者責任を追及できない場合であっても、監督義務者（親）の監督義務違反と未成年者の不法行為の結果との間に相当因果関係が認められる場合には、監督義務者に民法709条の不法行為責任が成立することを肯定する（最判昭和49・3・22民集28・2・347）。

8　特殊の不法行為 2 ：使用者責任

8 − 1　使用者責任の意義

　例えば、タクシー会社 A の従業員 B が、運転業務中に、過失により歩行者 C と接触事故を起こしてけがをさせてしまった場合、タクシー会社 A は被害者 C に対し賠償責任を負う。この場合、B を雇用して仕事をさせているタクシー会社 A を「使用者」、雇われている B を「被用者」といい、被用者が使用者の事業の執行につき第三者に損害を加えた場合の使用者の賠償責任を使用者責任という（民法715条）。もちろん、被害者 C は、加害者 B に対し、民法709条に基づき賠償請求することも可能である。しかし、賠償資力のある A に対し損害賠償を請求するのが通常であろう。

〈使用者責任〉

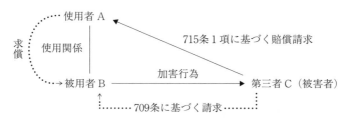

　このように賠償資力のある使用者が、被害者救済のために賠償責任を負うと考えれば、使用者責任は他人の行為についての責任ということになる。つまり、本来は、直接の加害者である被用者が賠償責任を負わなければならな

いところ、使用者が被用者に代わって賠償するのである（代位責任）。従って、被害者に賠償金を支払った使用者は、被用者に対し、本来負担すべきであった賠償金を返還せよと請求することができることになる（「求償権の行使」あるいは「求償」という。715条3項）。しかしながら、企業活動を念頭におけば容易に理解されることであるが、企業（使用者）は、多数の従業員（被用者）を就労させることによって大きな利益をあげる一方、その活動により様々な危険を社会に生み出している。この企業活動の危険が現実化し、第三者が損害を被った場合、利益の帰属する企業に責任（損失）を帰属させることが経済的にバランスのとれた公平な解決である（従業員の給与には、右リスクに対応する給付は含まれていない。また、企業は、商品価格への転嫁や保険により、企業活動によって発生するリスクに対応することができる。）。つまり、企業活動を前提に考える場合、使用者責任は、代位責任ではなく、使用者が自ら生み出したリスクに対し本来負うべき責任と理解すべきことになる（「危険責任」「報償責任」。[15]）。それ故、通常の業務で予想される被用者の過失については、使用者が責任を負うのが当然であり、求償権の行使やその範囲は制限されるべきことになる。

8－2　成立要件

　使用者責任の成立要件は、（1）使用関係、（2）事業の執行について、（3）被用者の不法行為、（4）免責事由の不存在である（民法715条1項）。

（1）使用関係

　ある事業のために他人を使用すること、すなわち、使用関係の存在が第一の要件である。「事業」とは、通常言われている「仕事」という広い意味で

15　**危険責任論**　近代産業の生み出す災害（当初は、労働災害が中心であった。）に対し過失責任主義の限界（過失立証の困難、及び、過失相殺。）に対処するためにフランス、ドイツで主張された法理である。すなわち、劣悪な労働条件の下で働く労働者が事故被害を受けた場合に、使用者の過失を立証することの困難、及び、使用者からの過失相殺の主張を克服するための理論的根拠として登場した。自らの事業活動により社会に危険を生み出した者は、その危険が現実化した場合には、その損害を賠償する責任を負うべきとする危険責任論と、危険な活動により利益を得ているものは、その危険が生み出す損失（損害）もまた負担するのが公平であるとする報償責任論の考え方がある。現代では、交通事故賠償や原子力事故賠償等様々な事故領域で、この法理が適用されている。

理解してよい。従って、企業の正社員として働いている場合はもちろんのこと、アルバイトのような一時的なものでもよく、また、非営利・無報酬の場合も含まれる。さらには、違法な仕事でもよい（暴力団組長に使用者責任を認める最判平成16・11・27民集58・8・2078ほか）。

「使用関係」は、実質的な指揮監督関係の存否によって判断される。労働契約等の契約関係に基づく場合が一般的であろうが、契約関係がない場合であっても実質的指揮監督関係があれば使用関係が肯定される。他方、独立性の強い弁護士・医師等は、依頼人・患者との間で使用関係が成立しない場合のほうが通常であるし、注文者と請負人との間には使用関係が認められないのが原則である（716条は、請負人が第三者に加えた損害につき、注文者は、注文又は指図についての「過失」があった場合に賠償責任を負う旨を規定するが、これは注文者は使用者責任を負わず、709条の原則によって賠償責任を負うことを確認するものである。）。他方、元請負人と下請負人との間に実質的指揮監督関係が肯定される事例は少なくない（最判昭和45・2・12判時591・61ほか）。

（2）事業の執行について

「**事業の執行について**」とは、被用者の加害行為が使用者の事業の範囲内ないし被用者の職務の範囲内であること、あるいはこれらと関連があることを意味している。使用者責任において最も重要な要件であるが（後述するように、判例は715条1項ただし書による免責を事実上認めていないため、この要件が使用者責任の成否を決定づけるといってよい。）、その範囲や具体的な基準は必ずしも明確ではない。初期の判例は、これを狭く解し、使用者の事業の執行それ自体か、その事業と関連して一体不可分の行為に限定していた（一体不可分説）。その結果、被用者がその地位を濫用して私利を追求するような場合、使用者責任は否定されることになる。しかし、このような解決は、取引への信頼を不安定なものとし、また、産業の発展により多発する事故に対応できないものである。大正期の学説は、企業責任を強化するためにこの要件を広く解すべきであるとして判例の一体不可分説を批判し、その範囲は行為の外形を標準にして判断すべきであるという外形標準説を提唱した。これを受け大審院も、株式会社（使用者）の庶務課長として株券発行事務に従事する被用者が、職権を濫用して会社の株券を偽造発行し、自己の米相場取引

のための証拠金代金として第三者に交付してこの者に損害を与えた事件で、この要件は広義に解釈すべきであとして、一体不可分説を放棄し（大連判大正15・10・13民集 5 ・785）、その後の判決で、「**外形理論（外形標準説）**」を明示的に採用するに至った[16]。最高裁においても、一貫して外形理論がとられ、それは取引的不法行為（例えば、手形偽造に関する最判昭和40・11・30民集19・ 8 ・2049）のみならず事実的不法行為（例えば、交通事故に関する最判昭和39・ 2 ・ 4 民集18・ 2 ・252。）にも及んでいる。

　もっとも、外形理論は、取引の相手方の信頼保護が問題となる取引的不法行為には妥当するが、交通事故のような事実的不法行為には妥当しない。判例は、自動車事故については、「使用者の支配領域内の危険」に由来するか否かを、また、暴行事例では、「事業の執行行為との密接関連性」を判断基準としていると理解されている（無断運転による自動車事故につき最判昭和39・ 2 ・ 4 民集18・ 2 ・252、暴行事例につき最判昭和44・11・18民集23・11・2079）。

　取引的不法行為においては、外形理論はまさに取引の相手方（被害者）の信頼保護を図るものとして機能する。従って、判例は、相手方に悪意ないし重過失がある場合には、使用者責任の成立を否定する（最判昭和42・11・ 2 民集21・ 9 ・2278）。

（3）被用者の不法行為

　被用者の第三者への加害行為であること、右加害行為が民法709条の要件（故意又は過失、違法性、損害の発生、因果関係及び責任能力）を具備していることが必要である。ここで第三者とは、使用者及び加害被用者を除く全ての者を意味する。従って、例えば、業務のため自動車を運転中の被用者が惹起した事故で、同乗中の同僚（共同被用者）が負傷した場合、この同僚も第三者に該当する。

16　**大判昭和15・ 5 ・10判決全集 7 ・699**　信用組合の事務員が、その権限がないのに、第三者の定期預金への質権設定について承認書を発行したという事例で、「使用者ノ事業ト離ルベカラザル関係ニ在ル被用者ノ行為又ハ事業ノ遂行ヲ助長スル性質ニ属スル被用者ノ行為ノミナラズ、被用者ノ該行為ガ外観上業務執行ト同一ナル外形ヲ有スルモノナルニ於テハ、被用者ガ自己ノ為ニ之ヲ為シタルト否トヲ問ハズ」、これによって生じた損害は、「事業ノ執行ニ付第三者ニ加ヘタル損害ナリト云フヲ妨ゲザル」とする。

（4）　免責事由の不存在

715条1項ただし書は、①「使用者が被用者の選任及びその事業の監督について相当の注意をしたとき」（使用者の過失の不存在）、又は②「相当の注意をしても損害が生ずべきであったとき」（使用者の過失と損害との間の因果関係の不存在）には、使用者は免責されることを規定している。使用者の過失の立証責任が被害者から使用者へと転換されており、民法は使用者責任を中間責任と規定している。しかし、判例は、使用者に過失がなかったとの抗弁を認めておらず、使用者責任は事実上無過失責任化している（免責を認めた事例は、戦前に大判昭和15・5・8新聞4580・7があるのみで、戦後はその例がない。）。

8－3　効　果

（1）　責任主体

使用者責任の責任主体は、使用者（民法715条1項）である。場合によって、代理監督者も責任を負う（同条2項）。加害行為を行った被用者自身も民法709条に基づき損害賠償責任を負うことになるから、使用者と被用者、代理監督者は被害者に対して連帯債務[17]を負う（従って、被害者は、使用者、被用者、代理監督者各自に対し、それぞれ、損害賠償金全額の支払いを請求することができる。）。

17　連帯債務　数人の債務者が同一内容の可分給付（金銭の給付等）につき独立して全部の債務を負担し、しかも、そのうちの一人又は数人が一個の全部の給付をすれば総債務者の債務が消滅する多数当事者の債務を連帯債務という（民法436条以下）。民法は、一個の可分給付につき、複数の債務者がいる場合、別段の意思表示がなければ、各債務者は、平等の割合で債務を負担する「分割債務」を原則としている（427条）。しかし、分割債務は、債権の効力を弱めるため、意思表示又は法律の規定により連帯債務が認められる。連帯債務において、弁済をした債務者は、他の連帯債務者に求償権を行使することができる（442条）。なお、2020年改正施行前の民法では、連帯債務の効力を弱める規定が存在していたため（例えば、旧439条は、連帯債務者の一人に時効が完成すると、その連帯債務者の負担部分については、他の連帯債務者もその義務を免れると規定していた。）、学説・判例は、民法典の規定が必ずしも適用されない連帯債務という意味で、「不真正連帯債務」という概念を生みだし、被害者の求済を図ってきたが、今回の改正により、問題のある条文は削除された。

（2）求償権

　715条 3 項は、被害者に損害を賠償した使用者や代理監督者は、被用者に求償権を行使できると規定している。使用者責任を代位責任としてとらえた場合、加害行為を行った本人（被用者）が、本来あるいは最終的に、損害を負担すべきであるからである。しかし、前述したように、企業活動の一環として事故が発生しているとの認識にたてば、あるいは、危険責任・報償責任の原理により使用者責任を根拠づける場合には、求償権の行使は必ずしも公平なものではない。従って、学説は求償権の行使を制限すべきであると主張し、判例もまた信義則により求償権の範囲を制限する（最判昭和51・7・8 民集30・7・689。従業員の起こした運送業務中の交通事故につき、使用者が被害者に支払った賠償額の求償及び使用者所有車両の修理費・休車損害の賠償請求の範囲を、信義則上その 4 分の 1 を限度とすべきとした原審判断を正当として是認した事例。）。さらに、被害者に賠償金を支払った被用者から使用者に対する求償権の行使（いわゆる「逆求償」）についても、最判令和 2・2・28は、これを肯定するに至った。

8 － 4　公務員の不法行為

（1）意　義

　公務員の不法行為について、国家賠償法（以下、国賠法） 1 条は、国及び公共団体の無過失責任を規定している。すなわち、公権力の行使に当たる公務員が職務を行うについて違法に他人に損害を与えた場合、国家公務員の不法行為については国、地方公務員等公共団体の公務員については公共団体が損害賠償責任を負わなければならない。

（2）成立要件

　損害の発生、因果関係のほか①公権力の行使、②公務員の職務上の行為、③公務員の故意・過失、違法性が成立要件である。

　①「公権力の行使」には、警察権の行使等の「権力作用」、学校教育等の「非権力作用」を含み、「私経済作用」を含まないとするのが通説・判例である。国賠法 2 条によって救済される「営造物の設置・管理作用」（9 － 4 参照）も 1 条の公権力の行使から除外される。公権力の行使に当たらないとし

て国賠法の適用がない場合には、国や公共団体は民法715条1項により使用者責任を負うことになる。国賠法が「公権力の行使」を要件とし、民法上の使用者責任と適用領域を二分しているのは歴史的経緯による。すなわち、旧憲法下においては、公務員の違法な行為は機関の行為ではなく、私人としての行為であるから、国家はその責任を負わないとされていた（「国家無責任の原則」）。判例は、非権力作用によって生じた損害について、国の私法上の責任を認めたが、権力作用によって生じた損害については賠償責任を否定していた。現行憲法17条は、「何人も、公務員の不法行為により、損害を受けたときは、法律の定めるところにより、国又は公共団体に、その賠償を求めることができる。」としてこの国家無責任の原則を廃棄し、国賠法が制定されたのである。

　②「公務員」は、国家公務員法・地方公務員法上の公務員に限定されず、広く国や公共団体のために公務に従事する者を意味する。「職務上の行為」は、民法715条の「事業の執行について」と同義であり、前述8－2（2）の論述がそのまま妥当する。

　③加害行為が公務員の故意又は過失によること、違法性があることが必要である。後者については、「権利侵害から違法性へ」という判例・学説の展開（3－1参照）を受けて、立法にあたり「権利侵害」ではなく「違法性」という表現が用いられた。

（3）効　果

　責任主体は、国又は公共団体である。国・公共団体は、加害行為を行った当該公務員に対し求償権を行使できるが（国賠法1条2項）、民法715条の規定とは異なり、故意又は重過失がある場合に限定されている。なお、公務員は直接に個人として被害者に対し損害賠償責任を負わないとするのが通説・判例であるが（最判昭和30・4・19民集9・5・534）、疑問である（公務員個人の賠償責任を肯定した事例として、東京地判平成6・9・6判時1504・41。）。

9　特殊の不法行為3：工作物責任

9－1　工作物責任の意義

　土地の工作物の設置又は保存に瑕疵（かし）があり、そのために他人に損害が発生した場合には、まず、当該工作物の占有者が賠償責任を負うものとされ、占有者が自己の無過失を立証した場合には、所有者が賠償責任を負う（民法717条1項）。竹木の栽植又は支持に瑕疵がある場合も同様である（同条2項）。占有者は、損害の発生防止に必要な注意をなしたことを立証すれば免責されるので、その責任は中間責任であるが（同条1項ただし書）、所有者の免責事由は規定されておらず、その責任は危険責任論に基づく無過失責任であると理解されている。民法典の不法行為規定のなかで唯一の無過失責任立法であることから、近代産業の生み出す企業施設や交通機関等による危険に広く適用されることが要請され、判例は土地工作物概念を拡張しこれに対応してきた。しかし、そこには限界があり、特別法により無過失責任の領域を拡大していく必要がある。

9－2　成立要件

　（1）「土地の工作物」の（2）「設置又は保存に瑕疵があること」（3）「によって」「他人に損害を生じたこと」（＝因果関係・損害の発生）が土地工作物責任の成立要件である。但し、占有者は、（4）「損害の発生を防止するのに必要な注意をした」こと（＝自己の無過失）を立証した場合には免責される。

（1）土地の工作物

　土地の工作物とは、土地に接着して人工的に作り出された設備をいう。工場や家屋等の建築物、ブロック塀、電柱、道路、トンネル、橋、線路、公園に設置された遊具等である。自動車、飛行機等は土地に接着されていないので土地の工作物ではない。天然に存在する物も工作物に含まれないが、土地に接着した竹木の栽植については、その栽植・支持の瑕疵により侵害が生じたときは、民法717条2項の適用がある。判例は、土地への接着を緩やかに

解し、また、工作物を一個の物ではなく付属設備、保安設備等を含む施設全体ととらえることによって土地工作物概念を拡大する傾向にあり、炭鉱の巻き上げ機及びワイヤーロープ、着脱可能な工場内の機械、プロパンガスボンベ、建物の一部をなすエレベーターやエスカレーター、踏切の軌道施設全体（最判昭和46・4・26民集25・3・351は、踏切道の軌道施設は保安設備と併せ一体として考察されるべきとし、本件踏切に警報器を欠いたことをもって瑕疵があるとした。）、スキー場のゲレンデ、ゴルフコース等を土地の工作物としている。

（2）設置・保存の瑕疵

　通説・判例は、工作物の物理的性状（物の客観的な危険性）に着目して、717条の瑕疵を「通常備えるべき安全性の欠如」と解している（高知落石事件に関する最判昭和45・8・20民集24・9・1268。但し、国賠法2条の事例。）。所有者の責任は、無過失責任と位置づけられる（危険責任）。これに対し、近年、設置・保存という行為に着目し、瑕疵を工作物それ自体の性状において欠陥がある場合はもちろん、危険防止の措置についての不備や欠陥も含み、結局は、設置・保存者が負うべき安全確保義務違反であるとする義務違反説がとなえられている（従って、717条も過失責任と理解する。）。この見解によれば、物理的欠陥がない場合にも717条の責任を追及することが可能となる反面、709条との相違は不明となり、厳格な責任の意味を喪失するおそれがある。

　なお、「設置」の瑕疵とは、工作物が設置された時から存在する瑕疵であり、「保存」の瑕疵とは、その後に生じた瑕疵の意味であるが、両者を特に区別する必要はない（つまり、瑕疵の発生時期はいつでもよいということである。）。

（3）損害の発生・因果関係

　土地工作物の設置・保存の瑕疵と損害発生との間に事実的因果関係があることが必要である。従って、大震災のような通常起こりえない巨大な自然力や戦争等によって建築物等が崩壊し、それによって通行人等が受傷したとしても、不可抗力による損害とされた場合には、占有者・所有者は免責される（規定はないが、一般に、不可抗力は、無過失責任における免責事由と理解されて

いる。5－4参照)。

(4) 占有者の免責事由

占有者[18]は、損害の発生防止に必要な注意をなしたことを証明することより免責される (717条1項ただし書)。この場合、危険であることを表示しただけでは必要な注意をなしたとはいえず、損害発生を現実に防止できる措置を講ずることが必要である (大判大正5・6・1民録22・1088)。また、所有者は自己の無過失を立証しても免責されない。従って、例えば、家屋の賃借人 (占有者) がブロック塀の瑕疵を発見し、すぐに賃貸人 (所有者) に連絡して修理をさせたが、塀が倒れて通行人にけがをさせてしまった場合、賃借人は、必要な注意をしたとして免責され得るが、所有者は、相当な工事をなしたことを主張しても免責されないことになる (ちなみに、所有者に修理を依頼しただけでは占有者は免責されない。所有者が必要な対応を取らない場合には、自ら修繕工事をなす必要がある。この場合の費用負担は、特約がない場合には、賃貸人が負担する。第2章13－2参照)。

9－3　効果

第一次的な責任負担者は占有者である (民法717条1項)。占有者が免責された場合には、第二次的に所有者が責任を負担する (同項ただし書)。被害者に対し賠償を行った占有者・所有者は、損害の原因について責任を負う者がいる場合には、この者に対し求償権を行使することができる (同条3項)。

9－4　公の営造物責任

(1) 意　義

国賠法2条は、公の営造物の設置又は管理の瑕疵によって他人が損害を被った場合、国又は公共団体が賠償責任を負うとしている。同条は、民法717条の特則であり、国や地方公共団体等公共団体が所有し、あるいは管理する

18　**土地工作物の占有者**　ここで占有者とは、土地工作物を事実上支配する者を指す (占有の意義については、第2章1－2参照。)。例えば、家屋の所有者が当該家屋に居住している場合には、所有者と占有者は同一人であるが、家屋が賃貸されている場合には、賃借人が占有者となる。

物に欠陥があり、これによって損害が発生した場合の国や公共団体の賠償責任を規定したものである。

（2）成立要件

　①「公の営造物」の②「設置又は管理の瑕疵」、③因果関係、④損害の発生が成立要件である。以下、①②について説明する。

　①「公の営造物」とは、公の目的に供される有体物、物的施設を意味する。所有権の帰属は問題とされない。営造物は、土地の工作物より広い概念であり、土地に接着された人工物であることを要しない。従って、動産も含まれる。条文は、道路、河川を例示するが、港湾、空港、海水浴場、官公庁・公立学校・公立病院等の建物・施設及びこれら内外で所有・使用されている設備・動産、パトカーや公用車、警察官等の使用するピストル、警察犬等はすべて公の営造物である。

　②設置・管理の「瑕疵」とは、「通常有すべき安全性を欠いていること」であり（前掲最判昭和45・8・20）、民法717条の設置・保存の「瑕疵」と基本的に同様と解してよい。但し、自然公物である河川について、判例は、河川管理の特殊性、すなわち、河川はもともと洪水等の自然的原因による災害をもたらす危険性を内包し、治水事業には財政面・技術面・時間面その他の社会的諸制約があることを理由に、未改修河川・改修の不十分な河川の安全性としては、治水事業による河川の改修、整備の過程に対応する過度的な安全性で足りるとするなど、営造物責任の成立を限定する（大東水害訴訟に関する最判昭和59・1・26民集38・2・53ほか）。

（3）責任主体

　国及び公共団体が賠償主体である（国賠法2条1項）。なお、3条1項は、営造物の管理者と費用負担者が異なるときは、管理者とともに費用負担者も損害賠償責任を負わなければならないと規定し、被害者の保護を強化している。他に損害原因について責任を負うべき者がいる場合、この者に求償権を行使できるのは民法717条3項と同様である（国賠法2条2項）。

10 特殊の不法行為4：共同不法行為

10－1 共同不法行為の意義

　損害の発生に複数の加害行為者が関与する場合、それぞれの加害行為者の責任はどのようなものになるのであろうか。例えば、A_1・A_2・A_3 が共謀して D_1 に暴行を加え傷害を負わせたとしよう（ケース1）。複数加害者の行為の競合に関し、民法第719条は、共同不法行為者の連帯責任を定めている。すなわち、同条1項前段は、「数人が共同の不法行為によって他人に損害を加えたときは、各自が連帯してその損害を賠償する責任を負う。」と規定する。これを「**狭義の共同不法行為**」という。共同不法行為者とされれば、$A_1 \sim A_3$ は、被害者 D_1 に対し連帯して賠償責任を負うことになる。

　同条は、狭義の共同不法行為に加え、さらに2種類の共同不法行為類型を規定する。1項後段は、いわゆる「**加害者不明の共同不法行為**」、2項は、「**教唆及び幇助**」について規定している。

　ところで、被害発生に複数の加害者が関与した場合、あるいは、一つの不法行為の賠償主体が複数である場合の全てが共同不法行為になるわけではない。少なくとも狭義の共同不法行為は、原因競合の問題であり、責任競合の問題とは区別されねばならない。例えば、被用者が不法行為（民法709条）を行ったため、使用者もまた715条の責任を負わねばならない場合、被用者と使用者の責任が競合し、両者は連帯債務を負うが（責任競合）、これは共同不法行為ではない。また、原因として複数の要因が競合して事故ないし損害が発生する場合（原因競合）においても、どのような場合に共同不法行為が成立するのか、とりわけ、719条1項前段が適用されるのはいかなる場合か、その成立要件はどのように構成されるのかにつき、現在の学説は混迷ともよばれる状態にあるといわれて久しい。

10－2　狭義の共同不法行為

（1）意義・成立要件

〈狭義の共同不法行為〉

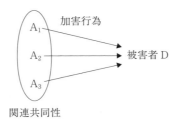

　ケース 1 のように数人が共謀して不法行為を行う場合が典型であるが、狭義の共同不法行為とは、複数の者が共同して損害を発生させる不法行為をいう（民法719条 1 項前段）。複数の加害者が登場する場合であっても、各人がばらばらに別個の損害を与えた場合は共同不法行為とはならない。通説によれば、狭義の共同不法行為の成立要件は、①共同行為者各人が独立して不法行為の要件を具備すること、及び、②行為者間に**関連共同性**があることである。

　②の関連共同性の意義をめぐって主観的共同説と客観的関連共同説の対立がある。主観的共同説は、共同行為者間に共謀や意思の連絡等があった場合にのみ狭義の共同不法行為が成立するという見解である。719条 1 項前段を他人の行為についても責任を負わせるための規定と理解し、帰責の根拠を行為者の共同の意思に求めるのである。719条は、被害者救済のために連帯責任を認めた規定と理解されているが、この見解による場合には、同条による救済の範囲が狭くなりすぎるとの批判がかつてから存在した。そこで、主観的共同を「各人が他人の行為を利用し、他方、自己の行為が他人に利用されることを容認する意思をもつこと」と定式化し、その範囲の拡大をはかる見解が登場した。他方、判例及び従来の通説は、客観的関連共同説にたち、行為者間に主観的共同がある場合のみならず、行為者間の行為が客観的に見て社会的一体性を有する場合、あるいは、複数行為者が一個不可分の損害発生に共同の原因を与えた場合にも共同不法行為の成立を認める[19]。

　また、共同不法行為も不法行為であるから、共同行為者各人に不法行為の
要件（709条）が具備されていることが必要である。しかし、以下の点に注
意を要する。

　まず、損害の発生及び違法性（権利侵害又は法律上保護される利益侵害）に
ついては、個別に（各人ごとに）考察する必要はない。他方、責任能力の有
無については個別に検討されるべきであり、違法性阻却事由についても同様
であるのが通常であろう。因果関係は、各人の行為が独立して条件関係をみ
たしていない場合にも、他の行為と共同して条件関係をみたしていれば事実
的因果関係を肯定してよい（客観的関連共同の意味するところである。共同不
法行為が成立しない場合には、被害者は加害者各人が与えた損害部分と加害者各
人の行為との個別的因果関係を立証しなければならない。）。さらに、過失につ
いても、個別に認定し得る場合のほか、事例によって、他の共同不法行為者の
行為による結果発生を防止するため他人の行為を制御すべき注意義務を定立
し得るかが問題となる。要するに、因果関係及び過失については、複数行為
者各人につき独立してこれを判断し得る場合と、関連共同する行為の中で、
あるいは、これを前提として判断されなければならない場合とがあることが
理解されなければならない。

（2）効　果

　分割責任が否定され、共同不法行為者は連帯責任（連帯債務。436条以下。
8－4注17参照）を負う（719条1項前段）。ケース1では、被害者 D_1 は、損
害全額を A_1・A_2・A_3 全員に対して請求できる。例えば、A_1・A_2・A_3 に対
して各人の与えた損害額に応じて請求する必要はなく、あるいは、D_1 の損

19　**主観的共同説と客観的関連共同説**　ケース1のような共謀の事例では、主観的共同
　　説・客観的関連共同説どちらの立場によっても民法719条1項前段の共同不法行為が成
　　立することに問題はない。しかし、B_1 運転の甲車と B_2 運転の乙車が、B_1・B_2 両者の過
　　失により衝突し、甲車に同乗していた D_2 が受傷した場合（ケース2）、あるいは、交
　　通事故で受傷した D_2 が治療のため入院した病院の医師 C の過失により死亡し、B_1 らと
　　C の責任関係が問題となる場合（ケース3）、さらに、同じ地域に集合立地する化学企
　　業 E_1〜E_6 六社の各工場から排出される大気汚染物質により、周辺住民 D_3 らに深刻な健
　　康被害が発生した場合（ケース4）の処理は、どちらの見解に立つかによって異なって
　　くる。客観的関連共同説では、ケース2・3・4においても狭義の共同不法行為の成立
　　を認めるが、主観的共同説はこれを否定する。

害額が900万円の場合、各300万円ずつしか請求できないのではない。各人に900万円請求できるのである（もちろん2700万円受け取れるのではなく、900万円が支払われた時点でD_1の損害賠償請求権は消滅する）。これによって、被害者は共同行為者各人が与えた損害を区別する負担から解放され（そもそも区別できないのが通常である）、また、加害者の一部の不明・無資力のリスクを回避することができる。

　共同不法行為者間の公平は、被害者に弁済をなした共同不法行為者から他の共同不法行為者に対する求償権の行使によってはかられる。各人の負担部分は、各人の過失及び原因力の大小を考慮して判断されることになる。過失・原因力に差がなく、あるいはそれが不明な場合には、各人の負担部分は平等となる。

10−3　加害者不明の共同不法行為

〈加害者不明の共同不法行為〉

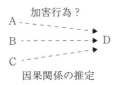

　民法719条1項後段は、「共同行為者のうちいずれの者がその損害を加えたかを知ることができないとき」もまた、前段と同様に、「共同行為者」間に連帯責任が生ずることを規定している。「共同行為者」の右責任は、一般に「加害者不明の共同不法行為」とよばれ、前段の「狭義の共同不法行為」と区別されてきた。現在、この規定は、択一的損害惹起（択一的競合）における因果関係推定規定と理解されている。すなわち、複数の者が当該損害を惹起し得る行為を行い、実際には、その内の一人の行為によって損害が発生したが、誰の行為によって生じたかを特定できない場合、被害者保護のために因果関係の立証責任を転換して、行為者の側に加害者の特定を求め、これができない場合には連帯責任を免れないとしたものである。例えば、A・B・C三者が同時にD所有の山小屋で喫煙をし、そのうちの誰かの吸いがらの

不始末により山小屋が火災で焼失した場合、Ａ・Ｂ・Ｃらが加害者を特定できない場合には、右三者はＤに対し連帯して賠償責任を負わなければならない（朝鮮高判昭和2・2・19評論16・民法304）。また、複数の製薬メーカーの製造販売する薬品を投与された者が、当該製品の欠陥により損害（健康被害）を被るといった事例で、薬品の種類は特定できるものの、加害メーカーを特定できない場合に、製薬メーカー各社の連帯責任が本規定により導かれる（福島地裁白川支判昭和58・3・30判時1075・28は、製薬会社4社の製造販売する注射剤の投与を受けた者が、大腿四頭筋短縮症に罹患した事故において、製薬会社各社は本条1項後段の共同行為者に該当するとする。）。

　成立要件は、①「共同行為者」であること、②共同行為者各人に故意・過失及び責任能力があること、③権利・利益侵害ないし損害発生が共同行為者中のいずれかの行為によること、である。①「共同行為者」とされるためには関連共同性は不要であり、当該権利侵害を惹起する危険性を含む行為をなした者であること、即ち、択一的競合関係にあれば足りるとの見解が支配的である。従って、行為の同種性・同時性は必ずしも要求されない。しかし、択一的競合関係の充足は必要であるから、共同行為者（加害の可能性のある行為をした者）の人的範囲は特定されなければならない。

　1項後段は因果関係推定規定であるから、共同行為者とされた者は、因果関係の不存在、すなわち、加害者を特定し、その他自己の行為が損害の原因ではないことを証明することにより免責されると解されている。

　1項後段の場合にも、前段と同様に、被害者に賠償をした共同行為者は他の共同行為者に求償権を行使できると考えるべきである。原則として、共同行為者各人は平等の割合で賠償金を負担することになろう。薬害の事例では、製薬会社各社の市場占有率に従い内部的な負担割合を決定することが合理的であるように思われる。

10―4　教唆・幇助

　民法719条2項は、「行為者を教唆した者及び幇助した者は、共同行為者とみなして、前項の規定を適用する。」と規定する。教唆とは、他人をそそのかして不法行為を実行する意思を決定させることであり、幇助とは、他人の

不法行為の実行が容易になるようにこれを援助する行為である。教唆者及び幇助者は、直接の加害行為を行ったわけではないが、実行行為者とともに連帯責任を負う。

　例えば、不動産の二重売買において、不当な転売利益を得るため、売主に二重売買を決意させた第二買主は、売主の横領行為を教唆した者として売主とともに共同不法行為責任を負う（鳥取地判昭和46・10・18判時654・80）。また、山林の不法伐採者の伐採行為を現認しながら、山林の管理者がこれを見逃す行為は幇助とされる（長野地諏訪支判昭和30・7・6下民集6・7・1315）。もっとも、判例・通説の客観的関連共同説にたてば、教唆・幇助行為は、当然に1項前段の狭義の共同不法行為に該当するから、2項の規定は注意規定ということになる。

　教唆の方法・手段について制限はなく、幇助についてもその態様は様々である。事情を知りつつ、事後的に行為に加功する場合も幇助者とされる。また、過失による教唆・幇助も認められる（過失による教唆の事例として、東京高判昭和48・4・26判時706・23、過失による幇助の例として、東京地判昭和51・12・24判時861・87。）。

11　特殊の不法行為5 ：交通事故賠償

11− 1　自動車損害賠償保障法の制定

　自動車による人身事故に関しては、1955年に自動車損害賠償保障法（以下、自賠法と表記。）が制定施行された。自賠法制定以前においては、交通事故賠償は、おもに民法709条によって処理されていた（現在においても、物損事故は民法の規定によって処理される。）。しかし、民法によると、被害者は加害運転者の過失を証明しなければならないが、これが容易ではないケースはまれではない。また、過失の立証に成功した場合においても、加害者に賠償資力が無いために、被害者の救済が事実上閉ざされる結果となる事例も少なくなかった。裁判所は、積極的に民法715条を適用し、使用者をも賠償主体として運転者の無資力をカバーしようとしたが、これにも限界があった。自賠法は、交通事故被害者の救済を確実なものとするため、①自動車による人身事

故につき**運行供用者責任**を創設して、自動車保有者（自動車の所有者その他自動車を使用する権利を有する者で、自己のために自動車を運行の用に供する者。自賠法2条3項）の責任を規定し、②過失の立証責任を被害者から運行供用者に転換して責任の成立要件を大幅に緩和し、さらに③強制保険により賠償資力の担保をはかり、また、無保険車による事故や加害者不明の場合の政府保障事業を規定した。

11－2　運行供用者
（1）運行支配・運行利益

「自己のために自動車を運行の用に供するもの」、即ち、運行供用者は、自動車の運行によって他人を死亡させ、あるいは、負傷させた場合には、その損害を賠償する責任を負う（自賠法3条）。判例によれば、運行供用者とは、当該自動車の運行についての支配権＝「運行支配」と、それによる利益＝「運行利益」とが帰属する者である（二元説。最判昭和43・9・24判時539・40。子の所有車両を借りて営業に使用していた父が起こした事故につき、所有者の運行供用者責任を否定した事例。）。これは、運行供用者責任を、危険責任論と報償責任論（8－1注15参照）によって基礎づけようとするものである。ところで、判例は、この運行支配について、当初、「直接現実的支配」としていたが（最判昭和39・12・4民集18・10・2043。ドライブクラブ業者の運行供用者責任を否定した事例。）、その後、「間接支配ないし支配可能性」で足りるとし（最判昭和43・10・18判時540・36。貸金の担保として車を預かっていった債権者の被用者が無断運転により事故を惹起した場合に、債権者の運行供用者責任を肯定した事例。）、さらには「運行を指示、制御すべき立場」にまで拡大し（最判昭和45・7・16判時600・89。父親を責任者として家族でガソリンスタンドを経営し、子の所有車両を使用していた場合に、父親の運行供用者責任を肯定した事例。）、運行支配を事実概念から規範概念へと変容させてきた。運行利益についても、自動車の運行それ自体から生じる利益に限定する立場から、間接利益や無形的な利益で足りるとの立場へと転換し、最判昭和50・11・18民集29・10・1818は、運行利益に言及せず、「自動車の運行を事実上支配、管理することができ、社会通念上その運行が社会に害悪をもたらさないよう監

視、監督すべき立場」にあったとして運行供用者責任を肯定している（同居の子に頼まれて自動車の登録名義人となった父親の責任を肯定した事例。ただし、最高裁が二元説を放棄したとは評価できない。最判昭和52・12・12判時878・60参照。）。このように運行支配・運行利益概念が抽象化・規範化されてきたのは、拡大・深刻化する交通事故に対し、被害者の救済という自賠法の立法目的を徹底させていくためである。さらに、学説及び下級審判決は、運行利益を運行支配の存在を推測させる徴憑にすぎないとして、運行支配を運行供用者判断のメルクマールとする一元説にシフトし、立証責任の点でも具体説・請求原因説に対し抽象説・抗弁説が主張され、後者が実務を支配している[20]。

（2）保有者と運行供用者責任

実際に運行供用者として賠償責任を負う者は誰であろうか。通常、加害車両の所有者・賃借人等の保有者（自賠法2条3項）が運行供用者である。従って、当該車両の所有者が自家用車を運転中に人身事故を起こした場合のほか、指示して他人に運転させていた場合、他人（友人・知人・家族等）に車の使用を許し、その者が人身事故を起こした場合にも、所有者に運行供用者責任が認められる。被用者が会社所有の車両を運転中に事故を起こした場合の会社の責任、顧客がレンタカー運転中に事故を起こした場合のレンタカー会社の責任も同様である。

20　運行支配・運行利益の立証責任　運行供用者責任における運行支配・運行利益の立証責任は誰にあるのだろうか。無断運転の事例（所有者に無断で、その家族・知人・従業員等が加害車両を運転し事故を引き起こした場合に、所有者は運行供用者責任を負うのかが争われる事例）等で特に問題となる点である。具体説・請求原因説では、自賠法3条の「その運行」を「自己のための運行」と解し、事故時の具体的運行が自己のためになされていたか否かを問題とするから（具体説）、原則として、原告（被害者）において、自動車の保有者と運転者（事故を起こした加害者）との身分関係、自動車の日常の運転状況、保管状況等被告側の内部事情で原告において関知することが困難な事実を立証しなければならない（請求原因説）。これに対し、抽象説・抗弁説では、運行供用者を法的地位ととらえ（法的地位説）、抽象的に当該自動車の運行につき一般的抽象的支配を有する地位にある者を責任主体と設定し（抽象説）、「その運行」を「その自動車の運行」と解し、原告は被告が運行供用者たる地位を取得した事実を主張立証すれば足り、その者が当該自動車の具体的運行について支配を失った場合には責任を免れるが、これを被告の抗弁とする（抗弁説）。

（3）無断運転・泥棒運転

　家族・従業員・友人等による車の無断使用や、盗まれた車によって人身事故が惹起された場合にも、所有者は運行供用者責任を負担するのであろうか。所有者以外の者が無断で車を利用して事故を起こした場合であっても、雇用関係・家族関係等の人的関係がある場合には、所有者の運行支配・運行利益の喪失は認められにくく、所有者は運行供用者責任を負うのが通常である（最判昭和39・2・11民集18・2・315。農協の運転手が農協所有車両を無断運転して事故を惹起した事例。）。所有者は、車両による危険が現実化しないようにこれを管理することが社会的に期待されているからである。他方、適切に管理されていたにもかかわらず、車を盗まれて、その盗難車により事故が発生した場合には、保有者は運行供用者責任を負わない。泥棒運転の事例につき、判例は、所有者が「その運行を指示制御すべき立場」になかったとして運行供用者責任を否定するのが一般的である（最判昭和48・12・20民集27・11・1611）。

（4）保有者以外の者

　保有者以外の者でも運行供用者とされる場合がある。判例によれば、修理業者、運転代行業者は客から預かった車につき運行供用者とされる（修理業者につき、最判昭和44・9・12民集23・9・1654。運転代行業者につき、最判平成9・10・31民集51・9・3962。）。また、他人の車両登録のために自己の名義を貸した者（名義貸し）、車両を他人に譲渡したが名義を変更していなかった者（名義残り）や、下請業者が起こした事故において元請業者、マイカーを業務や通勤に使用する社員の起こした事故につき、当該車両の使用を命じた、あるいは、許可した会社が運行供用者責任を負う場合がある。

11−3　運行供用者責任の成立要件

　運行供用者責任の成立要件は、（1）自動車の運行によること、（2）他人の生命・身体を害したこと、（3）免責事由がないことである（自賠法3条）。

（1）自動車の運行によること

　「運行」とは、「自動車を当該装置の用い方に従い用いること」である（2条2項)。これは、自動車を走行させている場合のみを意味するものではな

い。判例は、クレーン車を停止させての作業中に、クレーンのワイヤーと高圧電線との接触により作業員が死亡した事故（最判昭和52・11・24民集31・6・918）、貨物自動車からフォークリフトを用いて木材の荷降ろし作業中に、通りかかった子供が落とされた木材の下敷きとなり死亡した事故（最判昭和63・6・16判時1298・113）についても、車両の固有の装置によるものとして運行供用者責任を肯定する（固有装置説）。

（2）他人の生命・身体を害したこと

自賠法は、他人の生命又は身体を侵害した場合にのみ適用される。問題となるのは、当該被害者が「他人」に該当するかである（「他人性」の問題）。自賠法3条の他人とは、事故車両（加害車両）の運行供用者、運転者、運転補助者以外の者をいうとされている。従って、この三者以外の者は、加害車両の同乗者であっても他人として賠償の対象となる。判例は、夫の運転する車両に同乗中に事故にあい受傷した妻を「他人」とした（「妻は他人」判決・最判昭和47・5・30民集26・4・898）。同居の親子・兄弟等や好意同乗者（好意により無償同乗を許された友人・知人等）も他人となる。

（3）免責事由の不存在

免責事由は、①自己及び運転者が自動車の運行に関して注意を怠らなかったこと（＝運行供用者及び運転者の無過失）、②「被害者」又は「運転者以外の第三者」に故意又は過失があったこと、③自動車に構造上の欠陥又は機能上の障害がなかったことである。運行供用者が免責されるためには、以上の三事由を全て立証しなければならないのが原則である[21]。例えば、②の被害者の過失を立証しても①を立証しない限り、過失相殺が認められるにとどまり（民法722条2項）、運行供用者が免責されないのは当然である。

21　運行供用者責任の性質　過失の立証責任が被害者から運行供用者に転換されているという点では、自賠法は中間責任を規定したものと位置づけうるが、運行供用者が免責されるためには単に自己の無過失（要件①）を立証するのみでは足りず、因果関係がないこと（要件②）等も立証しなければならない点で、無過失責任により近い立法となっている。

11— 4　民法の適用・保険

　運行供用者責任につき、自賠法に規定のない事項については、民法が適用される（自賠法4条）。使用者責任（民法715条）、共同不法行為（719条）、金銭賠償主義（722条1項）、過失相殺（同条2項）、時効期間（724条、724条の2）等の規定である。

　なお、自動車損害賠償においては、強制保険である自賠責保険（自賠責保険が締結されていない自動車を運行の用に供することは、刑事罰をもって禁止される。自賠法5条・86条の3）および任意保険の存在が極めて重要である。他の不法行為とは異なり、交通事故賠償は、そのほとんどが保険によってカバーされることにより、被害者救済の迅速化と徹底がはかられている。しかし、強制保険と任意保険の二本立てであること（前者は3000万円が死亡保険金の限度額であるため、不足分は任意保険で賄われるから、金額的には後者が圧倒的に重要である。しかし、まさに任意保険であるから保険未加入の車両が存在する。）、保険でカバーされているにものかかわらず、過失相殺が安易に行われていること等の制度の問題点も指摘されており、改革が求められる。

12　特殊の不法行為6：製造物責任

12— 1　製造物責任法成立の意義

　消費社会が進展し、新商品が大量に供給されるにともない、市民はかつて経験したことのない高度かつ広範な危険にさらされることになる。我が国では、森永乳児用ミルクによる砒素中毒事件（1955年）、整腸剤キノホルムにより失明・下半身麻痺・下肢の異常知覚等神経症状患者2万人以上・死者500人以上をだしたスモン事件（1955年）、妊娠中に睡眠薬サリドマイドを服用したためにアザラシ肢等の障害児が誕生したサリドマイド事件（1962年）、アンプル入り風邪薬によるショック死が続出した事件（1965年に製造中止）、食用油にPCDFなどのダイオキシン類が混入し西日本一帯に深刻な皮膚疾患・神経疾患の患者1万4000人以上を生んだカネミ油症事件（1968年）、そのほか、肺結核治療薬ストレプトマイシンによる全聾、クロロキン製剤による網膜症、健康食品L−トリプトファンや抗ウイルス剤ソリブジンによる死

亡事故、薬害 AIDS 事件等大量の深刻な被害を生み出す薬品事故・食品事故が多発している。薬品・食品事故ばかりではない。塩素系カビ取剤と酸性タイル洗剤併用による有毒ガス中毒死事故、欠陥車による交通事故、欠陥ファンヒーターによる CO 中毒死事故、テレビ等家電製品の発火による火災等の事故が続出している。これらはマスコミにより大きく報道された事件であるが、ニュースとはなりにくい日常的な事故も繰り返されている。このような欠陥商品事故を防ぐために、食品衛生法等の個別法令による規制や業界による安全確保（例えば、玩具に関する ST マーク、住宅部品に関する BL マーク等安全基準の自主設定やリコール制度）が行われてきたが、その内容及び運用は十分とはいえないものであった。

　また、被害の救済に関しては、個別立法に基づく救済制度（例えば、消費生活用製品安全法による SG マーク制度）や業界による個別救済制度が存在したが、あらゆる製品をカバーしているわけではない、制度が一般に知られていない、請求手続きが煩雑である、給付金額が不十分である等の限界を有していた。結局、欠陥商品事故の被害者は、民法709条以下の不法行為責任を根拠に、メーカー等に賠償請求するのが一般的であった。この場合、被害者は、メーカーの過失及び過失と損害発生との因果関係を立証しなければならないが、メーカー内の生産過程や商品についての知識・情報を有しない一般消費者が、これらを証明することは極めて困難であった。スモン訴訟やカネミ油症訴訟等の大規模訴訟の被害者が困難を乗り越え勝訴したという例もあるが、一般の欠陥商品事故では、救済を初めから放棄し、あるいは、業者への請求や裁判を行っても、請求を否定されるケースが少なくなかった。

　他方、アメリカでは、1960年代に欠陥商品事故における製造業者の無過失責任法理が判例上確立し、EU 諸国においても、1985年の EU 指令により欠陥商品事故における製造業者の無過失責任法が制定された。この動きは、ブラジル、オーストラリア、中国等にも及んだ。わが国では、財界の強い反対により立法化が遅れたが、ようやく1994年に製造物責任法が制定され、翌年7月1日に施行された。

12― 2　　責任主体

　製造物責任法により賠償責任を負うのは、「製造業者等」とされているが（製造物責任法3条）、以下の者がこれに該当する。

　①製造業者、加工業者、輸入業者（2条3項1号）　　製造や加工を行う業者が狭義の製造業者である。また、国内の消費者が海外の製造業者に対して責任を追及することが困難であることから、輸入業者も賠償主体となる。これに対し、販売業者、修理業者、設置業者は本法の対象外であり、これらの者への責任追及は民法によることになる。

　②表示製造業者、実質的表示製造業者（同項2号・3号）　　表示により消費者に信頼を与えた者も製造物責任法の賠償主体となる。表示製造業者とは、他人が製造・加工・輸入した製品に自ら製造業者等であると氏名を表示した者である。OEM商品[22]の一種であるPB商品[23]における大手流通・販売業者（自ら製造・輸入していないのに、「製造元B」「輸入元B」あるいは肩書き無しで自己の氏名・ブランド名「B」を付与したB）等である。実質的表示製造業者とは、製造・加工・輸入・販売等の形態から実質的な製造業者と認められる者や、他人Aが製造・輸入した製品を自ら「発売元C」「販売元C」と表示したCがこれに該当する。

　③部品・原材料製造業者　　4条2項の反対解釈から賠償主体と考えられる。但し、免責規定がある（12― 4（2）参照）。これは、零細な下請業者等を保護するための規定である。

12― 3　　成立要件

　製造業者等は、その引き渡した**製造物の欠陥**により他人の生命、身体又は財産を侵害したときは、損害賠償責任を負う（製造物責任法3条）。

（1）製造物の欠陥

　製造物責任法において、「製造物」とは、「製造又は加工された動産」をい

22　**OEM**　Original Equipment Manufacturing：相手先商標表示製品。自社Aで製造した製品に相手方Bの商標をつけて供給する商品。

23　**PB**　Private Brand：スーパーマーケット等大手小売業者が独自に企画・開発し、生産を委託して製造された商品ブランド。

う（2条1項）。従って、不動産、未加工の農林水産物、エネルギー、サービス、ソフト[24]は含まれない。

　「欠陥」とは、「通常有すべき安全性を欠いていること」を意味する（同条2項）。責任成立要件が過失から客観的な欠陥へと転換された点に、製造物責任法の最大の意義がある。欠陥の有無は、①製造物の特性、②通常予想される使用形態、③製造業者が当該製造物を引き渡した時期、④その他当該製造物に関わる事情を考慮して判断される。例えば、冷凍食品を常温で数日間放置し、それによって食中毒が発生しても欠陥ありとはいえないが、長期常温保存を予定するカップラーメンが、短期間の通常保存で変質した場合には欠陥ありとされよう（①）。また、職人用のはさみの先が鋭利であってもそれだけでは欠陥ありとはされないが、低学年児童の使用するはさみ（文具）であれば、先が鋭くとがっている場合には欠陥となるり得る（②）。さらに、一定の装備が法律によって義務化された以降に製造・販売された自動車にこれが装備されていなければ、欠陥車である（③）。

　欠陥は、一般に、①製造上の欠陥（manufacturing defects）、②設計上の欠陥（design defects）、③指示・警告上の欠陥（表示欠陥 warning defects）に分類される。①製造上の欠陥とは、商品が破損し、あるいは、食品に異物が混入している場合のように、製品が設計や仕様に適合していない場合である。標準となる製品との比較によって、その欠陥の有無を判断することができる（標準逸脱基準）。②設計上の欠陥とは、設計に誤りがある場合であり、その設計によって作られた製品は全て欠陥商品となる。大量にリコールされる欠陥車がこれに該当しよう。③指示・警告上の欠陥とは、製品そのものに物理的な欠陥等は存在しないが、メーカー側がその使用につきユーザーに適切な指示や必要な警告を与えなかった場合である。例えば、医薬品の説明書に副作用情報や誤使用防止のための適切な記載がなされていなかった場合である。設計上の欠陥や指示・警告上の欠陥の有無は、標準逸脱基準によって判断することができない。当該製品の有する効用と危険とを比較し、後者が前

24　ソフトウェア　ソフトウェア・情報それ自体は製造物ではないが、情報がハードディスクドライブ内の情報等の形でハードウェアに組み込まれ製品として出荷された場合、全体として製造物にあたると解されている。

者を上回るとき欠陥ありとする危険効用基準や、通常の消費者が当該商品に期待する安全性を有しているかを基準とする消費者期待基準によって判断することになる。

（2）損害の発生・因果関係

　製造物責任法が適用される損害は、他人の生命・身体・財産である。人損・物損の区別はなく、また、消費者のみならず事業者も同法による損害賠償の請求が可能である。但し、拡大損害に対象が限定され、当該製造物についてのみ損害が発生した場合（品質損害＝瑕疵損害）には、本法の適用はない（民法の債務不履行責任の問題となる。第2章9－1、特に、注47参照）。

　また、製造物の欠陥と損害発生との間に因果関係があることが必要である。その立証責任は被害者にある。しかし、原因解明の困難が予想され、立法当時の議論においても、因果関係の推定規定の導入が強く主張されたが実現しなかった。事実上の推定を認める等の裁判所の柔軟な対応、事故原因究明機関の整備が不可欠であり、さらには、因果関係の推定を規定する法改正が望まれる。

12－4　免責事由

（1）開発危険の抗弁

　製造業者が当該製造物を流通に置いた時点における科学・技術の最高水準の知見によっても欠陥を認識できなかった場合には、製造業者は免責される（製造物責任法4条1号）。特に、医薬品について問題となり得るが、この免責要件は、厳格に解さないと、過失責任との相違があいまいになってしまうおそれがある。

（2）部品・原材料製造業者の免責

　製造業者Ａの製造物Ｐに部品又は原材料Ｑを供給した製造業者Ｂは、Ｑの欠陥が専らＡの設計に関する指示に従ったために発生し、かつ、その欠陥の発生につき過失がない場合には免責される（同条2号）。

12− 5　責任期間の制限等

（1）責任期間の制限

　被害者又はその法定代理人が損害及び賠償義務者を知った時から3年、製造物を引き渡した時から10年で賠償請求権は消滅する（製造物責任法5条1項）。生命・身体侵害の場合は、3年の期間は5年となる（同条2項）。蓄積損害（「身体に蓄積した場合に人の健康を害することになる物質による損害」）及び遅発損害（「一定の潜伏期間が経過した後に症状が現れる損害」）については、その損害が生じた時点が起算点となる（同条3項）。

（2）民法の適用

　本法に規定がない事項については民法が適用される（6条）。民法719条（共同不法行為）、722条1項・2項（金銭賠償主義・過失相殺）等である。

第2編 親族・相続法編

成文堂

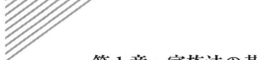

第1章　家族法の基礎知識

1　家族法の基本原理

1－1　家族法の基礎

　民法は、「第1編 総則」、「第2編 物権」、「第3編 債権」、「第4編 親族」、「第5編 相続」から構成されており、このうち「第4編 親族」（親族法）と「第5編 相続」（相続法）をあわせて「家族法」という。親族法では夫婦や親子など、家族関係についてのルールが定められている。他方、相続法では死亡した人の財産清算についてのルールが定められている。

　「家族」は一般に私的な領域とされているが、法律は家族に関する活動（家族を創設する婚姻、家族の一員である子の養育など）を完全に個人の自由に任せているのではない。なぜなら、完全に個人の自由に任せると、重婚や近親婚といった関係や、合理的な理由もなく親が未成年の子を養育しないといった、社会秩序に反する事態も生じかねないからである。このように、家族は社会秩序にもつながる関係であるため、「家族」という領域は私的な領域であると同時に、公益性を有する領域でもある。そのため、家族に関するルールはあらかじめ定められており、このルール（特に親族法）は誰もが必ず守らなければならないとされているものが多いのである。

1－2　戦前の家族法

　日本で最初に民法が制定されたのは1890年のことである。この時の民法

は、司法省のお雇い外国人であるフランス法学者ボアソナードが起草に携わり、1890年に公布され、1893年に施行が予定されていた。この民法を「旧民法」という。しかし、民法の内容が大日本帝国憲法の理念や日本古来の良風美俗に合わないと強い批判が起こり、延期派と断行派に分かれて激しく議論する民法典論争が起こった。この結果、民法は施行が延期され、穂積陳重・富井政章・梅謙次郎による修正作業が行われた。こうして制定された民法が「明治民法」であり、これは1898年に施行された。

　明治民法における家族法の大きな特徴は、「家」単位で家族を規律する「家制度」にある。家族は、家を代表する戸主とそれ以外の家族に分けられ、戸主には家族を統制する大きな権限が認められていた。例えば、戸主は家族の財産を管理し、家族が婚姻や養子縁組をするにあたっては戸主の許可が必要とされた。また、夫婦の間にも差異が設けられており、妻は無能力[1]であって、一身上または財産上相当重要な一定の行為をするには、夫の許可が必要とされた。

1－3　戦後の家族法

　1947年に施行された日本国憲法では、個人の尊厳や両性の本質的平等が基本的人権として定められた。この憲法の理念に基づいて家族法は全面改正され、憲法の理念に反する家制度は廃止され、夫婦同権を図る改正がなされた。

　さらに1960年代から始まる高度経済成長によって、核家族化、少子化、晩婚化、離婚率の上昇など、家族形態が変化していった。こうした変化に対応するため、家族法はこれまで数次にわたる改正を重ねている。主な改正を挙げると、1980年の配偶者相続分の引き上げ（900条。第2編第3章5－2参照）と寄与分制度の新設（904条の2。第2編第3章6－2参照）、1987年の特別養子制度の新設（817条の2以下。第2編第2章6参照）、1996年の法制審議会による「民法の一部を改正する法律案要綱」（以下、「1996年民法改正案要綱」と略記する）[2]、2011年の離婚後の親子の面会交流・監護費用分担の明文化（766

1　ここでの「無能力」とは、「法律行為（契約など。第1編第2章4－3以下参照）を自分の意思のみで有効に成立させる能力（行為能力）がない」という意味である。

条）と親権停止制度の新設（834条の2。第2編第2章7-4参照）、2013年の非嫡出子の相続分平等化[3]などである。

　直近数年間においても改正はなされている。2018年には少子高齢化の進展などを背景として相続法が大きく改正され、2021年には所有者不明土地問題に対応するため、物権法（民法のうち「第2編 物権」の部分）や不動産登記法とともに相続法が改正された。親族法においても、2022年に女性の再婚禁止期間の廃止[4]、嫡出推定制度・嫡出否認制度の見直し（第2編第2章4-2参照）など、重要な改正がなされた。

　また、家族をめぐる情勢の変化に伴って、新たな法律も制定されている。生殖補助医療技術の進展と、これにより出生する子の増加に対応するため、「生殖補助医療の提供等及びこれにより出生した子の親子関係に関する民法の特例に関する法律」が2020年に成立した。

　このように、家族やその周辺の変化に対して、法律も改正を重ねて対応している。しかし、選択的夫婦別姓の導入の是非など、家族に関わる重要な議論は現在でもなお残されたままである。家族法を学ぶことは、「家族とは何か」を考えることでもある。法律の動向を注視しつつ、自分なりの「家族とは何か」を考えることが、家族法を学ぶうえで重要である。

2　親族の範囲と種類

2-1　親族とは

　親族とは、血縁や婚姻を基礎とした家族関係である。民法上、親族は「6親等内の血族」、「配偶者」、「3親等内の姻族」と定められている（725条）。

　血族とは、出生と養子縁組によって発生する関係である。出生によって血

2　この要綱の内容は現在までに一部立法化されているが、選択的夫婦別姓の導入など、いまだ立法化されていない重要な改正提案がなされている。

3　改正前は900条4号ただし書前段で「非嫡出子の相続分は嫡出子の2分の1」と定められていた。しかし、最高裁が憲法違反と判断したことにより、この部分が削除されて、非嫡出子と嫡出子の相続分は平等となった（第2編第2章4-3脚注31参照）。

4　改正前は血統の混乱を避けることを理由に、733条で女性のみに100日間の再婚禁止期間が設けられていた。

縁がつながる関係を「自然血族」、養子縁組によって法律上血族と擬制される関係を「法定血族」という（727条参照）。自然血族は死亡によって解消されるが、法定血族は死亡のほかに離縁（養子縁組の解消）によっても血族関係が解消される。

　姻族とは、婚姻によって発生する関係であって、具体的には本人と配偶者の血族との関係である。例えば、本人と配偶者の父母との関係は、姻族にあたる。また、本人と本人の血族の配偶者も姻族であり、例えば、本人と兄弟姉妹の配偶者との関係がこれにあたる。姻族関係は離婚によって終了するが（728条1項）、夫婦の一方が死亡した場合は、生存配偶者による姻族関係を終了させる意思表示が必要である（728条2項）。

2－2　直系・傍系、尊属・卑属

　親族には「直系」と「傍系」、「尊属」と「卑属」という分類がある。直系とは、血統が上下に直通する関係であり、本人からみて祖父母、父母、子、孫などがこれにあたる。傍系とは、共同の始祖によって連なる関係であり、兄弟姉妹、おじ・おば、いとこなどがこれにあたる。また、尊属とは、父母、祖父母など、本人より前の世代にある者をいい、卑属とは、子、孫など、本人より後の世代にある者をいう。配偶者や兄弟姉妹など、本人と同じ世代にある者は、尊属にも卑属にもあたらない。

2－3　親等の計算

　本人からみて他の親族がどの程度近い関係にあたるのかは、親等を計算することで明らかになる。「親等」とは、親族関係の遠近を表す単位である。親等の数え方は、本人からみて対象となる親族が、直系と傍系のどちらにあたるのか、血族と姻族のどちらなのかによって異なる。直系血族は、本人からみた世代数が親等となる（726条1項）。例えば、父母は本人からみて世代数が1なので、父母は1親等となる。これに対して傍系血族は、まず共同の始祖に遡り、次にその始祖から対象となる親族に下るまでの世代数が親等となる（726条2項）。例えば兄弟姉妹は、本人と共同の始祖は父母であり、世代数は1である。さらに父母から兄弟姉妹までの世代数は1であるから、全

部で世代数は2となり、兄弟姉妹は2親等となる。直系姻族・傍系姻族の場合は、配偶者からみて上記と同様に計算する。なお、本人と配偶者の間に親等はない。

〈親族図〉

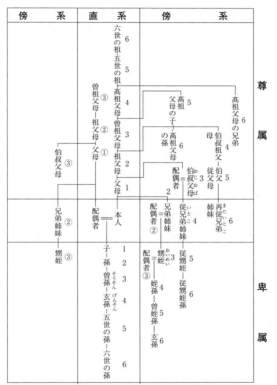

（注）　123……は血族　　①②③は……姻族
　　　　伯父……父母の兄　　叔父……父母の弟
　　　　伯母……父母の姉　　叔母……父母の妹

3　家族紛争の解決

3－1　家族紛争の特徴

　家族に関する紛争では、貸したお金が返ってこないといった財産に関する紛争とは異なり、解決にあたって特別な配慮が必要とされる特徴がいくつか挙げられる。まず、家族に関する紛争では、親子のように紛争当事者が対等関係にあるとは限らない。また、家族という密接な人間関係から生じる紛争であるため、紛争には感情的な対立も伴っている。そのため、単純に法律を当てはめて解決することは適当でなく、当事者の感情面での解決も考慮しなければならない。また、離婚訴訟のように紛争は私生活に深く関わるため、当事者のプライバシーにも配慮が必要である。さらに、未成年の子がいる夫婦が離婚する場合、単に離婚の是非だけでなく、離婚後の子の養育といった、将来を見据えた判断が必要となる。

3－2　解決に向けた手続きの特徴

　このような特徴から、その解決を図る手続きにおいてもいくつかの特徴がある。家族紛争などの家庭に関する事件（家事事件）は、家庭裁判所という人間関係の調整にも配慮する仕組みをもった裁判所が取り扱う。家庭裁判所では、当事者が話し合って解決を目指す調停手続き、裁判官の判断によって解決する審判手続き[5]と訴訟手続き[6]が用意されている。そして、裁判所が後見的立場から当事者の間にたって、できる限り円満な解決を目指すのである。

---

[5]　審判手続きの対象は、家事事件手続法（以下、「家事」と略記する）別表第1・別表第2に列挙される事項であり、多くの家事事件が該当する。別表第1には、養子縁組の許可や相続放棄など、当事者間に争いがなく、しかも公益性がある事項が掲げられている。別表第2には、親権者の変更や遺産分割など、当事者間に争いがある事項が掲げられている。別表第2の場合、話し合いによる解決も期待できることから、調停が可能であり（家事244条）、家庭裁判所が職権で調停に付すこともできる（家事274条1項）。

[6]　家事事件でなされる訴訟手続きは、人事訴訟法（以下、「人訴」と略記する）で規律された「人事訴訟」が多くを占める。人事訴訟とは、離婚の訴えや認知の訴えなど、夫婦や親子などの関係に関する紛争を対象とする訴訟である。

　家事事件手続きの過程においても、人間関係の調整に配慮した仕組みが様々なところでみられる。例えば、調停手続きでは当事者の他に、調停委員、家庭裁判所調査官、医師などが参加して、専門的な知見に基づくアドバイスや関係機関との連絡調整、カウンセリングなど、それぞれの役割に応じて当事者による解決を援助する。審判手続きでは裁判官の他に、参与員が立ち会って裁判官に意見を述べる[7]。このように、様々な人が関与して紛争解決を援助するのである。

　また、裁判官の判断によって解決する場合でも、同様の配慮がみられる。通常の民事手続きでは公開が原則であって、当事者対立構造（対審構造）をとるのに対し、家事事件手続きでは非公開が原則であって、対審構造はとらない。また、通常の民事訴訟では、訴訟の主導権は当事者がもつ当事者主義が採られているのに対して、家事事件手続きでは、裁判所が主導権をもつ職権主義が採用されている。このように家事事件の紛争解決手続きには、家族紛争の特殊性に配慮した仕組みが組み込まれているのである（尚、第1編第1章3-3参照）。

---

[7]　参与員とは、民間人の常識を反映させるために家庭裁判所が毎年選任する非常勤の裁判所職員である。どの事件でどの参与員が立ち会うのかは、事件ごとに家庭裁判所が指定する（家事40条5項、人訴9条3項）。参与員は、人事訴訟でも審理や和解の試みに立ち会って、裁判官に意見を述べることができる（人訴9条）。

第 2 章　　親族法

1　婚　姻

1－1　婚姻の基本原理

　男女が法律上の夫婦になることを「婚姻」という。婚姻を規律する婚姻法の重要な基本原理は「個人の尊厳と両性の本質的平等」であり、これは憲法24条に定められている。この基本原理は戦後に認められたことであり、戦前は全く異なる原理が通用していた。戦前の家族は、個人単位ではなく家単位で規律されていたため、個人の尊厳よりも家の尊厳が尊重されていたのである。したがって、個人の尊厳と両性の本質的平等が憲法で保障されているということは非常に意味のあることであって、この原理は婚姻法に限らず、家族法全体にも通用する重要な原理である。

　誰と誰がどのような家族関係にあるのか（例えば、夫婦なのか、親子なのか）については、当事者だけでなく、第三者にも影響が及ぶものであり、社会的にも法的にも影響力が大きい。そのため、婚姻をはじめ家族関係の設定・解消については、当事者の自由に任せるのではなく、その家族関係を当事者が本当に望む意思があるのか、法律上許されない家族関係ではないかを審査する必要がある。また、家族を保護するのであれば、どのような家族を保護するのか、あらかじめ枠組みを示しておく必要もある。そこで、家族関係に関しては法律であらかじめ手続きを定めて家族の枠組みを示し、家族関係を設定・解消する際にはこの手続きをとらなければならないとされてい

る。

　婚姻は「夫婦」という家族関係が設定されるため、やはり法律で定められた手続きをとらなければならない。これは見方を変えれば、法律上定められた手続きをとられたものだけが法的に婚姻と認められるということでもある。このように「法律上定められた手続きをとられたものだけが法的に婚姻と認められる」という考え方を「法律婚主義」という[1]。この法律婚主義は、「法律上定められた手続き」とは何かによって、さらに「届出婚主義」と「民事婚主義」の2種類に分けられる。届出婚主義とは、所定の書類を届け出るだけで婚姻が成立するという考え方である。ここでは「婚姻の届出」が、法律上定められた手続きとして求められている。これに対して民事婚主義とは、届出の他に、所定の場所で当事者双方の婚姻意思を確認することで婚姻が成立するという考え方である。ここでは「届出」と「当事者双方の婚姻意思の確認」が法律上定められた手続きとして求められている。

　日本の場合、婚姻の具体的な手続きは739条により戸籍法に従って届け出ることと定められ、届出によって婚姻が成立するとされていることから、日本は「届出婚主義」を採用していることになる。日本のように届出婚主義をとる国は珍しく、諸外国では「民事婚主義」が多い。

1－2　婚姻の要件

　婚姻の要件には、成立要件、有効要件、実質的要件の3種類があり、これらすべての要件を満たして初めて婚姻は有効に成立する。

（1）成立要件

　日本は届出だけで婚姻が成立する届出婚主義を採用している。届出だけで婚姻が成立するため、「届出」という行為が「婚姻の成立要件」となる（739条）。したがって、婚姻は届出がなければ、仮に夫婦同然に長年暮らしていても、法律上は婚姻とは認められない。

1　法律婚主義と対になる考え方に「事実婚主義」がある。これは、習俗上の儀式をあげたり、当事者が婚姻意思をもって同居するといった事実上の婚姻状態にあって、社会的にも婚姻と認められていれば、法律上も婚姻となるという考え方である。事実婚主義をとる国は少ない。

　婚姻の届出には、当事者双方と成年の証人2人以上が署名した婚姻届を提出する「書面による届出」と、当事者と証人2人以上が市役所または町村役場に出頭して陳述する「口頭による届出」の2種類がある（739条2項、戸籍法37条）。

　書面による届出の方法は、非常に簡単・便利である。婚姻届は役所で無料配布しており、当事者の本籍地または所在地の役場に届け出ればよい。当事者双方が届出に行く必要はなく、当事者の一方のみによる届出も可能であり、さらに当事者以外の第三者に委託して届け出ることも可能である（ただし後述の通り、第三者による届出の場合、本人に届出があったという通知がなされる）。また、届出は郵送でもよい。このように、届出さえなされていれば婚姻が成立するという届出婚主義には、婚姻の手続きが非常に簡単・便利というメリットがある。

　しかし、その一方で届出婚主義には大きなデメリットもある。それは、単なる届出だけでは、当事者が本当に婚姻をする意思があるのか確かめようがないという点である。届出婚主義をとる日本では、婚姻届が提出された場合、役所は所定の届出用紙に必要な事項がきちんと記載されているか、署名・捺印はきちんとなされているか、といった形式面しか審査しない。届出を受け付ける役所には、当事者に本当に婚姻をする意思があるのか、署名は本人によるものなのかといった実質面を審査する権限はないのである。このように形式面だけを審査する方式を「形式的審査主義」という。日本は届出婚主義をとっているため、その審査は必然的に形式的審査主義になる。

　しかしその結果、勝手に他人が婚姻届を作成して役所に提出すると、本人が知らない間に婚姻したことになってしまうという事態が生じる。そこで戸籍法では、届出がなされる時には本人確認をし、本人確認ができなかった時には本人に通知するという制度が定められている（戸籍法27条の2第1項・第2項）。

（2）有効要件

　婚姻法では、届出によって婚姻が成立しても、成立した婚姻が有効かどうかは別問題として扱われている。成立した婚姻が有効となる要件は、「当事者間に婚姻する意思があること」である（742条1号）。婚姻意思のない婚姻

は、法律で保護する必要がないため、無効となる。742条には「当事者が婚姻の届出をしないとき」（2号）も無効と定められているが、婚姻の届出をしなければそもそも婚姻自体が成立しないため、2号はただし書を導くための規定であると解釈されている。その結果、婚姻の有効要件は事実上「当事者間に婚姻をする意思があること」のみということになる。

　それでは「婚姻をする意思」（婚姻意思）とは、具体的にどのような意思なのか。「婚姻をする」という文言に注目すれば、これは「婚姻届を提出する＝婚姻の届出をする」ことであり、したがって「婚姻の届出をする意思」が婚姻意思であるということになりそうである。しかし「婚姻の届出をする意思」と解釈すると、届出さえすれば婚姻は有効ということになるため、例えば生まれた子の将来を考えて婚姻の届出はしたものの、初めから夫婦として生活する意思はなく、実際に同居など夫婦らしい生活事実がないという場合でも、婚姻として有効となってしまう。このように初めから夫婦として生活する意思はなく、ただ婚姻によってある特定の法的効果を得るためだけに婚姻の届出がなされたものを仮装婚という。このような仮装婚を有効な婚姻とすると、多くの人が抵抗を感じるであろう。それでは「婚姻意思」とは、どのような意思と考えるべきなのであろうか。「婚姻意思とは何か」という問題は、「婚姻とは何か」という問題にもつながる難問なのである。

　学説では、婚姻意思をめぐる議論は多様化している。代表的な学説として、夫婦としての実体を重視する立場から、単に婚姻の届出をする意思だけでなく、届出後に実際に夫婦として生活する意思まで求める実質的意思説がある。しかし、何をもって「夫婦として生活」していると言えるのか、その基準はあいまいである。また、届出後の意思まで求めると、届出をしておきながら、後になって婚姻する意思はなかったと主張することも可能となってしまい、婚姻制度が不安定となる。そこで、届出後の意思までは求めず、婚姻の届出をする意思があれば足りるとする形式的意思説が主張された。けれども、形式的意思説では前述の仮装婚を阻止することはできない。こうして、実質的意思説と形式的意思説の対立が長いこと続くこととなった。

　やがて、婚姻の法的効果のうち、基本的な効果を求める意思があればよいとする法的意思説が主張された。法的意思説は、「法律で定められた婚姻の

型は１つ」という法律の枠組みに沿った学説であるが、婚姻の基本的な効果とは何かという問題は残ってしまう。このように、どの学説にも一長一短があり、「婚姻意思とは何か」という問題は、現在でもなお議論が続いているのである。

　この問題に対して、最高裁は実質的意思説を採用し、婚姻意思とは「真に社会観念上夫婦であると認められる関係の設定を欲する効果意思」であるとした（最判昭和44・10・31民集23・10・1894）。最高裁は、婚姻の届出をする意思だけでなく、届出後に夫婦として生活する意思までを婚姻意思としたのである[2]。

（3）実質的要件

　実質的要件は婚姻障害ともいい、731条から736条が該当する。これらの規定が満たされていないと、婚姻をしようとしても婚姻届が受理されなかったり、受理されても後に取り消されることになる。

①婚姻適齢（731条）

　婚姻できる年齢を婚姻適齢という。婚姻適齢は、2022年４月１日より男女ともに18歳と定められている。それ以前は男性18歳、女性16歳が婚姻適齢であり、男女で年齢差があった。しかし、国際的には男女ともに同じ年齢とするのが主流であること、16歳〜17歳で婚姻する女性は極めてまれであることから、2018年に男女ともに18歳と改正されたのである。

②重婚の禁止（732条）

　婚姻している者は、重ねて婚姻することができない。重婚が生じる場面としては、例えば婚姻しているのに役所が誤って婚姻届を受理してしまうといったことが考えられるが、日本ではこのような手続き上のミスによる重婚はめったにない。むしろ本条で重要なのは、重婚が禁止されていることから、

2　婚姻意思については、いつ存在していればよいのかという存在時期の問題もある。婚姻意思は、婚姻届の作成時はもちろん、届出時にも存在しなければならないとされている。それでは、作成時には婚姻意思があったものの、届出時に本人が意識不明になった場合はどうなるのか。最高裁は、当事者間に長年にわたる夫婦としての共同生活や継続的な性関係がある場合について、婚姻届の受理以前に翻意するなど婚姻の意思を失う特段の事情のないかぎり、婚姻届の受理によって婚姻は有効に成立するとしている（最判昭和44・4・3民集23・4・709、最判昭和45・4・21判時596・43）。

日本は「一夫一婦制」を採用していることが導き出されるという点である。

③近親婚の禁止（734条〜736条）

734条は、直系血族または 3 親等内の傍系血族の間での婚姻を禁止する。これは優生学上の理由によるものである。直系血族には、自分からみて祖父母、父母、子、孫などがあたる。 3 親等内の傍系血族には、自分からみて兄弟姉妹、甥・姪、おじ・おばがあたる。

735条は直系姻族間の婚姻を禁止している。姻族のなかでも735条が婚姻禁止とする直系姻族とは、自分からみて配偶者の祖父母、配偶者の父母などである。直系姻族間の婚姻を禁止するのは、親子関係秩序の維持という社会倫理的な理由である。

736条は養子、その配偶者、直系卑属またはその配偶者と、養親またはその直系尊属との間での婚姻を禁止する。736条も735条と同様、親子関係秩序の維持という社会倫理的な理由から婚姻禁止とされている。

1 − 3　婚姻の無効・取消し

（1）婚姻の無効（742条）

742条は「婚姻は、次に掲げる場合に限り、無効とする。」と規定していることから、婚姻が無効となるのは742条に定められた場合のみということになる。したがって、法律行為の無効についての民法総則の規定（93条：心裡留保、94条：虚偽表示・第 1 編第 2 章 3 − 1 参照）は、婚姻には適用されない。742条には 1 号・ 2 号が定められているが、婚姻が無効となるのは「当事者間に婚姻をする意思がないとき」（742条 1 号）のみである（第 2 編第 2 章 1 − 2 （2）参照）。

婚姻が無効となる場面が限定されているのは、家族が公益性の高い関係であることとつながっている。家族は社会的にも法的にも影響が大きい関係であるため、家族関係が当事者の任意によって設定・変更・解消されることは対外的にも影響が大きい。いったん設定された家族関係が、無効や取消しによって効力が否定されることも同様に影響が大きいことである。そこで、婚姻については742条で定められた理由によらなければ無効とならないとされているのである。

（2）婚姻の取消し（743条〜739条）

①取消しの種類

　取消しも婚姻の効力が否定されるので、743条で婚姻を取り消すことができる取消原因を限定している。取消しについては民法総則（民法のうち「第1編総則」の部分）に定めがあり、そこでは取消しするかどうかの選択の余地が認められている。しかし、家族には公益という側面が強いため、当事者の都合で不適切な婚姻がそのまま有効となるのは適当でない。そこで、婚姻の取消原因の中でも特に公益性のある原因については、取消権者に国家機関である検察官を加えて、仮に当事者が取り消さなくてよいと考えていても、検察官によって取り消すことができる仕組みになっている。これを「公益的取消し」という（744条〜745条が該当する）。具体的には、不適齢婚（731条）・重婚（732条）・近親婚（734〜736条）を原因とする取消しである。このような婚姻を認めないことは社会的にも利益になるので、原則として追認などによって取消権が消滅することは認められない（122条参照）。

　これに対して、国家は介入せず、婚姻の効力を否定するかどうかを当事者の意思に委ねている取消原因もある。それが747条の詐欺・強迫を原因とする取消しである。詐欺・強迫による婚姻が取消しの対象となっているのは、詐欺・強迫を受けた当事者を保護するためである。このように当事者保護の観点から認められた取消しを「私益的取消し」という。私益的取消しでは、保護されるべき当事者が婚姻を有効にしてもよいと考えれば、その意思もまた保護される。そのため、公益的取消しの場合とは異なり、追認などによる取消権の消滅が認められている（747条2項）。

②取消方法

　一般の法律行為の取消しは123条により、意思表示によってなされる。しかし、婚姻の取消しは広く社会一般に知らせる必要があること、取消しは画一的な方法でなされなければならないことから、公益的取消し・私益的取消しを問わず、家庭裁判所に婚姻の取消しを請求しなければならないと定められている（744条1項、747条1項）。

③取消しの効果（748条・749条）

　婚姻の取消しの効果は、748条と749条に定められている。ここで特に重要

なのは、748条1項である。民法総則で定められた法律行為の取消しは、効果が行為の時点にさかのぼる遡及効がある（121条参照）。しかし、婚姻の場合は当事者だけでなく社会一般にも影響が大きいため、取消しをしてもその効果は遡及せず、取消しをした時点から将来に向かってのみ効果が生じる（748条1項）。したがって、婚姻は成立から取消しまでの間は有効であり、この間に生じた婚姻の効果は取消後も存続する[3]。例えば、婚姻の成立から取消しまでに生まれた子は、婚姻が取り消された後も嫡出子（第2編第2章4-2参照）のままである。

　婚姻の取消しは効果が遡及しないので、離婚に近いものとなる。そのため、姻族関係の終了、子の監護に関する決定、復氏、財産分与、祭祀財産の承継、子の氏、親権者の決定については、離婚の規定が準用されている（749条）。

〈民法総則で定められた法律行為の取消し〉

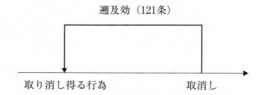

〈婚姻の取消し〉

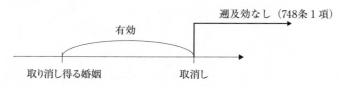

3　ただし、例外もある。婚姻時に取消原因の存在を知らなかった当事者が婚姻によって財産を得た場合は、現に利益を受けている限度でその返還をしなければならない（748条2項）。また、当事者が婚姻時に取消原因の存在を知っていた場合は、婚姻によって得た利益の全部を返還しなければならず、相手方が善意であった場合には損害賠償もしなければならない（748条3項）。

1 — 4　婚姻の効果

　婚姻によって発生する効果には、身分的効果[4]と財産的効果の2種類がある。さらに、身分的効果は夫婦間の効力と第三者に対する効力に分けられる。

（1）婚姻の身分的効果：夫婦間の効力

①夫婦同氏の原則（夫婦同姓）（750条）

　婚姻の際、夫または妻の氏のいずれかを夫婦の氏として定め、婚姻中は夫婦が同一の氏を称する（750条）。これを「夫婦同氏の原則」または「夫婦同姓」という[5]。夫婦の氏が1つになる結果、戸籍法では氏を編成単位とする「同氏同籍の原則」が採用されている（戸籍法6条）。

②同居協力扶助義務（752条）

　夫婦は同居し、互いに協力し、扶助しなければならない（752条）。つまり「夫婦は同居して、困った時には助け合いなさい」という義務である。夫婦にとって同居は義務であるが、入院や単身赴任といった合理的な理由による一時的な別居は許される。これに対して、夫婦間の協力扶助義務は、自分と同程度の生活を相手方に保障しなければならない強力な義務である。そのため、たとえ自分が困っていたとしても、相手が困っている時には助けなければならない。このような義務を「生活保持義務」という[6]。

③貞操義務（770条1項1号）

　配偶者以外の異性と性的関係をもってはならないというのが貞操義務であ

4　ここでいう「身分」とは、夫・妻、親・子といった「家族法上の地位」のことを指す。したがって身分的効果とは、「家族法上の地位にかかわる効果」という意味である。

5　夫婦同氏の原則（夫婦同姓）については、長らく夫婦別姓の導入が議論されている。氏を変更することによって婚姻というプライバシーが第三者に知られること、婚姻によって氏の変更の手間を強制されること、氏を変更するのは圧倒的に女性であるため事実上の差別となっていること等を理由に、夫婦同姓か夫婦別姓のいずれかを選択できる選択的夫婦別姓を導入すべきという議論である。学説では選択的夫婦別姓の導入が支持されており、1996年民法改正案要綱でも選択的夫婦別姓の導入が提案されている。

6　一定の親族間で互いに生活を扶助する義務を「扶養義務」という。扶養義務には生活保持義務のほか、余力の範囲で相手方を扶助すれば足りる「生活扶助義務」がある。生活保持義務は夫婦間で負うほかに、親が未成年の子に対して負う。一方、生活扶助義務は、直系血族間や兄弟姉妹間などで負う義務である（877条）。

る。貞操義務を直接規定した条文はないが、不貞行為が770条1項1号で裁判上の離婚原因になること、重婚が禁止されていることから（732条）、夫婦は互いに貞操義務を負うとされている。

④夫婦間の契約取消権（754条）

　夫婦間で締結された契約は、婚姻中、いつでも、夫婦の一方から取り消すことができる（754条）。「契約は守られなければならない」という民法の基本からみれば、夫婦間にこのような契約取消権が認められていることは矛盾しているようにも見える。本条の立法理由について民法の立法者は、夫婦は愛情をもって成立するものであるから、愛に溺れて無謀な契約をしたり、あるいは夫は妻に対して権力で服従させることがあるため、夫婦間の契約は十分な自由をもって締結されたものとはいえないからと説明している。また、夫婦間の契約を法的拘束力のあるものとすると、夫婦間の問題を裁判で解決することになり、かえって夫婦の円満を害することになることも理由としてよく挙げられている。

　しかし、契約取消権は婚姻が破綻した際に濫用されることがあり、判例は取消権の行使を制限する解釈をしている。まず婚姻が破綻した場合、754条の取消権を行使することは許されないとし（最判昭和33・3・6民集12・3・414）、さらに婚姻が破綻する前に締結された契約でも、婚姻が破綻してから取消権を行使することはできないとした（最判昭和42・2・2民集21・1・88）。学説では本条の存在理由を疑問視するものも多く、1996年民法改正案要綱では本条の削除が提案されている。

（2）婚姻の身分的効果：第三者に対する効力

①姻族関係の発生（725条、728条）

　婚姻によって姻族という関係が発生する。これによって、姻族に対する扶養義務（877条2項）や近親婚の禁止（735条）という効果も発生する。

②子の嫡出化（772条、789条）

　婚姻によって、子に「嫡出子」という身分を付与する効果が生じる。民法は、父母が婚姻しているか否かによって子を区別しており、父母が婚姻している子を「嫡出子」、婚姻していない子を「非嫡出子」という（第2編第2章4参照）。

（3）婚姻の財産的効果

①夫婦財産制（755条〜762条）

　夫婦間の財産関係を規律する法制度を夫婦財産制という（755条〜762条）。夫婦財産制は、夫婦が協議の上であらかじめ取り決める夫婦財産契約と、民法で規定された夫婦別産制に分けられる。そして、夫婦は婚姻前に夫婦財産契約を締結することを原則とし、もし締結しなかった場合は、法定の夫婦別産制度が適用されるという基本構造をとっている（755条参照）。

　しかし、夫婦財産契約は制度上の欠点があるため、ほとんど利用されていない。例えば、2022年の婚姻件数は約52万組であるのに対して、夫婦財産契約の利用件数はわずか39件である。制度上の欠点として挙げられるのは、まず夫婦財産契約は、婚姻の届出をする前に締結して、それを登記しておかなければならない点である（756条）。さらに、婚姻の届出後は原則として内容を変更することができないことも利用が進まない理由である（758条）。そのため、婚姻後の財産関係を婚姻前に取り決めなければならず、婚姻後に内容を変更したり、改めて契約を締結し直すこともできず、利用しづらいものとなっている。

　夫婦財産契約がほとんど利用されないため、日本の夫婦は事実上、760条以下の法定財産制によって規律されている。まず夫婦間の財産関係を規律するためには、そもそも夫婦の財産は誰に帰属するのか、財産の帰属主体を明らかにする必要がある。この点について定めているのが762条であり、夫婦の財産を特有財産（1項）と共有推定財産（2項）の2種類に分けている。特有財産とは、夫婦の一方が「婚姻前から有する財産」と「婚姻中自己の名で得た財産」である（762条1項）。「婚姻前から有する財産」とは、婚姻前に貯めた預貯金や婚姻前に相続や贈与で得た財産などがあたる。「婚姻中自己の名で得た財産」とは、婚姻中に労働によって得た財産などが挙げられる。

　このように、夫婦がそれぞれ婚姻前から有する財産は各自に帰属し、さらに婚姻中でも夫婦がそれぞれ個人として得た財産は各自に帰属する。このような法定財産制を「（夫婦）別産制」という。日本の夫婦は婚姻しても自分の財産は自分のものであり、自分で管理するのである。そして、婚姻生活を

営むうちにどちらの財産かわからなくなった財産は、夫婦の共有財産と推定されるのである。

〈夫婦別産制〉

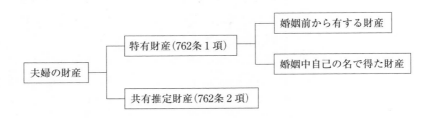

②婚姻費用分担義務（760条）

　夫婦別産制によって、夫婦であっても各自の財産は各自に帰属・管理することが原則であるため、婚姻生活に必要な日常の生活費は各自で分担することになる。夫婦は、その資産、収入、その他一切の事情を考慮して、婚姻から生じる費用を分担しなければならない（760条）。これが婚姻費用分担義務である。婚姻費用とは、夫婦と未成熟子[7]を含む婚姻生活を営むうえで必要な一切の費用をいう。例えば、衣食住の費用、医療費、娯楽費、未成熟子の養育費や教育費などがこれにあたる。

③日常家事債務の連帯責任（761条）

　婚姻生活を維持するために生じた日常家事債務について、夫婦は連帯責任を負う（761条）。これは、夫婦の一方と取引した第三者を保護するための規定である。例えば、夫が生活に必要な家具を購入して代金を後払いにした場合、妻は家具を購入したことを知らなかったとしても、家具屋から代金を請求されたら支払わなければならない。

　ただし、このように夫婦が連帯責任を負うのは、日常の家事に限定される。ここにいう日常の家事とは、未成熟子を含む通常の共同生活に必要とさ

7　未成熟子とは、独立して生計を営むことができない子を指す。成年に達していても、学生や病気・障害などにより独立して生計を営むことができない子は、未成熟子となる。

れる一切の事項をいう。具体的には、家族の衣食住の費用、家具・家電などの日用品、保険、娯楽費、医療費、養育費、教育費などが含まれる。実際に第三者との取引行為が日常家事に該当するかどうかの判断基準は、夫婦の社会的地位、職業、資産、収入など、夫婦の内部的事情を考慮するだけでなく、当該行為の種類や性質等の客観的事情も考慮して判断すべきとされている（最判昭和44・12・18民集23・12・2476）。

2　内　縁

2－1　内縁とは

　内縁とは、「婚姻意思を有して実際に夫婦同然の共同生活を営んでいるが、婚姻の届出をしていないために、法律上の婚姻（法律婚）とは認められない男女関係」のことを指す。社会一般でも内縁という用語は使用されるが、法律学では「婚姻意思を有している」点と「夫婦同然の共同生活を営んでいる」点がポイントである。この点で社会一般でいうよりも、法律学における内縁は成熟した男女関係を指す。したがって、単に同棲している男女はここにいう内縁にはあたらない。

　内縁は婚姻の届出をしていないため、法律上は婚姻ではない。日本は法律上所定の手続き（すなわち届出。739条）を経たものだけを法的に婚姻として保護する「法律婚主義」を採用しているため（第2編第2章1-1参照）、婚姻をしていない内縁は法律の保護を受けないことになる。しかし、内縁は夫婦同然の共同生活を営む男女関係であり、その実体は婚姻とほとんど変わらない。しかも、特に戦前では、内縁当事者には婚姻したくてもできない事情があった。このため、内縁は法的保護の対象とすべきか、対象とすべきならどのような法律構成によるのか、戦前から議論がなされている。

2－2　内縁発生原因

（1）戦　前

　内縁という関係は戦前から存在しているが、内縁が発生する原因は戦前と戦後で異なる。戦前の内縁発生原因は、当時の法制度や国民感情に由来する

ものであった。戦前に通用していた明治民法は個人よりも家を重視する「家制度」を基盤とし、婚姻は「家の出入り」として規律されていた。そのため、婚姻したくてもできない場面がいくつも存在したのである。

　例えば、家族の一員が婚姻する際には戸主の許可が必要とされ、男30歳・女25歳までは父母の同意も必要とされた。もし戸主の許可が得られない場合には、婚姻できないために内縁とならざるを得ない。男30歳・女25歳までは、戸主に加えて父母の同意も必要とされたため、父母の同意が得られなければ、やはり内縁とならざるを得ない。

　また、将来戸主の地位を承継する者（法定推定家督相続人）は、婚姻によって家から出て他家へ入ることはできなかった（相続人去家禁止の原則）。そのため法定推定家督相続人が男性の場合は、妻となる女性が男性の家に入って婚姻する「嫁入婚」、女性の場合は婿となる男性が女性の家に入って婚姻する「入夫婚姻」がなされていた。しかし、婚姻を望む男女双方が法定推定家督相続人である場合は、どちらも家を出ることができないため、婚姻することができずに内縁に留まった。婚姻を望む者が戸主の場合は、隠居[8]によって家督相続人に戸主の地位を承継しない限り、家を廃止することができなかったため（廃家禁止の原則）、家を出て他家へ入ることはできなかった。

　このように家を中心に構成された家制度では、婚姻は当事者の結びつきというよりも家同士の結びつきであった。そのため婚姻にあたっては、家に入る者が家風に合うかどうか、家の跡継ぎをもうけるだけの生殖能力があるかどうかが重視された。これらを審査するために、まずは婚姻の届出をせずに同居して、相手方が婚姻にふさわしい者と判断されて初めて届出をする「試婚」と呼ばれる婚姻慣行があった。また、試婚は当時の国民感情にも応えるものであった。家制度における「家」とは、観念であって目に見えるものではないが、戸籍に反映されたため、国民の間にも個人より家を重視する「家意識」が醸成された。そして、離婚の事実が戸籍に記載されることは「家の名誉を汚す」と捉える独特の戸籍感情が生まれたのである。そのため、離婚

8　隠居とは、戸主が生きている間に自ら戸主を引退するという届出を行うことで、家督相続人に戸主の地位を承継させる制度である。明治民法では認められていた制度であるが、戦後の民法改正で廃止された。

を回避するという目的のためにも試婚が行われていたのである。

〈明治民法における家制度〉

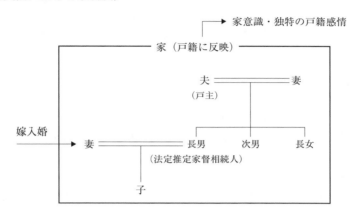

さらに、戦前は工場・鉱山労働者の内縁率が高く、1925年の調査では工場労働者の男子20％・女子30％、鉱山労働者の男子30％・女子40％は内縁であった。この背景には、当事者に法律知識がなく、婚姻届を提出して入籍することに関心がないこと、当時の届出は現在よりも手間がかかったということが挙げられる。例えば、当時の婚姻届は所定の届出用紙が用意されていなかったため、自分で書類を作成しなければならなかった。また、工場や鉱山の労働者は日々の生活を維持するだけで精一杯で経済的に余裕がない者が多く、仕事を休んで役場まで届出に行くというのは難しいことだった。

このように、戦前の内縁は当時の法制度や国民感情を原因として発生した点が特徴である。

（2）戦　後

終戦直後の民法改正によって家制度が廃止されると、人々の家意識も減退し、さらに届出手続きも簡素化されて届出制度が浸透するに伴い、戦前の内縁発生原因はほぼ消滅するに至った。しかし、現在でも内縁は存在する。それは、戦後に新たな内縁発生原因が生じたからである。戦後の内縁発生原因のうち、最も大きな原因は、当事者が主体的に内縁を選択することにある。

当事者があえて内縁を選択する理由は、夫婦別姓を実現するため、家意識への抵抗など、様々である。いずれにせよ、戦後の内縁の特徴は「当事者が主体的に法律婚を回避して内縁を選択する」点にある。この点で、婚姻したくてもできずに内縁にならざるを得なかった戦前の内縁とは性質が異なる。そのため、戦前の内縁と区別するために、戦後の内縁を「現代的内縁」や「事実婚」と呼ぶこともある。

2－3　内縁保護の理論

　戦前と戦後で内縁の性質が異なることを反映して、内縁保護の考え方にも変遷がある。内縁の法的保護が問題となる典型は、「内縁関係が一方的に解消された場合」（内縁の不当破棄）である。戦前の内縁では、一方的に解消されるのはたいてい女性だった。もし、内縁は婚姻でないから法的保護はないとすると、社会的・経済的に立場の弱い女性が一方的に不利益を受けることになる。内縁は単に届出がないだけで、その実体は婚姻と変わらないこと、しかも届出をしない理由は、当時の法制度や国民感情によるものであり、当事者の責任によるものではないことを考えれば、何かしらの法的保護を認めるべきではないかとも考えられる。そこで、戦前から内縁の法的保護について議論がなされた。

　当初の判例は、内縁を「婚姻の予約（婚約）」と捉え、内縁を一方的に解消した場合には債務不履行（現行民法415条・第1編第2章10参照）として損害賠償責任を認めた（大連判大正4・1・26民録21・49「婚姻予約有効判決」）[9]。さらにその後の判例では、婚姻の予約は同居や挙式の有無に左右されず、誠心誠意将来を誓っていれば成立するとされたため（大判昭和6・2・20新聞3240・4「誠心誠意判決」）、贈り物や結納などの儀式がなくても婚姻予約と認められることになり、幅広く内縁関係が保護されることになった。

9　この判例では、婚姻を当事者の合意による契約と捉えれば予約が可能であることから、内縁を「将来婚姻することを約束した婚姻の予約（婚約）」と解釈した。もっとも、婚姻予約が成立しても婚姻を強制することはできない。しかし、正当な理由もなく予約に違反して婚姻を拒絶した者は、債務不履行（婚姻予約不履行）として損害賠償責任を負うことになるのである。

　しかし、内縁の不当破棄を債務不履行とすることには、内縁を保護するうえで不都合があった。債務不履行は債権債務関係にある当事者のみに通用するため、内縁当事者間の関係解消は債務不履行として損害賠償が認められる一方、第三者（相手方の父母、不貞行為の相手方など）によって内縁が破壊された場合には、損害賠償が認められないことになる。戦前は当事者の意思よりも家の名誉が重視されたため、周囲の意向による内縁の破壊も多かった。そのため、債務不履行構成では内縁の保護が十分ではないという問題があったのである。

　学説では、判例が採用した婚姻予約構成を批判するものがあった。内縁の実体を重視すれば、内縁とは単に婚姻の予約という段階ではなく、もはや事実上の婚姻であり、婚姻に準ずる関係（準婚）であると主張したのである。これを「内縁準婚理論」という。内縁準婚理論では、婚姻は「婚姻意思」、「生活事実」、「届出」という3つの要素から成ると考えられた。内縁は、このうち婚姻意思と生活事実が備わっていて、ただ届出だけが備わっていない関係とされる。そのように捉えると、内縁は、届出が欠けているため婚姻と同一の関係ではないが、その実体は限りなく婚姻に近い関係であるため、婚姻に準ずる関係（準婚）として婚姻の効果がある程度認められるべきであるという。なぜなら、国家が多様な男女関係の中でも婚姻だけを特別に保護するのは、婚姻が届出をしている関係だからではなく、ただのお付き合いを超えた成熟した生活事実があるからである。届出は戸籍で公示するための手続きであって婚姻の形式的な側面に過ぎず、むしろ国家が保護するのは、成熟した生活事実という実質的側面である。それならば、届出は欠けていても婚姻と実質的に同一の生活事実がある内縁には、一定の法的保護が認められることになるというのである。

〈内縁準婚理論による内縁〉

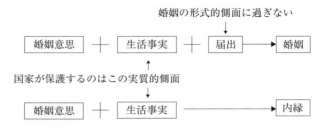

　内縁準婚理論では内縁はこのように捉えられ、内縁の不当破棄については債務不履行ではなく、内縁の妻（夫）という地位の侵害として不法行為（現行民法709条・第1編第3章1参照）が認められるとされた。不法行為構成ならば、第三者による内縁の破壊に対しても損害賠償請求ができるため、内縁の保護がより厚くなる。最高裁も戦後にこの理論を採用した（最判昭和33・4・11民集12・5・789「内縁準婚判決」）。

　ただし、最高裁は従来の債務不履行構成も維持し、内縁の不当破棄に対しては債務不履行による損害賠償に加えて、不法行為による損害賠償も認めている。不法行為は第三者による内縁の破壊にも対応できる一方、要件が厳格であり、内縁の破棄が不法行為と認められるためには、当事者間に婚姻と実体は同一であるといえるだけの成熟した共同生活関係があり、かつ、内縁の解消に違法性がなければならない。これに対して債務不履行では、第三者による破壊には対応できないものの、債務の本旨に従った履行がなければ債務不履行と認められるため、婚姻と同視できるほどに成熟した関係には至っていない男女関係でも、婚姻せずに不当に破棄すれば婚姻予約不履行として損害賠償請求ができる。さらに債務不履行ならば、内縁を解消した者が債務不履行ではないことを証明しなければ、損害賠償責任を負う。

　このように、最高裁は内縁準婚理論を採用して内縁を準婚と構成し、不法行為構成で第三者からの内縁の破壊にも対応できるようにすると同時に、債務不履行構成も維持することによって、婚姻と同程度までには成熟していない男女関係にも一定の保護を認めた。これによって、様々な形態の男女関係を保護することが可能となったのである。

2－4　内縁の保護範囲

（1）法律による保護

　婚姻に準ずる関係（準婚）である内縁には、一定の婚姻の効果が認められる。ただし、内縁は婚姻の届出がないため、婚姻とまったく同一の効果が認められるわけではない。例えば、同居協力扶助義務（752条）、婚姻費用分担義務（760条）、日常家事債務の連帯責任（761条）、夫婦別産制と帰属不明財産の共有推定（762条）、貞操義務（770条1項1号）、財産分与請求権（768条）など、現実の共同生活に関係する効果は内縁にも認められるが、姻族関係の発生（725条）、夫婦同氏（750条）、子の嫡出化（772条）、配偶者相続権（890条）[10]といった届出を要件とする効果は認められない。その他、内縁には厚生年金保険の遺族年金（厚生年金保険法3条2項）や公営住宅の入居資格（公営住宅法27条）など、民法以外の法律によっても一定の保護がなされている。

（2）重婚的内縁

　内縁には様々な類型があり、その中には法的保護の対象とすべきか、議論となるものもある。重婚的内縁とは、法律上の配偶者のある者が他の異性と営む内縁をいう。重婚的内縁は、内縁と婚姻が競合している点が特徴である。この場合の内縁は婚姻を破壊する関係でもあるため、それでも保護すべきかという倫理的な問題が生じる。また、法律婚主義の観点からも、内縁と婚姻が競合するなら、婚姻を優先して保護すべきと考えられる。

〈重婚的内縁〉

```
              破綻              夫婦としての生活事実
    妻 ══════════ 夫 ──────────────────── 女
              婚姻              重婚的内縁
```

　しかし重婚的内縁が長期間にわたると、夫婦としての実体があるのは婚姻

10　学説では、配偶者相続権の代わりに財産分与請求権を内縁の死亡解消時に類推適用して遺産清算できるようにすべきとする主張がある。しかし最高裁は「相続の開始した遺産につき財産分与の法理による遺産清算の道を開くことは、相続による財産承継の構造の中に異質の契機を持ち込むもので、法の予定しないところである」として類推適用を否定した（最決平成12・3・10民集54・3・1040）（第2編第3章2－2（3）参照）。

ではなく、むしろ内縁の方にあると認められるようになる。長年にわたって
破綻している婚姻と、夫婦としての実体がある内縁ならば、婚姻よりも内縁
を保護する方が望ましいと考えられるのである。この問題に対して判例は、
「法律婚が実体を失い、事実上の離婚状態にある」ことを要件として、内縁
を保護するとしている（東京地判昭和43・12・10判時544・3など）。ただし、
婚姻破綻の認定基準は「完全に法律婚が破綻して形骸化していること」（東
京地判平成7・10・19判タ915・90）とされており、かなり厳格である。その
ため、わずかでも法律上の配偶者や子と音信や接触があると「完全な破綻」
とは認定されない[11]。

（3）近親婚的内縁

　近親婚の禁止（734条、735条、736条）によって婚姻不可能な近親者同士で
営まれる内縁を近親婚的内縁という。ここでの問題は、近親婚は禁止されて
いるにもかかわらず、内縁になると一定の婚姻の効果が認められることにな
るのかという点である。判例は、直系姻族1親等にあたる事例について、反
倫理的内縁として保護しないとする一方（最判昭和60・2・14訟月31・9・
2204）[12]、傍系血族3親等にあたる事例では保護しており（最判平成19・3・
8民集61・2・518）[13]、近親の程度によって判断が異なる。もっとも、近親の
程度が比較的離れていれば保護が認められるのではなく、具体的な事情を個
別具体的に考慮して判断している。

（4）どこまでが内縁か

　戦後の内縁は「当事者が婚姻を回避し、主体的に内縁を選択している」点
に特徴がある。当事者が婚姻を回避している以上、内縁を準婚と捉えて婚姻
の効果を付与するのは、当事者の意思に反するとの指摘がなされ、内縁準婚

11　婚姻が完全に破綻していると内縁が保護され、完全破綻ではないと婚姻が保護される
　という判例の二者択一の保護に対して、学説では生活実態や要保護性の程度によって婚
　姻と内縁の双方に権利を分配すべきという配分的保護論が主張されている。

12　これは、後妻と亡夫の子の間で営まれた内縁について、遺族年金の受給権が否定され
　た事例である。

13　叔父と姪との間で営まれた内縁について、叔父と先妻との子の養育を主たる動機とし
　て形成され、親戚間・地域社会でも受け容れられ、叔父の死亡まで約42年間にわたり円
　満かつ安定的に継続したという諸事情を考慮して、遺族年金の受給権が認められた事例
　である。

理論に代わる新たな保護理論について現在も議論がなされている[14]。

　また、多様な男女関係のなかで、どこまでが内縁といえるのか、その線引きも議論となっている。例えば、約16年間にわたる「パートナーシップ関係」の破棄に対して慰謝料請求がなされた事案で、最高裁は共同生活関係が全くなく生計も別であること、2人の子が生まれたが、女性は養育に一切関与せず、出産の度に男性から金銭を受領していること等から、請求を認めなかった（最判平成16・11・18判時1881・83）。これに対して学説では、婚姻と同視できるだけの生活事実がないことから最高裁の判断を妥当とするものが多い一方、多様な価値観を保護すべきであるとして批判するものもある。

　価値観の多様化が進むなかで、現在ではどのように内縁を保護するかという伝統的な保護理論の議論だけでなく、そもそも内縁と認められる範囲はどこまでかという、内縁の範囲まで新たに議論となっているのである。

3　離　婚

3－1　離婚の要件

　離婚と相続は家族法上の2大紛争場面であり、それだけ離婚は紛争となりやすい。離婚にあたっては、婚姻中に形成した財産の清算をはじめ、未成年の子がいる場合にはどちらが養育するのか、養育費はいくらをどのように支払うのかといった、重要事項を決めなければならない。民法はこうした重要事項を基本的には夫婦の話し合いに任せているため、離婚を決意した夫婦にとっては精神的に大きな負担となる。しかも、こうした重要事項についての取り決めが離婚の要件とはなっていないため、実際には財産清算や子どもの養育といった重要事項について、大して話し合うこともなく離婚をしてしまうこともある。それが後に紛争を引き起こしてしまうのである。

　このように離婚をめぐる紛争が多い背景には、日本では離婚が非常に簡単にできるということが挙げられる。それでは、どのようにして離婚は成立す

14　例えば、どのような家族であれ、家族形成や家庭運営はライフスタイルの自己決定権であるから保護すべきとする説や、当事者の合意や契約によって規律する説などがある。

るのだろうか。法律上の離婚の要件は、離婚が成立する成立要件と、成立した離婚が有効となる有効要件の 2 種類に分けられる。

（1）成立要件

　離婚の成立要件は、764条が739条を準用していることと、戸籍法76条から、届出である。離婚届は役所に用意されていて、離婚届には未成年の子どもがいる夫婦に対して、面会交流と養育費の支払いについて取り決めがなされているかを問う欄がある。これは、上述の通り、こうした重要事項が大して話し合われないまま離婚をして、後に深刻な紛争となる事態が後を絶たないため、国民に周知するために設けられたものである。もっとも、これはあくまで国民に周知するために設けられた項目なので、この欄を空欄にして提出しても、そのまま受理される。

（2）有効要件

　離婚の有効要件は、離婚意思の存在である。直接の条文はないが、離婚の本質からみて当然必要だとされている。離婚は当事者だけでなく、子どもにとっても重大であるため、本当に離婚をする意思があるのか確認する必要がある。また、離婚前の険悪な仲の夫婦では、けんかの末に一方が勝手に離婚届を提出するということもある。そのため、当事者に離婚をする意思がなければ離婚は無効とすることによって、当事者の一方による恣意的な離婚を防止するのである[15]。

　離婚意思の内容について、判例は「法律上の婚姻関係を解消する意思」と解釈している（最判昭和38・11・28民集17・11・1469）。婚姻意思の場合は、婚姻の届出をした後に実際に婚姻生活を送る意思まで求められるが、離婚の場合は、離婚の届出をした後に実際に別居するなどの離婚らしい生活をする

---

[15] ただし、日本の役所には形式的審査権しかないため、実際には離婚届を提出しても離婚意思の存在を確認する手続きはない。そのため、合意なく勝手に提出された離婚届や、第三者が勝手に作成した離婚届であっても、所定の用紙に必要事項が書かれてあって書式が整っていれば、そのまま受理される恐れがある。それでは不都合であるため、自分以外の他人が離婚の届出をしても受理されないようにする手段として、不受理申出制度がある（戸籍法27条の 2 第 3 項〜 5 項）。この制度は離婚の届出だけでなく、婚姻や養子縁組などでも利用できるが、実際には離婚の届出で利用されることが圧倒的に多い。

意思までは求められていない。そのため、仮装離婚は有効とされる。判例では、生活保護の受給を継続するためだけに離婚をした仮装離婚を有効としている（最判昭和57・3・26判時1041・66）。

（3）離婚の無効・取消し

離婚の無効について直接規定した条文はないが、742条を類推して、婚姻と同じく「意思なき離婚は無効」とされている。離婚を無効とするには、訴えが必要である（人訴2条1号）。離婚の取消しについては、764条が747条を準用しているので、詐欺または強迫による離婚は、取消しを家庭裁判所に請求できる（人訴2条1号も参照）。ただし、婚姻の場合は、取消しの効果が将来に向かってのみ生じるので遡及効がないのに対して（748条1項）、離婚の場合は764条が748条を準用していないため、取消しをするとその効果は離婚の届出時に遡及する。したがって離婚を取り消すと、最初から婚姻が継続していたことになる。

3－2　離婚の方法

離婚には、協議離婚、調停離婚、審判離婚、和解離婚、認諾離婚、裁判離婚という6つの方法がある。協議離婚を除いた5つの方法は、いずれも裁判所が関与する離婚である。

（1）協議離婚（763条〜765条）

最も一般的な離婚の方法であり、6つの離婚方法の中でも最も簡単な方法である。その名の通り、夫婦の協議による離婚であり、離婚の合意ができたうえで離婚の届出をすると、法律上も離婚が成立する。これほど簡単に離婚ができるのは世界的にも珍しく、簡単である分、当事者がよく話し合いを重ねないと、後に深刻な紛争が生じることがある。なお、未成年の子がいる場合は、父母のいずれかを親権者と定めて離婚届に記載しないと受理されない（親権については、第2編第2章7参照）。

（2）調停離婚（家事257条、268条）

夫婦で協議しても離婚の合意ができない場合は、裁判所が関与して離婚を成立させる方法をとることになる。ただし、家庭裁判所に離婚の訴えを申し出ても訴訟が始まるのではなく、まずは調停によって話し合うことが試みら

れる。これを「調停前置主義」という（家事257条）。家庭裁判所の調停によって成立する離婚を調停離婚という。調停離婚では、夫婦のほか裁判官1名・家事調停委員2名以上から構成される調停委員会が間に入って、離婚をするのかしないのか、するのであればどのような条件で離婚をするのかについて話し合う。調停によって離婚の合意がなされると、調停調書が作成されて離婚が成立する。作成された調停調書には確定判決と同一の効力があるので、調停調書の作成が判決を下すことと同じ扱いになる（家事268条）。

（3）審判離婚（家事284条）

　審判離婚とは、調停が成立しない場合において家庭裁判所が相当と認めるときに、一切の事情を考慮して、職権で離婚の審判がなされたものをいう（家事284条）。これを「調停に代わる審判」という。「調停が成立しない場合において相当と認めるとき」とは、例えば、離婚そのものへの合意がなされないのではなく、婚姻中に形成した財産の清算など、離婚に付随する条件で合意がなされずに調停が成立しない場合などが挙げられる。ただし、審判離婚の場合は2週間以内に異議申立てがあると効力がなくなるため（家事286条）、審判離婚の件数は少ない。

（4）和解離婚・認諾離婚（人訴37条）

　離婚調停が不成立となり、審判離婚もなされないと、離婚訴訟となる。ただ、訴訟となっても裁判所の判決によらずに、離婚訴訟の途中で離婚を成立させる方法がある。それが和解離婚と認諾離婚である（人訴37条）。いずれも2003年の人事訴訟法改正によって導入された離婚方法である。

　和解離婚では、離婚訴訟を提起したけれども、その後お互いに話し合って離婚の合意がなされた場合に、その合意を調書に記載して裁判を終結させると離婚が成立する[16]。他方、認諾離婚とは、訴訟中に離婚を求められている側（被告）が、離婚を求めている側（原告）の主張を全面的に受け入れて離

---

[16]　調書への記載は確定判決と同一の効力を有する（民事訴訟法267条）。和解離婚が創設されるまでは、訴訟の途中で和解が成立しても離婚の届出をしなければ離婚が成立しなかったため、和解成立後に気が変わって離婚に応じないこともあった。これに対して和解離婚では、和解が成立した時点で離婚も成立したことになるため、無用な紛争を防止することができる。

婚を成立させる方法である。被告が原告の権利主張を認めることを認諾といい、認諾をすると調書に記載されて、裁判所による判決をすることなく終了する[17]。ただし、認諾離婚ができるのは、財産分与や子の監護に関して裁判をする必要がない場合に限られている（人訴37条1項ただし書）。

（5）裁判離婚（民法770条）

　離婚訴訟を提起して、裁判所の判決によって離婚が成立したものを裁判離婚という。裁判離婚の場合は、当事者の一方は絶対に離婚したくないと拒絶しているのだから、それでも離婚を認めるだけの正当な理由が必要になる。そのため、裁判所に離婚を請求できる原因（裁判離婚原因）は770条1項に挙げられた、以下①〜⑤の5つに限定されている。

①不貞行為（1号）

　不貞行為は、貞操義務違反として離婚原因となる。単に配偶者以外の異性に愛情をもつだけでは不貞行為にはならず、現実の性的交渉があって初めて不貞行為とされる。もし配偶者以外の異性に愛情をもったために夫婦関係が破綻した場合には、1号ではなく、5号の「婚姻を継続し難い重大事由」として離婚請求ができる。また、性的交渉があれば不貞行為とされるので、性的交渉に相手が任意で応じたかどうかは関係がない[18]。

②悪意の遺棄（2号）

　悪意の遺棄は、同居協力扶助義務違反（752条）として離婚原因となる。これには正当な理由なく勝手に家を出て行って戻らないという家出だけでなく、相手方を不当に追い出したり、出て行かざるを得ない状況に追い込むことも悪意の遺棄に当たる。民法上「悪意」という用語は、通常「事情を知っていた」という意味で用いられるが、ここでの「悪意」とは、「単に遺棄の事実ないし結果の発生を認識しているというよりも一段と強い意味をもち、社会的倫理的非難に値する要素を含むものであって、積極的に婚姻共同生活

17　認諾離婚が創設されるまでは、認諾をしてもそれだけで離婚が成立することはなく、裁判所の判決によって離婚を成立させる必要があった。これに対して認諾離婚では、離婚訴訟の途中でも被告が原告の請求を全面的に受け入れれば、認諾離婚となる。

18　夫が強姦をした事例で、強姦も不貞行為に当たると認定されている（最判昭和48・11・15民集27・10・1323）。また、妻が生活苦から継続的に売春していた事例でも、不貞行為にあたると認定されている（最判昭和38・6・4家月15・9・179）。

の継続を廃絶するという遺棄の結果たる害悪の発生を企図し、もしくはこれを認容する意思」とされる（新潟地判昭和36・4・24下民集12・4・857）。

③3年以上の生死不明（3号）

　所在はおろか、生存しているかどうかも不明の状態が3年以上継続すると、離婚請求ができる。生死不明が要件のため、生きていることは確実だが、どこにいるのかわからないという所在不明の場合には、3号ではなく、2号か5号を理由に離婚を求めることになる。また、どこにいるのかはわからないが、死亡していることは確実という場合には、死亡によって婚姻は解消されるので、そもそも離婚の問題にならない。3号が対象とする生死不明の場合には、裁判離婚の他に、30条の失踪宣告を受けて婚姻を解消するという方法もある。ただし、失踪宣告（第3章2−1参照）の場合は相手方は死亡したとみなされるので（31条）、婚姻は離婚解消ではなく死亡解消となる。その結果、相続が開始するなど離婚とは異なる効果も発生する。さらに、失踪宣告は7年間の生死不明が要件であるのに対し、3号による裁判離婚では、それよりも早く3年で婚姻を解消できる。

④回復の見込みのない強度の精神病（4号）

　回復の見込みがないほどの強度の精神病により、婚姻共同生活が不可能な状態になると、離婚原因となる。本来、夫婦には協力扶助義務（752条）があるため、配偶者は精神病者の療養看護をしなければならない。しかし他方で、精神病者の保護は必要としても、婚姻共同生活が不可能な状態であるにもかかわらず、一生面倒みなさいと配偶者に求めるのもまた過酷である。このように4号による裁判離婚では、精神病者の保護と、健康な配偶者の離婚意思をどのように調整するかが問題となる。

　この問題に対して判例は、回復の見込みのない強度の精神病になっただけでは離婚はできず、離婚後の精神病者の生活の目途がたつように具体的な方途を講じて初めて離婚ができるとした（最判昭和33・7・25民集12・12・1823）。この判例の考え方を「具体的方途論」という。

　しかし、判例が示した具体的方途論には批判が多い。健康な者同士ならば離婚後の生活は財産分与（第2編第2章3−3（1）参照）によって清算されるにもかかわらず、精神病者なら離婚後の生活の面倒までみなければ離婚が

認められないのは不公平であるという。また、そもそも精神病者の保護は社会福祉の問題であって、配偶者に全て負わせること自体が問題であるとされる。なお、1996年民法改正案要項では、精神病という裁判離婚原因を削除する提案がなされている。精神病をとりわけ離婚原因として挙げなくても、5号の「婚姻を継続し難い重大事由」に含まれると解釈すれば足りるというのが、その理由である。

⑤婚姻を継続し難い重大事由（5号）

1号から4号の具体的離婚原因がなくても、婚姻を継続し難い重大事由が存在すると認定されると、離婚が認められる。具体的にどのような事実が重大事由に当たるのかは、裁判官の裁量に委ねられている。判例で認定されたものとしては、DV、同居に堪えないような重大な侮辱、犯罪行為、浪費癖、勤労意欲喪失、性的不能、性生活の不一致、性格の不一致、愛情の喪失、他方配偶者の親族との不和などがある。これらの事情に加えて、長期にわたる別居をしていると、婚姻を継続し難い重大事由と認定されやすい傾向がある。

しかし、実際の裁判では「婚姻を継続し難い重大事由」に当たるかどうかを判断するのは難しい。そこで、1996年民法改正案要項では、5号は「婚姻関係が破綻して回復の見込みがないとき」と修正提案がなされている。もしこのように修正されれば、破綻と認定されると離婚が認められる可能性が生じることになる。

⑥裁量棄却条項（2項）

770条2項は、裁判離婚原因が認められるとしても、裁判所がなお婚姻継続を相当と認める場合は、職権で離婚請求を棄却できるという規定である。2項が対象としているのは1号から4号の裁判離婚原因であり、5号は対象外となっている点は注意が必要である。離婚は経済的・精神的・社会的に影響が大きいため、離婚の認定は慎重になされるべきである。そこで、たとえ1号から4号の離婚原因が存在するとしても、諸般の事情を考慮して裁判所が職権で離婚請求を棄却できるとされた。ただし、この規定はかなり広く裁判所の裁量を認めているため、裁判官の倫理観や婚姻観が反映されやすく、運用には慎重にならないと思わぬ判断を下すことになる。その典型例が「女

冥利判決」と呼ばれる判例である。

　この判例は戦前に婚姻した夫婦について、妻から夫に対してなされた離婚請求である。戦前は軍需会社の総務部長であった夫は、戦争中はかなり裕福であり、次々に女性をつくって派手な生活を送っていた。ところが終戦後に軍需会社は事業継続が不可能となって夫は職を失い、それから夫は働かず、しかしかつての派手な生活もやめられず、競馬などの賭け事をし、妻と喧嘩になると暴力を振るったりもした。そのため、妻は離婚を決意して裁判を提起したという事案である。

　これに対して裁判所は、1号の不貞行為はあったと認めたが、結論としては2項を適用して離婚を認めなかった。その理由は、「原告［妻］が、年令満五十歳で、女性としては既に、その本来の使命を終り、今後は云はば余生の如きもので、今後に於て、花咲く人生は到底之を期待し得ないと考えられるのに反し、被告［夫］は、漸く令四十九歳に達したばかりで、その前半の人生が順調であったのに反し、終戦後は、苦難な生活が続き、妻たる原告にすら見限られる様な失態を演じつつも、その体験を深め、人間として漸く成熟し来たったと認められるので、男子としての真の活動は、今後に於て、期待し得られる事情」等からすれば、「原告は、被告と離婚するよりも被告の許に復帰し、被告と再び夫婦生活を送ることが、原告の為めにより幸福であると考へられる事情にあると認められ」るからであるという（東京地判昭和30・5・6下民集6・5・896「女冥利判決」）。

　この判決に対しては、裁判官の婚姻観・夫婦観を反映させ過ぎているとして、当時から批判がなされている。ここまで裁判官の主観が反映されてしまうと、離婚が認められるかどうかは担当する裁判官によって決まるということにもなりかねない。このように、770条2項には裁判官の裁量の余地が広すぎるという問題がある。そこで、1996年民法改正案要綱では、裁判官の広い裁量の余地について、裁量棄却の具体的な基準が提案されている。すなわち、「離婚が配偶者又は子に著しい生活の困窮又は耐え難い苦痛をもたらすときは、離婚の請求を棄却することができるものとする」として苛酷条項を設け、さらに5年以上別居していたり、婚姻関係が破綻して回復の見込みがない場合には「離婚の請求をしている者が配偶者に対する協力及び扶助を著

しく怠っていることによりその請求が信義に反すると認められるときも同様
とする」として、信義則条項を置いている。

3－3　離婚の効果

　離婚の効果は、基本的には婚姻の効果の解消である。ただし、離婚する夫
婦に未成年の子がいる場合は、子の扱いに注意が必要である。
　まず、婚姻の本質的効果である同居・協力・扶助義務（752条）は消滅す
る。さらに、離婚によって当事者双方は再婚が可能になる。その他に重要な
効果として、以下のものが挙げられる。

（1）財産分与（768条）

　離婚の効果で重要なものの1つが、財産分与である。財産分与を請求する
権利のことを「財産分与請求権」という。財産分与請求権の内容は、清算的
要素、損害賠償的要素、扶養的要素という3つの要素があるとされている。
これはそれぞれ夫婦の財産関係の清算、離婚に伴う損害の賠償、離婚後生活
に困窮する配偶者の扶養を指す。
　1つ目の清算的要素とは、婚姻中に形成した財産を清算することをいう。
2つ目の損害賠償的要素とは、具体的には離婚に伴う精神的損害に対する慰
謝料を指す。例えば、DVや不貞行為といった、どちらか一方の責任で離婚
に至った場合、他方は慰謝料の請求ができる。しかし実際には、DVが原因
で離婚をする場合など、離婚を成立させたい一心で不当に少額の財産分与で
も離婚に合意することがある。このような場合、離婚が成立した後に改めて
慰謝料請求をすることができるかが問題となる。判例は、財産分与によって
精神的苦痛がすべて慰藉されたと認められるときは、もはや慰謝料請求はで
きないが、財産分与が精神的苦痛を慰謝するには足りないときには、改めて
慰謝料請求をすることができるとしている（最判昭和46・7・23民集25・5・
805）。3つ目の扶養的要素とは、離婚後に生活に困窮する配偶者を扶養する
ことをいう。
　財産分与の方法は、まず当事者間の協議によって行われる。もし協議が調
わなかったり、協議ができない場合には、家庭裁判所に協議に代わる処分を
請求することができる（768条2項）。家庭裁判所に離婚訴訟を提起している

場合には、離婚訴訟に付随して財産分与を申し立てることもできる（これを「附帯処分」という。人訴32条）。家庭裁判所は財産分与について決定する際には、「当事者双方がその協力によって得た財産の額その他一切の事情を考慮」しなければならない（民法768条 3 項）。

（2）親権の所在

　未成年の子がいる場合には、離婚によって親権者は父母いずれかの単独親権となる（819条）。親権とは、親が子を養育する際の権利義務の総称をいう（第 2 編第 2 章 7 参照）。婚姻中は父母が共同で親権を行使するが（818条 3 項）、離婚をすると、親権は父母のどちらか一方に定めなければならない。これを単独親権という。単独親権により、離婚の際は父母のどちらを親権者とするか、離婚届に記載しないと離婚届が受理されない。そのため、離婚すること自体には合意していても、子の親権者をどちらにするかで双方とも譲らず、離婚が成立しないことも珍しくない。そこで親権者指定の際に、親権者とは別に監護権者を定めて、親権と監護権を分属させることがある（766条）。そして、例えば親権は父に、監護権は母に帰属させるのである。この親権と監護権の関係については、完全に分業とする考え方もなされてきたが、近時では事実上の共同親権を実現させようとする解釈がみられる。

（3）その他の効果

　婚姻によって氏を改めた配偶者は、協議上の離婚によって婚姻前の氏に復する（767条 1 項）。山田さんが婚姻によって川田さんに氏が変わった場合、離婚をすると元の山田さんに氏が戻るのである。ただし、離婚の日から 3 ヶ月以内に届け出ることによって、婚姻中の氏を離婚後もひき続き称することもできる（婚氏続称。767条 2 項）。

　姻族関係は離婚によって終了する（728条）。ただし、直系姻族間の婚姻障害は姻族関係終了後も存続するため（735条後段）、離婚によって姻族関係が終了しても735条による近親婚の禁止は存続する。

　婚姻によって氏を改めた配偶者が、祭祀財産と呼ばれる家族の系譜やお墓などの所有権の承継者になっていた場合は、当事者その他関係人の協議により、新たな承継者を定めなければならない（769条）。

3－4　その他の離婚問題1：有責配偶者の離婚請求

（1）有責主義と破綻主義

　裁判離婚に関わる問題の中でも古くから議論がなされるものに「有責配偶者の離婚請求」と呼ばれる問題がある。これは、自ら婚姻破綻の原因を作り出した配偶者（有責配偶者）が「婚姻を継続しがたい重大事由」（770条1項5号）を理由に離婚請求をした場合、その請求は認められるかという問題である。

　裁判離婚の場合には、当事者の一方は離婚を拒絶しているのだから、それでも国家が強制的に離婚を認められるのは何故か、その根拠が必要となる。その根拠として、「有責主義」と「破綻主義」という2つの考え方がある。有責主義とは、配偶者の一方に有責行為がある場合のみ離婚を認めるという考え方である。他方、破綻主義とは、有責行為の有無に関係なく、婚姻の破綻によって離婚を認める考え方である。

　戦前の明治民法では有責主義が採用されていたが、戦後に770条1項5号が設けられて破綻主義が採用された[19]。ここで問題となる5号の「その他婚姻を継続し難い重大な事由があるとき」という離婚原因は、770条2項による、裁判所が裁量によって離婚請求を棄却できる場面から外されているため、婚姻を継続し難い重大事由があるときには、自動的に離婚を認めることになる。このように5号は、「破綻した婚姻は離婚を認める」という破綻主義を採用する離婚原因の中でも、最も破綻主義をよく表している規定である。

　しかし、「破綻した婚姻ならば離婚を認める」というならば、たとえDVや不貞行為などによって婚姻を破綻させた張本人（有責配偶者）であっても、裁判で離婚を求めたら裁判所は認めるのかという問題が生じる。果たして5号は、婚姻が破綻さえしていれば離婚を認めるという規定なのであろうか。この5号の解釈問題については、消極的破綻主義と積極的破綻主義という2つの考え方がある。消極的破綻主義とは、婚姻が破綻していても有責配偶者

19　現行民法は破綻主義を採用しつつ有責主義も維持しているため、有責主義と破綻主義の双方を採用している。770条1項1号・2号は有責主義に基づく離婚原因であり、3号〜5号は破綻主義に基づく離婚原因である。

からの離婚請求の場合は認めないという考え方である。反対に、有責配偶者からの離婚請求であっても婚姻が破綻していれば、離婚を認めるというのが積極的破綻主義である。

（2）解釈の変遷

当初、最高裁は消極的破綻主義を採用して、有責配偶者からの離婚請求は認めないとしていた（最判昭和27・2・19民集6・2・110「踏んだり蹴ったり判決」）。当時は浮気をした夫が妻を追い出して離婚する「追い出し離婚」が後を絶たなかった時代であり、このような身勝手な離婚を阻止することは、婚姻秩序を維持するうえでも重要であった。

しかし、離婚請求を認めないところで夫婦の関係が修復されるわけではなく、ただ婚姻の形骸化が進み、婚姻法が空洞化するだけである。夫婦の別居が長期化すれば、重婚的内縁を生み出すことにもなり、法律関係が複雑化する。このように、消極的破綻主義を採用しても、やはり婚姻秩序に反する事態が生じることが問題となった。そこで最高裁は、有責配偶者からの離婚請求であっても、有責性の小さい当事者から大きい当事者への請求は認めたり（最判昭和30・11・24民集9・12・1837）[20]、有責行為が婚姻破綻後になされた場合は離婚請求を認めるなどして（最判昭和46・5・21民集25・3・408）[21]、離婚請求を認容する場面を広げていった。

そして最高裁は、有責配偶者の離婚請求であっても、信義則に照らして許される場合には請求が認められるとして、条件付きの積極的破綻主義へ転換した（最判昭和62・9・2民集41・6・1423）。最高裁が信義則による制約として挙げた条件は、①夫婦の別居が両当事者の年齢および同居期間との対比において相当の長期間に及ぶこと（相当長期間の別居）、②未成熟の子が存在しないこと（未成熟子の不存在）、③相手方配偶者が離婚により精神的・社会的・経済的に極めて苛酷な状態に置かれる等、離婚請求を認容することが著しく社会正義に反するといえるような特段の事情が認められないこと（苛酷

20　女性と同居する夫からの離婚請求で、妻も家出後に他の男性と同居しているという事案である。

21　婚姻関係が破綻した後で夫が女性と同居して子どもをもうけたという事案で、夫からの離婚請求を認めた事案である。

条項）という3つである。

　その後の判例の動向をみてみると、判例は3つの判断基準が全て満たされているかを判断するのではなく、個別具体的な事情を総合的に考慮して、破綻した婚姻ならば離婚を認めるという傾向に傾きつつある。例えば、同居期間約23年に対して別居期間約8年で離婚請求を認容した事案で、最高裁は「離婚請求が信義誠実の原則に照らして許されるものであるかどうかを判断するに当たっては、時の経過がこれらの諸事情に与える影響も考慮すべき」であり、「別居期間が相当の長期間に及んだかどうかを判断するに当たっては、別居期間と両当事者の年齢及び同居期間とを数量的に対比するのみでは足り」ないとしている（最判平成2・11・8民集43・3・72）。また、未成熟子が存在していても離婚請求を認容した事案もみられる（最判平成6・2・8判時1505・59、大阪高判平成19・5・15判タ1251・312など）。

　1996年民法改正案要綱では、裁判離婚原因として「別居期間5年以上」という具体的な要件が提案されている。これにより「相当長期間の別居とは何年か」という問題が客観的に判断できることになる。さらに信義則条項を設けることで、離婚したいために家出してわざと協力扶助義務に反するといった、恣意的な離婚を阻止している。

3－5　その他の離婚問題2：面会交流

（1）面会交流とは

　面会交流（面接交渉）とは、離婚後に親権者でも監護者でもないために、子と別居して現実に監護することができない親が、子と会ったり、手紙や電話で交流したりすることをいう。また、このような交流ができる権利を面会交流権（面接交渉権）という。現在は766条1項に規定されているが、これは2011年の改正によって盛り込まれたものであり、実務上はそれ以前の条文がない時代から家事審判の対象と認められていた（家事審判法9条1項乙類4号＝現在は、家事・別表第2の3項）。面会交流は、離婚後に離れて暮らす親子の交流だけでなく、離婚前の別居中の夫婦についても認められている（最決平成12・5・1民集54・5・1607）。

　面会交流権の法的性質には議論があり、権利であると考える見解と権利性

を否定する見解[22]がある。権利であると考える見解のなかにも議論があり、大別すると、親の権利とする見解と子の権利とする見解に分かれる。さらに、親の権利とする見解には、離婚しても親子であることに変わりはないとして親の自然権ととらえる説、監護に関連する権利ととらえる説、潜在的な親権の一権能ととらえる説などがある。一方、子の権利とする見解は、親との交流を通じて精神的に成長発達する権利は、子に生来そなわっている権利であるという。

（2）面会交流の実現

裁判所は、子の福祉という観点から面会交流を認めるかどうかを判断している。面会交流は、「子の福祉を害するおそれがある場合を除き、原則として認められるべき」であるという（大阪高決平成18・2・3家月58・11・47）。しかし、父母の葛藤の程度や子の意思・年齢など、面会交流をめぐる当事者の事情は様々であり、場合によっては面会交流を認めると、かえって子の福祉に反する恐れもある。そのため、面会交流を認めることが子の福祉にかなうのかは、個別具体的な事情から総合的に判断している。

父母によって面会交流を実現させることができない事態では、面会交流の日時または頻度、各回の面会交流時間の長さ、子の引渡しの方法など、面会交流の内容が具体的に特定されている場合に、間接強制[23]が認められている（最決平成25・3・28民集67・3・864）。

4 実 子

4−1 民法上の親子

（1）親子の種類

民法上の親子には、実子と養子の2種類がある。実子とは血縁関係がある

---

22 権利性を否定する見解は、面会交流とは当事者の信頼と愛情に基づいてなされるべきものであるから、その性質上、通常の権利ととらえるのはなじまないとする見解である。面会交流そのものを否定する見解ではない。

23 間接強制とは、執行裁判所（強制執行の手続きを行う裁判所）が債務者に対して、債務を履行しない場合には一定額の金銭を債権者に支払うべき旨を命ずることによって、債務の履行を確保する方法である（民事執行法172条。第1編第2章7−3参照）。

子であり、養子とは血縁関係はないが、養子縁組によって法律上親子となった子を指す。実子・養子という用語は通常子のみを指すため、親子関係を表すために実親子・養親子という用語が用いられることもある。

　実子は、嫡出子・非嫡出子に分かれる。嫡出子とは父母が婚姻している子であり、772条の嫡出推定期間内に生まれた子である。非嫡出子とは父母が婚姻していない子である。さらに嫡出子は、生来嫡出子と準正嫡出子に分かれる。生来嫡出子とは、生まれた時点で嫡出子の身分を取得した子をいい、準正嫡出子とは、子が出生した時点では非嫡出子の身分であったが、後に嫡出子の身分を取得した子をいう。一方、養子には普通養子と特別養子の2種類がある。当初の民法には普通養子しかなかったが、1987年に特別養子という制度が新たに設けられた。

〈親子の種類〉

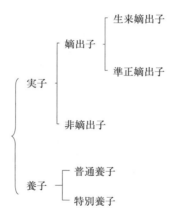

（2）親子関係の確定方法

　親子関係の確定方法は、実子と養子で異なる。実子の場合、嫡出子・非嫡出子ともに、母子関係は分娩の事実によって確定する。すなわち、子が生まれた瞬間に出産した女性が自動的に母親と確定されるのである。父子関係については、嫡出子は嫡出推定、非嫡出子は認知によって決まる[24]。一方、養

24　実親子関係の場合、民法上、親子関係の確定に届出は求められていないが、戸籍法49条によって出生後14日以内の届出が求められている。この届出は、民法の規定によって

子の場合、普通養子は届出、特別養子は家庭裁判所の審判で成立する。

〈親子関係の確定方法〉

実子┬嫡出子（父子関係…嫡出確定：772条、母子関係…分娩の事実）
　　└非嫡出子（父子関係…認知：779条・787条、母子関係…分娩の事実）

養子┬普通養子（届出：799条）
　　└特別養子（審判：817条の 2）

4 － 2　嫡出子

（1）親子関係：嫡出推定制度

　嫡出子の親子関係については、前述の通り、母子関係は分娩の事実によって確定し、父子関係は嫡出推定（772条）によって決まる。嫡出推定では、妻が婚姻中に懐胎した子を夫の子と推定し、さらに婚姻成立の日から婚姻の解消（離婚または一方配偶者の死亡）または婚姻の取消後300日以内に出生した子を夫の子と推定する（772条 1 項・ 2 項）[25]。

〈嫡出推定〉

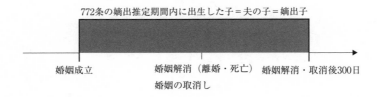

772条の嫡出推定期間内に出生した子＝夫の子＝嫡出子

婚姻成立　　　婚姻解消（離婚・死亡）　婚姻解消・取消後300日
　　　　　　　婚姻の取消し

　すでに確定している家族関係を戸籍法に基づいて届け出るという構造になる。このように、すでに変動した家族関係を報告するために行う届出を「報告的届出」という。報告的届出は出生届の他、死亡届や裁判離婚による離婚届などがある。他方、届出によって家族関係が変動するものを「創設的届出」という。これには、婚姻届、協議離婚による離婚届、養子縁組届などがある。

25　重婚状態で子が生まれた場合には、嫡出推定が重複するため、誰が父なのか不明となってしまう。このような場合には、裁判所が子の父を定める（父を定める訴え。773条）。

　また、母が再婚である場合、子の出生が母の再婚前であれば前夫の子と推定され[26]、再婚後に出生した場合は婚姻解消後300日以内の出生でも再婚後の夫の子と推定される（772条3項）。

〈母が再婚である場合の推定〉

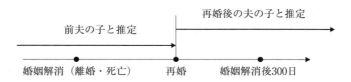

　ただし、嫡出推定はあくまで「推定」に過ぎないため、父と推定される者が実際には父ではないという反対の事実を証明できればくつがえる。反対の事実を証明して、嫡出推定による父子関係を否定するには、嫡出否認の訴えを提起しなければならない。

（2）　父子関係の否定：嫡出否認の訴え

　嫡出否認の訴えを提起できる出訴権者は、嫡出推定による父、子、母である（774条1項～3項）。これに加えて、子が養子になっている場合は親権を行う養親、子に親権者がない場合は未成年後見人、子が再婚後の夫の子と推定される場合は母の前夫[27]も訴えを提起できる（774条2項・4項）[28]。

　出訴期間は、父と前夫は子の出生を知った時から3年以内、子は出生の時

26　772条は2022年の改正を受けて2024年4月1日から施行された規定である。改正前は婚姻解消後300日以内に出生した子はすべて前夫の子と推定された。そのため、前夫との間にDV等の問題があった場合には、母が紛争を回避するために出生の届出をしないことがあり、子が無戸籍となって大きな不利益を受けるという無戸籍者問題が生じていた。2022年改正は、この問題に対処することを目的とした改正である。しかし改正後の規定でも、母が再婚していなければ、出生した子が再婚相手の子であっても前夫の子と推定されることになるため、問題の解消は限定的なものに留まるとの見解もある。

27　ただし、子が成年（18歳。4条）に達すると前夫は訴えを提起することができなくなる（778条の2第4項）。

28　さらに、父が子の出生前に死亡もしくは嫡出否認の訴えを提起せずに死亡した場合は、父の死亡の日から1年以内に限り、相続権を害される者や父の3親等内の血族も訴えを提起できる（人訴41条1項）。

から3年以内、母は子の出生の時から3年以内である（777条）。例外的に、子と父の継続的な同居期間（いったん別居して再び同居した場合には、最も長い同居期間）が3年を下回る場合は、子は21歳に達するまでの間、嫡出否認の訴えを提起することができる（778条の2第2項）。

（3） 準　正

民法には、出生時は嫡出子でなくても、後に嫡出子の身分を取得することができる制度がある。それが「準正」である。子がすでに死亡している場合でも、準正によって死亡した子は嫡出子であったことになる（789条3項）。

準正には、婚姻準正と認知準正の2種類がある。婚姻準正は、父が認知した後に父母が婚姻した場合に生じ（789条1項）、認知準正は父母が婚姻した後に父が認知した場合に生じる（789条2項）。いずれの準正も、その効果は婚姻時から生じる[29]。

4－3　非嫡出子
（1）非嫡出子という身分の意味

非嫡出子とは、父母が婚姻していない子である[30]。嫡出推定は父母が婚姻している場合に働くのであるから、父母が婚姻しているかどうかによって子の身分が異なることになる。なぜ父母の婚姻の有無が子の身分を左右することになるのだろうか。それは日本が「法律婚主義」を採用していることと関わっている。法律婚主義とは、法律上定められた手続きをとられたものだけが法的に婚姻と認められる主義である（第2編第2章1参照）。法離婚主義によって、婚姻している夫婦だけが法的に保護されることになる。

この「婚姻した夫婦だけを保護する」という考え方が親子の規律にも流れ込み、婚姻した夫婦から生まれた子だけを保護するという考え方が生まれた。こうして婚姻した夫婦から生まれた子は「嫡出子」、婚姻外の男女から

29　認知準正の場合、789条2項には「認知の時から」と定められているが、この場合でも婚姻時から効力が発生すると解釈されている。

30　条文上は「嫡出でない子」と表記される。また、嫡出子は父母婚姻中に出生した子であり、非嫡出子は婚姻外で出生した子でもあることから、「嫡出子」を「婚内子」、「非嫡出子」を「婚外子」と称することもある。

生まれた子は「非嫡出子」という身分の違いが生まれる。しかし子は親を選べないのに、両親が婚姻していないだけで法的に保護されないのでは理不尽である。そこで、非嫡出子にもある程度の保護を与えることとし、一方で婚姻を保護するために、婚姻した夫婦から生まれた嫡出子と同じ扱いとはしないということとされた。

　こうして、嫡出子と非嫡出子という区別が生まれ、両者を比較すると非嫡出子の方が不利益を受けるような法制度になった。このような法制度の下では、親が自分の子に不利益のないようにしたければ、婚姻するしかないことになる。こうして嫡出子・非嫡出子という区別は、法律婚を促進することにもつながることになるのである。

（2）嫡出子との法的取扱いの違い

　嫡出子と非嫡出子の法的な取扱いの違いは様々である。まず、子を養育する権利義務である親権を有する者が異なる（第2編第2章7参照）。嫡出子の親権者は父母であるのに対し（818条3項）、非嫡出子の親権者は原則的に母のみである（819条4項）。また、嫡出子の父子関係は772条によって自動的に推定されるのに対し、非嫡出子の場合は父が自ら認知をしなければならない（779条）。父が認知をすれば、親権者は母から父に変更することができるが（819条6項）、それは母から父へ親権が移転するだけであって、嫡出子のように父母の共同親権になるのではない。さらに、嫡出子は父母が婚姻中に選択した氏を称するが（790条1項）、非嫡出子は母の氏を称する（790条2項）。非嫡出子が父の氏を名乗る場合は、氏の変更を家庭裁判所に申立てなければならない（791条1項）。このように、様々な点で嫡出子と非嫡出子は法的な取扱いが異なる。

〈嫡出子・非嫡出子の法的取扱いの違い〉

効果	親権者	父子関係	氏
嫡出子	父母（818条3項） →共同親権	自動的に推定 （772条）	父母の氏 （790条1項）
非嫡出子	母（819条4項） →単独親権 ※親権者を父に変更することも可 （819条6項）	認知が必要 （779条）	母の氏 （790条2項） ※父の氏に変更も可 （791条1項）

　こうしてみると、日本はかなり特殊な法制度を採っているかのように見えるが、単純にそう考えることもできない。法律が整っている国では法律婚主義を採用している（第 2 編第 2 章 1 参照）。そして法律婚主義を採用している国では、男女関係については婚姻した夫婦だけを保護することから、子についても嫡出子・非嫡出子という区別を設けるという制度が一般的であった。日本においても100年以上前に制定された明治民法では、法律婚主義も嫡出子・非嫡出子という区別もすでに採用されていた。ただ、当時は嫡出子だけを保護し、非嫡出子はまったく保護しない法制度が主流であったのに対し、明治民法は、非嫡出子であっても父が認知すれば父子関係が成立し、父を親権者に変更することも可能であった。さらに出生時には非嫡出子であっても、後に嫡出子の身分を取得する準正という制度も用意されていた。このように、明治民法の時点では、日本は世界に先駆けて非嫡出子を保護した画期的な法制度だったのである。

　しかし、100年以上前は画期的とはいえ、日本はその法制度を100年以上経った現在まで、ほぼそのまま引き継いでいる[31]。一方、諸外国ではその間に子の福祉に関心が寄せられ、その結果、諸外国では嫡出子・非嫡出子という

31　日本における非嫡出子についての重要な改正として、非嫡出子の相続分差別を違憲として、嫡出子の相続分と同一にした改正がある。かつて900条 4 号ただし書には、前段部分で非嫡出子の相続分は嫡出子の 2 分の 1 とする定めがあった。しかし、2013年に最高裁はこの前段部分について、法の下の平等を定める憲法14条 1 項に違反するとし（最大決平成25・9・4 民集67・6・1320）、これを受けて、2013年12月 5 日に900条は改正され、900条 4 号ただし書前段が削除されて、非嫡出子の相続分は嫡出子と同一となった。

区別自体が差別として、子の法的取扱いは同一とされ、嫡出子・非嫡出子という用語自体も廃止された。日本の民法は、このような潮流とは一線を画したものになっているのである。

4－4　非嫡出子：親子関係の確定
（1）認　知

　非嫡出子の親子関係は、認知によって成立する（779条）。この認知は、出生届とは別に、親が認知届を役所に提出するか、認知の訴えという裁判を起こすことによってなされる。前者の認知の届出は、親が積極的に「この子は私の子です」と認める意思に基づいてなされるため、親の意思を重視して親子関係を成立させるものである（意思主義）。他方、後者の認知の訴えは、生物学的に親子関係があるという事実を重視して成立させる（事実主義）。認知がなければ、生物学的に親子であっても、法律上の親子関係は成立しない。

　認知については、779条で「嫡出でない子は、その父または母がこれを認知することができる」と定められているため、文言上は父母のいずれも認知ができることになる。しかし、嫡出子の母子関係が分娩の事実によって確定したように（第2編第2章4－1参照）、非嫡出子の場合も母が分娩すればその子は分娩した女性の子だと客観的にわかるため、最高裁によって母の認知は不要とされた（最判昭和37・4・27民集16・7・1247）。したがって、認知は父子関係を成立させるための制度としてのみ機能することになる。このように非嫡出子の場合、分娩の事実によって確定する母は法的に必ず存在する一方、父は認知がなされなければ法律上は存在しないことになるのである。

　認知がなされると法律上の父子関係が成立し、出生の時にさかのぼってその効果が生じる（784条）。具体的には、相続権や扶養義務などの法律上の親子の効果が父との間に発生するほか、親権者を父に変更したり（819条4項）、父の氏に変更することができるようになる（791条1項）。

（2）認知の方法
①任意認知

　認知の方法には、任意認知と強制認知の2種類がある。任意認知とは、父

が自らの意思で（任意で）認知するものをいう。任意認知には、認知届を役所へ提出することによって行う方法（781条1項、戸籍法60条〜62条）と、遺言による認知（781条2項）の2つの方法がある。認知の届出をする場合、役所には本当に親子関係があるかを審査する実質的審査権はないため、認知届の提出にあたって父子関係を証明する必要はなく、ただ届出をすれば認知の効力が発生する。他方、遺言による認知の場合、認知の効力は父の死亡によって遺言の効力が発生すると同時に生じる。ただし、遺言による認知がなされた旨の届出を遺言執行者が行う必要がある（戸籍法64条）。

　未成年者や成年被後見人でも法定代理人の同意なしで認知をすることができる（780条）。ここから、認知能力は行為能力ほど高度な能力ではないことになるが、認知をしたらその結果は理解できなければならないので、意思能力は必要とされる（第1編第2章2-4、4-3、4-4参照）。

　任意認知は基本的に父がいつでも自由に行えるが、例外が3つある。1つは、認知される子が成年に達している場合、その子の承諾を得なければならない（782条）。これは、子が未成年の間は自分の子と認めず、子が成人してから認知して自分を扶養するように請求するといった、父親の身勝手な行動を防止するためである。2つ目は、胎児を認知する場合、母親の承諾を得なければならない（783条1項）。母親の名誉や利害を守るとともに、認知の真実性を確保するためとされている。3つ目は、子が死亡した場合でもその子に直系卑属がいれば認知ができるが、その際に直系卑属が成年に達しているときは、その直系卑属の承諾を得なければならない（783条3項）。

　さらに、父が認知届を提出しなくても、認知届を提出したとみなされる場合が2つある。1つは、父母の婚姻前に出生した子は父母婚姻後の認知によって嫡出子の身分を取得するが（認知準正。789条2項）、この際に認知届ではなく、嫡出子として出生届が提出された場合である。この場合は戸籍法62条により、嫡出子としての届出が認知の届出としての効力を有する。2つ目は、認知準正にあたらない場合に父親が自分の非嫡出子について、嫡出子として出生届を提出した場合である。この場合も、嫡出子出生届を認知届と読み替えて、認知の効力が認められている（最判昭和53・2・24民集32・1・110）。自分の子であることを承認し、その旨を申告する意思表示である点

で、嫡出子としての届出と認知の届出は共通しているため、認知の効力を認めても差し支えないと考えられるからである。

②強制認知（認知の訴え：787条）

　認知の2つ目の手段である強制認知とは、父が認知をしない場合に子などから提起される認知の訴えをいう。訴えとはいっても、家族に関する事件はまず調停から始まるので（調停前置主義。家事244条、257条）、まずは調停（認知調停）を行い、調停が不調に終わった場合に父を被告として訴えを起こす流れになる。

　認知の訴えを提起できる出訴権者は、子、その直系卑属、子またはその直系卑属の法定代理人である（787条）。子が未成年である場合は、その母が法定代理人として訴えることができる。訴えを起こすことができる出訴期間は、父が死亡している場合には父の死後3年以内に制限される（787条ただし書）[32]。これは裏を返せば、父が生きている限りは何年経っても認知の訴えが可能ということでもある。

　認知の訴えによって被告の男性と子の間に父子関係があると証明する責任は原告側にある。具体的には、原告（子）の母が懐胎期間中に被告男性と継続的に情交を結んだ事実があり、かつ、被告以外の男性と情交関係にあった事情が認められず、さらに血液型の検査結果によっても、原告（子）と被告との間に血液型の上で背馳がない場合には、別段の事情がない限り、原告は被告の子であるとの事実は証明されたものと認められる（最判昭和32・6・21民集11・6・1125）。現在ではDNA鑑定が利用され、ほぼ100％の確率で親子関係を確定できるが、その利用にはプライバシーの保護など検討すべき問題もある。

（3）　親子関係の否定

①認知の無効の訴え（786条）

　任意認知の場合、届出の際に親子関係の証明をする必要がないことから、真実に反する誤った認知がなされる恐れがある。自分の子と思って認知をし

32　これを死後認知といい、この場合は検察官を被告として訴えを提起する（人訴12条3項、44条1項）。学説では、父が死亡してもDNA鑑定によりほぼ100％の確率で親子関係を確定できるため、死後3年以内という出訴期間の制限は廃止すべきとされている。

たら実は他人の子だったとか、他人の子と知ったうえで自分の子と認知した
とか、あるいは知らない間に第三者によって勝手に認知の届出がなされたと
いった場合である。このような場合、認知は無効である。しかし誤った認知
でも自動的に無効となるのではなく、認知の無効の訴えを起こして認知を無
効とする必要がある（786条）。

　認知の無効の訴えを提起できる出訴権者は、子またはその法定代理人、認
知をした者、子の母である（786条 1 項）。出訴期間は、子またはその法定代
理人は認知を知った時から、認知をした者は認知の時から、子の母は認知を
知った時から、それぞれ 7 年以内である（786条 1 項）。ただし、子が認知を
した父と認知後に継続的な同居をした期間（いったん別居して再び同居した場
合には、最も長い同居期間）が 3 年を下回る場合は、例外的に、子は21歳に達
するまでの間、認知の無効の訴えを提起することができる（786条 2 項）。

②認知取消しの訴え（人訴 2 条 2 号）

　民法で規定された認知無効の訴えの他に、人事訴訟法には認知取消しの訴
えが定められている（人訴 2 条 2 号）。この訴えは、成年に達した子の認知や
胎児を認知する場合など、承諾が必要となる認知の際に必要な承諾を得なか
った場合に、承諾権者から提起することができるものと解釈する見解があ
る。

5　養子 1：普通養子

5 － 1　養子制度概説

（1）養子制度の機能

　養子とは、血縁関係はないが養子縁組という手続きを経ることによって、
法律上の親子関係が創設されたものをいう。養子制度は世界各国に存在し、
その歴史も古い。欧米においては、当初の養子制度は家の存続のため、跡継
ぎを調達するための「家のための養子」であった。やがて時代が下ると、養
子制度は子に恵まれない親に養子を与える「親のための養子」へとその機能
が変化した。その後、第一次世界大戦による孤児の増加などを受けて、家庭
に恵まれない子を救済するための「子のための養子」へと移り変わっていっ

た。こうして現在の養子制度は、欧米では「子のための養子」であり、児童福祉の一環として位置づけられている。

　これに対して、日本の養子制度も歴史は古いが、その機能は複雑であり、欧米のような流れで機能が変遷したとも言い難い。そもそも日本では、養子制度は家の存続のために利用されることもあるが、労働力を確保するためであったり、その目的は様々である。欧米における要保護児童のための「子のための養子」という観点からみると、日本の養子制度は法制度も利用状況も特殊な状況なのである。

（2）日本の利用実態

　日本では、養子縁組がなされる数は毎年約8万件にのぼる。日本の利用実態で特徴的なのは、未成年の子を養子とすること自体が少ないという点にある。日本の養子制度には普通養子と特別養子の2種類があり、このうち圧倒的に利用が多いのは普通養子である[33]。普通養子の場合、養子の年齢に制限がないので、成年に達した大人でも養子にできる（成年に達した者を養子とするものを「成年養子」、未成年者を養子とするものを「未成年養子」という）。日本はこのうち、成年養子が圧倒的に多い。その目的は、家業を継がせるためとか、高齢になった場合に扶養してもらうためといった、跡継ぎや扶養を目的とするものがほとんどであるといわれる。この利用実態だけでも、日本の養子制度は、欧米の「子のための養子」とは異なる機能を果たしているといえる。

　また、普通養子においても未成年養子がなされることはあるが、その多くは「連れ子養子」と呼ばれる形態である。連れ子養子とは、親の再婚に伴って前婚の子と再婚相手との間でなされる養子縁組をいう[34]。この養子形態は、子の保護というよりも家族関係の安定を目的としているため、やはり「子のための養子」とは異なる。このように、日本の利用実態ではそもそも

---

[33]　特別養子縁組の件数は、2020年が693件、2021年は683件である。その他は普通養子縁組であるから、圧倒的に普通養子の利用が多い。

[34]　例えば、前夫の間に子がいる女性が再婚した場合、母の婚姻だけでは再婚した夫と前夫の子（連れ子）との間に親子関係は成立しない。民法上の親子は実子と養子の2種類しかないため、再婚した夫の実子ではない連れ子は、養子にならなければ法的に再婚した夫と親子関係が成立しないのである。

未成年養子が少ないうえに、未成年養子の中でも多くは家庭に恵まれない子の保護を目的としたものではないため、「子のための養子」としてなされる縁組は極端に少ないことになる。

5－2 普通養子

(1) 概　説

　日本には普通養子と特別養子という2種類の養子制度があるが、上述の通り、普通養子の利用が圧倒的に多い。普通養子の方が圧倒的に多い理由は、特別養子に比べて縁組できる対象が広く、縁組の手続きも簡単である点が挙げられる。例えば、特別養子では成年に達した者を養子にすることはできないため（第2編第2章6-2参照）、日本で最も利用の多い成年養子は普通養子によってしかできない。

　また、普通養子なら縁組の手続きが簡単であるうえ、縁組の解消もできるという利便性もある。普通養子の手続きが簡単である理由は、契約構成をとる制度である点にある（「契約型」と呼ばれる）。契約ということは、当事者の合意に基づいて法律上の親子関係が創設されるということである。もっとも、家族関係に関わる事項は届出が必要であるため、当事者間で合意ができたら、普通養子縁組の届出をしなければならない。しかし、裁判所等の国家機関が関与することなく、当事者の合意と届出によって縁組が成立するのは、親子関係の創設という重大な効果が生じることを考えると、非常に簡単な手続きである。

　普通養子が契約構成であることがよく表れているのが、離縁が可能とされている点である。契約は、当事者の合意に基づいて締結も解消も可能であることが基本であるから、契約構成をとる普通養子も、当事者が合意をすれば離縁して親子関係を解消させることができる。しかし、「子のための養子」という観点から考えると、離縁は子から家庭を奪うことであり、子の福祉にかなうものとは言えない。そもそも諸外国では、真実の親子に近づけるために、離縁自体を認めない国が多い（アメリカ・フランス・ドイツなど）。当事者の合意によって離縁ができる日本の普通養子制度は、「子のための養子」という観点から考えると、かなり特殊な制度なのである。

（2）成立要件

①形式的要件

　養子縁組が成立するためには、普通養子縁組の届出が必要となる（739条を準用する799条）。このように普通養子縁組は、婚姻と同じく届出主義を採用している。届出によって養親子関係が創設されるため、この場合の届出は創設的届出となる。

②実質的要件

　養子縁組には、まず当事者に縁組をする意思（縁組意思）が存在していることが求められる（802条1号）。判例・通説では、縁組意思の具体的な内容は「社会通念上親子と認められる関係の設定を欲する意思」とされており、単に届出をする意思だけでなく、実際に親子らしい関係となる実質的な意思まで求められている（実質的意思説）。

　これに加えて、養親となるべき者と、養子となるべき者それぞれに別々の要件が設けられている。養親については、年齢について要件があり、「20歳に達した者は、養子をすることができる」と定められている（792条）。これは裏を返せば、養親となるべき者は、20歳に達していなければならないということである。

　養子については、自分の尊属や年長者を養子にすることはできないと定められている（793条）。これを尊属養子・年長養子の禁止という。例えばおい・めいは、たとえ自分より年下であっても、尊属にあたるおじ・おばを養子にすることはできない。ただ、養子についてはこの他に禁ずる要件がないため、祖父母が孫を養子にする孫養子や、兄・姉が弟・妹を養子にするといったことができる。また、年長者を養子にすることはできないといっても、自分より1日でも遅く生まれていれば養子にできる。養親と養子の年齢差についての制限はない。

　さらに、縁組形態によっても要件が加えられる。後見人が被後見人を養子にする場合（これを後見養子という）、家庭裁判所の許可が必要とされる（794条）。後見人は被後見人を監護したり財産管理をする職務を負っているため、養子縁組をすることでその職務を怠ることがないように、家庭裁判所の許可を得なければならないとされているのである。

　縁組をする時点で養親または成年に達した養子が婚姻していて配偶者がいる場合は、他方配偶者の同意が必要である（796条）。養子縁組によって法律上の親子関係が創設されるため、相続や扶養などで他方配偶者にも影響が及ぶことから、他方配偶者の利益を保護するために、他方の同意が必要とされている[35]。

③未成年養子縁組の要件

　未成年養子の場合には、子の福祉を考慮して、さらに要件が加えられる。養子となるべき者が15歳未満の場合は、その法定代理人がこれに代わって縁組の承諾をすることができる（797条1項）。これを代諾縁組という。法定代理人とは、第一に親権者である父母であり（818条1項）、親権者がいなければ未成年後見人である（839条）。また、離婚によって父母の一方が親権者、他方が監護をすべき者となっている場合は、監護者の同意を得なければならない（797条2項）。監護者の同意を得ない縁組は、その取消しを家庭裁判所に請求できる（806条の3）。

　養子となるべき者が15歳未満であれ、15歳以上であれ、未成年者を養子とする場合には、家庭裁判所の許可を得なければならない（798条本文）。家庭裁判所は、縁組について子の福祉という観点から審査をする。このことから、798条は子の福祉を考慮した規定であり、欧米の「子のための養子」に近づく規定であると評される。

　しかし、798条はただし書に大きな問題があり、強く批判されている。未成年養子で必要となる家庭裁判所の許可は、ただし書によって、自己または配偶者の直系卑属を養子とする場合は不要とされている。日本の未成年養子で最も多い「連れ子養子」は、配偶者の直系卑属を養子とする縁組のため、本条により家庭裁判所の許可が不要となってしまう。これでは事実上、ほとんどの未成年養子では、家庭裁判所の審査がなされないことになる。ただし書は、実の親なら子の福祉に反する縁組はしないと考えられて設けられたが、子の福祉を審査するのに例外を設けるべきではないとして、学説では批判が強い。

35　ここで必要とされているのは同意であり、他方配偶者がともに縁組をすることまでは求められていない。そのため、夫婦の一方だけで縁組をすることも可能である。

　その他の要件として、配偶者のある者が未成年者を養子とする場合は、夫婦共同縁組が原則とされている（795条）。子の福祉を考慮すると、夫婦がともに養親となって監護することが望ましいからである。

（3）効　果

　縁組が成立すると、養子は縁組成立の日から養親の嫡出子としての身分を取得する（809条）。ただし、実親との法的親子関係も残るので、二重の親子関係が成立する。二重の親子関係が成立する結果、相続権は養親子・実親子ともに相互に有し、扶養義務は具体的事情に応じて発生する。養子の氏は養親の氏を称する（810条）。養子と養親およびその血族との間には、養子縁組の日から血族間におけるのと同一の親族関係が生じる（727条）。727条は「養子縁組の日から」と定めるため、縁組前に生まれていた養子の子は、養親の親族にはならず、縁組後に生まれた養子の子は養親の親族になる。この他、未成年者が養子の場合、親権は養親の親権に服する（818条2項）。

（4）縁組の無効・取消し

①縁組の無効（802条）

　縁組の無効について定めた802条は、養子縁組が無効となる場合として、「縁組意思が存在しない場合」（1号）と「縁組の届出をしない場合」（2号）という2つの場面を挙げている。しかし、2号の場合はそもそも縁組が成立しないので、この規定はただし書を導くための規定と解釈されている。したがって縁組が無効となるのは、1号の「縁組意思が存在しない場合」のみとなる。1号の場合について、仮装縁組は「社会通念上親子と認められる関係の設定を欲する意思」がないものとして無効となる。

②縁組の取消し（803条〜808条）

　取消しについては、803条によって、804条から808条にあたる場合のみ、取り消しできると定められている。具体的には、養親が20歳未満の場合（804条）、尊属養子・年長養子の禁止に触れる場合（805条）、後見養子が無許可でなされた場合（806条）、配偶者の同意なく縁組がなされた場合（806条の2）、代諾縁組が監護者の同意なくなされた場合（806条の3）、未成年養子が無許可でなされた場合（807条）、詐欺・強迫による縁組の場合（747条を準用する808条）である。ただし、805条にあたる場合を除いて、これらは追認に

よって有効とすることができる（各条文のただし書）。

縁組を取り消すには、養子縁組の取消しの訴えを提起する必要がある（人訴2条3号）。縁組が取り消されると、その効果は将来に向かってのみ生じ、遡及しない（748条を準用する808条）。

（5）離　縁

離縁には、協議離縁（811条1項）・裁判離縁（814条）・死後離縁（811条6項）の3種類がある。

1つ目の協議離縁は、当事者の協議によって合意ができれば縁組を解消するものである。最も簡単であり、かつ、多く利用されている離縁方法である。もっとも、離縁の成立には当事者の合意だけでなく、届出も必要である（739条を準用する812条）。この場合の届出は、届出によって離縁が成立するため、創設的届出となる。

ただし、養子が15歳未満である場合は、離縁後に法定代理人となる者（実父母など）が、養親と協議して離縁を行う（代諾離縁。811条2項）。また、夫婦共同縁組の場合、養子が未成年者であるときは、夫婦が共に離縁をしなければならない（共同離縁。811条の2）。夫婦共同縁組であっても、養子が成年に達している場合は、夫婦は個別に離縁ができる。

2つ目の裁判離縁とは、協議をしても合意ができず、調停（調停離縁。家事244条、257条）をしても不調に終わり、審判による離縁（審判離縁。家事284条）もできない場合に、裁判によって離縁をするものである。裁判離縁も裁判離婚の場合と同じく、当事者の一方は離縁したいが、他方は離縁を拒絶している状態のため、それでも離縁を認めるには、それだけの根拠が必要となる。そのため、裁判離縁では814条1項に定められた原因によらなければ、離縁ができない仕組みになっている。裁判離縁原因は、養親または養子から悪意で遺棄された場合（1号）、養親または養子の生死が3年以上生死不明である場合（2号）、縁組を継続し難い重大事由がある場合（3号）の3つである。裁判離縁の場合でも、離縁の手続きとして届出が必要である。この場合の届出は、すでに離縁したことを報告するための届出なので、報告的届出となる。

3つ目の死後離縁とは、養親または養子の死後に、生存当事者が家庭裁判

所の許可を得て離縁するものである。当事者の一方が死亡すれば、養親子関係は当然に終了する。しかし、死亡当事者の血族と生存当事者との間の親族関係は当然には終了しないため、これを終了させたい場合に、死後離縁がなされる（この場合の届出は、報告的届出である）。

　離縁が行われると、養子、その配偶者、養子の直系卑属およびその配偶者と養親およびその血族との親族関係は終了する（729条）。養子が祭祀承継者となっている場合には、離縁に際して、新たに承継者を定めなければならない（769条を準用する817条）。

　養子は、縁組前の氏に復氏する（816条1項）[36]。しかし長年にわたって養親の氏を称していた場合には、復氏によって社会生活上の不便・不都合が生じることもある。そこで、7年以上縁組が継続した後に離縁によって復氏した者は、離縁の日から3ヶ月以内に届け出ることによって、離縁後もひき続き養親の氏を称することができる（縁氏続称。816条2項）。

5－3　藁の上からの養子

　普通養子に関わる問題として「藁の上からの養子」と呼ばれる問題がある。これは、生まれたばかりの他人の子をもらい受けて、縁組をせずに夫婦の実子（嫡出子）として届出をすることをいう（藁とは、産褥の藁を指す）。特に戦前では、医師の出生証明書の添付が不要であったこともあり、様々な理由から慣習として広く行われていた。

〈藁の上からの養子〉

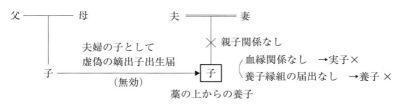

藁の上からの養子

36　ただし、養親の一方のみと離縁をした場合は、復氏しない（816条1項ただし書）。

　他人の子を嫡出子として届け出ても、このような届出は虚偽のため、無効である。ところが、届出にあたって親子関係の証明が不要であるため、実際には嫡出子出生届に不備がなければそのまま受理されて戸籍上は親子とされる。しかし戸籍上は親子であっても、夫婦と子の間には血縁関係がなく、養子縁組もなされていないため、法律上の親子関係はない。このような場合、親子関係不存在確認の訴え（人訴2条2号）によって、利害関係人ならばいつでも親子関係を否定できるため、長年にわたる親子としての実態がくつがえされた結果、子が一方的に重大な不利益を受ける事態が生じる。そこで、学説では虚偽の嫡出子出生届を養子縁組届に転換し、養親子関係の成立を認めるべきであるとの主張がなされた。しかし、最高裁は、養子縁組が所定の届出により法律上効力を有する要式行為であり、それは強行法規であることを理由に、一貫して養子縁組届への転換を否定している（最判昭和25・12・28民集4・13・701、最判昭和50・4・8民集29・4・401など）。

　その後、最高裁は、親子関係不存在確認の請求を権利濫用（1条3項）として排斥し、親子関係が不存在であることを確認するために訴えること自体を封じる判断を行った（最判平成18・7・7［同日付で2件］家月59・1・98、民集60・6・2307。その後の最高裁判例：最判平成20・3・18民集227・571）。しかし、親子関係不存在確認の訴えを封じても、藁の上からの養子は夫婦の実子でもなく、養子でもないため、民法上は親子関係が成立しないままである。そのため、養子縁組届への転換を認めることで、民法上の親子関係を成立させるべきであるとの主張がなされており、現在でもなお議論が続いている。

6　養　子2：特別養子

6－1　概　説

　特別養子は、普通養子とは異なる点がいくつもある。例えば、養子の年齢に制限があり、成年に達した者を養子とすることはできない。さらに、縁組が成立すると実父母との法的親子関係が終了する。縁組の成立にあたっては、家庭裁判所の許可を得て、特別養子縁組の審判を受けなければならな

い。家庭裁判所の許可を必要とすることから、特別養子の構成は、国家宣言型または官庁許可型と呼ばれる。家庭裁判所の審査では、養子縁組が積極的に子の利益になると認められなければ、縁組は許可されない。ここからもわかる通り、特別養子は、子の保護を目的とした「子のための養子」として機能する制度として構築されている。特別養子は1987年に新設された制度であるが、そこには「子のための養子」を実現する契機になった事件があった。それが1973年に明らかとなった菊田医師事件である。

　宮城県石巻市の産婦人科医である菊田昇医師は、望まない妊娠をした女性の子を救済するために活動し、19年間で約220人の子を養育希望の夫婦に斡旋していた。その際、夫婦の養子として親子関係を成立させるのではなく、出生証明書を偽造して、夫婦の実子として親子関係が成立するように斡旋していたのである。出生証明書の偽造は犯罪行為であるが、菊田医師が犯罪と承知のうえで行ったのには理由があった。当時の養子制度は普通養子しかなく、縁組をすると当然に戸籍に養子であることや実父母の氏名などが記載された。これでは出生の秘密が守られないばかりか、血縁関係を超えて真実の親子になりたいと望む夫婦との親子関係にも影響を及ぼすことになる。また、普通養子では実父母と養父母との二重の親子関係が成立するなど、様々な養子法の不備があり、これらが明らかになると社会的に大きな議論となった。こうした議論に加えて、当時、欧米諸国において子の利益の観点から養子法の改正がなされていたこともあり、1987年改正によって特別養子制度が新設された。このような経緯で制定されたため、特別養子は「子のための養子」を目指した制度となっているのである。

6－2　要件・効果

(1) 成立要件

　特別養子縁組は、家庭裁判所の審判により成立する（817条の2）[37]。家庭裁判所は、実父母による養子となるべき者の監護が著しく困難または不適当

---

[37]　審判の確定によって縁組が成立すると、10日以内に養親は届出をしなければならない（戸籍法68条の2）。この届出は、すでに成立した養親子関係を報告するための届出のため、報告的届出となる。

であること、その他特別の事情がある場合であって、子の利益のために特に必要があると認めるときに特別養子縁組を成立させる（817条の7）。家庭裁判所の審判は、第1段階である「特別養子適格の確認の審判」と、第2段階である「特別養子縁組の成立の審判」に分けて行われる（家事164条、164条の2）。第1段階の特別養子適格の確認の審判を申し立てる場合には、第2段階の特別養子縁組の成立の審判の申立ても同時に行わなければならず（家事164条の2第3項）[38]、養子となるべき者は第1段階の審判を受けなければ、第2段階の審判を受けることはできない（家事164条2項）。

　第1段階の審判手続きでは、実父母による養育状況（817条の7）および実父母による縁組への同意の有無（817条の6）という、養子となるべき者の実父母に関わる要件の存否が審理される。ここで適格であるとの判断が確定すると、第2段階の特別養子縁組の成立の審判手続きに進み、養親となるべき者の適格性と養親子の適合性（817条の8）が審理される。

①養親となるべき者の要件

　特別養子は子の保護を目的とした制度であることから、子の成長発達には父母双方がそろっていることが望ましい。そこで、養親となるべき者は配偶者のある者でなければならないとして、夫婦共同縁組が原則とされている（817条の3）。ただし、夫婦の一方の嫡出子または特別養子を他方の配偶者が養子とする場合は、他方配偶者のみと縁組をすることができる（817条の3第2項ただし書）。

　また、要保護児童を監護するだけの監護能力が求められるため、年齢は25歳に達していなければ、養親となることができない（817条の4）。ただし、夫婦の一方が25歳に達している場合は、他方は20歳に達していればよい（817条の4ただし書）。

---

[38] 審判の申立ては、第1段階・第2段階ともに養親となるべき者が行うが、第1段階の審判の申立ては、児童相談所長も行うことができる（児童福祉法33条の6の2）。この場合、養親となるべき者は、第1段階の審判が確定してから6ヶ月が経過するまでに、第2段階の審判の申立てを行わなければならない（家事164条2項）。

②養子となるべき者の要件

　養子となるべき者は、原則15歳未満でなければならない（817条の5第1項前段）[39]。例外的に、15歳に達する前から養親となるべき者に監護されており、15歳に達するまでに特別養子縁組の請求がされなかったことについてやむを得ない事由がある場合には、15歳以上でも縁組が可能である（817条の5第2項）。ただし、縁組成立時（家庭裁判所による審判の確定時）に18歳に達している者は、縁組をすることができない（817条の5第1項後段）。

　また、養子となるべき者が15歳に達している場合は、特別養子縁組の成立には、その者の同意が必要である（817条の5第3項）。

③父母の同意（817条の6）

　特別養子縁組の成立には、養子となるべき者の実父母の同意がなければならない（817条の6）。特別養子縁組は、実父母との法的親子関係が終了するという重大な効果が生じるため、実父母の同意が必要とされている。この同意は、父母固有の権利として認められる。したがって、たとえ実親が離婚による単独親権によって親権を失っていたとしても、親権の有無に関係なく、同意が必要とされる。また、実親が親権喪失の審判（834条）を受けて親権を剥奪されていても、当然に同意が不要とされるわけではない。

　ただし、父母がその意思を表示することができない場合、または父母による虐待、悪意の遺棄、その他養子となるべき者の利益を著しく害する事由がある場合は、同意は不要である（817条の6ただし書）。

---

[39]　この年齢制限は2019年改正によるものである。改正前は、養子となるべき者の年齢は原則6歳未満とされていた。これは、養子縁組によって実親との法的親子関係が断絶されることや、養親との心理的一体感のある親子関係を形成することを期待するためには、子が幼少であることが望ましく、また就学年齢を考えても、小学校に入学するまでに親子関係が形成されていることが望ましいと考えられたからである。さらに、養親は25歳以上・養子は6歳未満という年齢制限によって、親子として合理的な年齢差を設けるという意味もあった。

　しかし、児童虐待が深刻化していくなかで、子の保護は乳幼児だけでなく、虐待を受けて児童養護施設で保護されている子など、年長の子についても特別養子縁組の可能性を認めるべきであるという意見が強まった。そこで2019年に法改正がなされ、原則15歳未満まで縁組の可能性が広げられたのである。15歳というのは、子が自ら普通養子縁組ができる年齢を考慮したものである（797条参照）。

④特別養子縁組の必要性（817条の7）＝子の要保護性

　特別養子縁組は、実父母による養子となるべき者の監護が著しく困難または不適当である場合や、その他特別の事情がある場合であって、子の利益のために特に必要があると認めるときに成立させるものである（817条の7）。ここにいう「子の利益のために特に必要があると認めるとき」とは、特別養子縁組によって子を保護する必要性があることを指す。具体的には、養子となる者が孤児・棄児・非嫡出子の場合は認められやすい。しかし、普通養子から特別養子への転換や、連れ子を特別養子とする場合は消極的な傾向にある。

⑤試験養育（試験監護）（817条の8）

　家庭裁判所による特別養子縁組の成立の審判においては、養親となるべき者が養子となるべき者を6ヶ月以上監護した状況を考慮しなければならない（817条の8）。これを試験養育または試験監護という。これは、養親となるべき者が特別養子の親となるのに必要な監護能力や適格性を備えているか、養親となるべき者と養子となるべき者との相性など、適切な養親子関係が構築できるかを実際の生活状況に基づいて判断するために求められる。

（2）効　果

　養子は、養親の氏を称し（810条）、縁組成立の日から養親の嫡出子の身分を取得する（809条）。これにより養子と養親、養子と養親の血族との間に法定血族関係が生じる（727条）。一方、養子と実父母、養子と実父母の血族との親族関係は終了する（817条の9）。すなわち、特別養子縁組によって実親子関係は法的に断絶されるのである[40]。その結果、実父母の親権や、実父母と特別養子との間の相続権も失われる。もっとも、自然血縁関係はあるため、近親婚の禁止は存続する（734条2項・735条）。また、夫婦の一方の嫡出子または特別養子を他方の配偶者が養子とした場合は、他方配偶者およびそ

40　特別養子では、戸籍簿への記載方法にも配慮がなされている。特別養子の場合、実親子と同じく、続柄は「長男」「長女」「二男」「二女」となり、縁組の事実は身分事項欄に「民法817条の2による裁判確定」と間接的に記載される。こうして一見しただけでは養子であることがわからないようにすることで、不当な干渉から養親子の安定した家庭生活を保護している。

の血族との親族関係は終了しない（817条の9ただし書）。

6－3 離 縁

　できる限り実親子と等しい扱いをすることで養親子関係を安定させる観点から、特別養子の離縁は原則禁止されている（817条の10第2項）。ただし例外的に、養親による虐待、悪意の遺棄、その他養子の利益を著しく害する事由があり、かつ、実父母が相当の監護をすることができる場合であって、養子の利益のために特に必要があると認められるときは、家庭裁判所による審判によって特別養子縁組の当事者を離縁させることができる（817条の10第1項）。離縁を請求できるのは、養子、実父母、検察官であり、養親からの請求は認められない。

　離縁が成立すると、養子と養親、養子と養親の血族との間の親族関係は終了する（729条）。ただし、近親婚の禁止は存続する（736条）。一方、離縁の日から、養子と実父母、養子と実父母の血族との親族関係が生じる（817条の11）。

7 親 権

7－1 親権とは

　未成年の子は、父母の親権に服する（818条1項）。親権とは、「親が子を養育する際の権利義務」を総称したものである。つまり、「親権」という名の権利が1つあるのではなく、親が子を養育する際の権利義務を全部まとめて「親権」という。また親権とはいうが、親の純粋な権利ではなく、子を適切に養育する義務も含んでいるという特徴がある。

　このように親権は、「親の権利と義務」の双方を包括するものと考えられているが、これは現在に至ってのことであり、当初からこのように考えられていたわけではない。歴史的にみると、親権は「父権から父母権へ」、「権利から義務へ」という変遷をたどっている。当初の親権は、その名の通り「親の権利」と考えられ、明治民法では父親のみに認められた父権であった。それが1947年民法改正の際に、父母双方に認められる父母権として位置づけら

れたのである。しかし、この時点では、親権はまだ「親の権利」という側面が強かった。

　その後、子の利益や福祉について世界的に関心が高まると、子は単に親の養育を受ける対象に過ぎないのではなく、自ら適切な養育を求めることができる独立した人間であるとして、子を未熟な人間としてとらえるのではなく、大人と対等な存在としてとらえる考え方が提唱された。この流れを受けて、親権についても考え方が変化し、親権は単に親が子に一方的に行使するものではなく、義務の側面もあると考えられるようになった。

　この変化に大きな影響を与えたのが、1989年に国連で採択された「児童の権利に関する条約（通称、子どもの権利条約）」（以下、「条約」と略記する）である[41]。この条約によって、子は未熟な存在だから保護すべきなのではなく、子自身に発達し成長する権利があることが認められた。このように、子の権利主体性が認められることによって、子の養育と発達について第一義的には父母が責任を負い、国は父母が責任を遂行できるように適切な援助を行うものと定められた（条約18条）。

　現在、親権とは基本的には親の「義務」であり、親の権利は義務を果たすうえで必要な限度で認められるに過ぎないと考えられている。すなわち親権とは、第一に子を適切に養育する親の義務であり、他方で国家や他人から養育について不当に干渉されない親の権利でもあると理解されているのである。こうして親権は、親権という名称でありながら、「権利性のある義務」として、「義務」の側面が強調されているのである。

7－2　親権者

　親権を行使する親権者は、親と子の身分によって異なる。すなわち、子が実子（嫡出子か非嫡出子のいずれか）なのか、養子なのかによって異なり、さらに嫡出子の場合は、親が婚姻中か離婚しているかによって異なる[42]。

---

[41]　原則18歳未満の子が有する権利について定めた条約であり、1994年に日本も批准している。

[42]　親権者である父母双方が死亡などによって存在しない場合は、未成年後見が開始する（838条1号）。

（1）嫡出子の場合

　父母が婚姻中の場合には、親権は父母が共同で行使する（818条3項）。これを共同親権の原則（親権共同行使の原則）という。父母の一方が死亡するなど親権を行使できない場合には、他方が単独で親権者となる（818条3項ただし書）。

　父母が離婚した場合には、親権者を指定して単独親権となる（819条1項、2項）。このように親権は、婚姻中は父母の共同親権、離婚後は単独親権という二重構造となっている。離婚によって単独親権になるのは、離婚後、実際に子を育てるのは父母のどちらか一方になるため、子を養育していない親が介入して養育環境を乱すことの無いようにするためである[43]。離婚にあたって、親権者とは別に監護者を定めることもできる（766条）。

（2）非嫡出子の場合

　母のみの単独親権となる（819条4項）。父が子を認知している場合には、家庭裁判所に請求して親権者を父に変更することもできる（819条6項）。父に変更すると、父のみの単独親権となる。非嫡出子の場合、父母双方の共同親権にはならない仕組みになっている。

（3）養子の場合

　普通養子・特別養子のいずれも、養親の親権に服する（818条2項）。養父母が離婚したり、養父母の一方が死亡した場合は、単独親権となる。離縁した場合は、実父母の親権に服する。

7－3　親権の内容

　親権の内容は820条～833条に定められており、大別すると身上監護権（820条～823条）と財産管理権（824条以下）に分けられる。身上監護権とは、子を実際に養育する際の権利義務であり、財産管理権とは、子の財産を管理

43　離婚をすると単独親権になるので、離婚時にどちらが親権者になるかを指定することになる。協議離婚の場合は父母の協議によって親権者が指定され（819条1項）、父母の協議が調わない場合には、調停を行い、調停でも決まらなければ、819条5項によって家庭裁判所が定める。裁判上の離婚の場合は、裁判所の判決によって指定される（819条2項）。

する際の権利義務である。また、親権の内容としては定められていないが、親権者には一定程度の身分上の行為の代理権が認められている。

（1）身上監護権

①監護教育権（820条）

監護教育権とは、子の養育にあたって基本となる権利義務である。820条には「子の利益のために」という文言が明記されているが、子の利益のために監護教育を行うことは、親権者の権利であると同時に、義務でもある。したがって親権者は、子に対して適切な監護教育を行わなければならず、恣意的に監護教育することは許されない。

②監護教育の場面で遵守されるべき総則規定（821条）

監護教育権で定められた「子の利益のために」とは、具体的にどのようなことを指すのかについて、明確化した条文が821条である。具体的には、子の人格を尊重すること、子の年齢および発達の程度に配慮すること、体罰その他の子の心身の健全な発達に有害な影響を及ぼす言動の禁止という3点が定められている。

③居所指定権（822条）

親権者は子が居住する場所を指定することができる。子が親権者のそばにいなければ監護教育を行うことはできないからである。もっとも、親権には「子を適切に養育する」という義務の側面もあるため、居所の指定も監護教育に適切な場所であることが求められる。

④職業許可権（823条）

職業許可権の「職業」には、自営の場合だけでなく、他人に雇われることも含まれる。したがって、未成年者がアルバイトをする場合は、親権者の許可が必要になる。また、いったん許可を与えても、子がその職業に耐えられないと判断する場合には、許可を取り消したり、制限することができる（823条2項）。

（2）財産管理権（824条以下）

親権者は、子の財産を管理し、その財産に関する行為について子を代表する（824条）。「代表」と定められているが、これは民法総則に定められた「代理」（法定代理）の意味である（代理については、第1編第2章5参照）。財

産の「管理」とは、財産の保全（現金を預金化する等）・利用（財産の性質を変えない範囲での利用。家屋の短期賃貸借など）・改良（普通預金を定期預金にする等）する行為をいう。さらに、財産を売却するなどの処分も行うことができる。ただし、処分行為は子の財産管理の目的の範囲内に限定される。

（3）身分上の行為の代理権

　養子縁組など、身分の取得や変動を生じる身分行為では、原則的に代理は認められない。このような行為は人格権にも関わるものであり、自己決定に基づいてなされるべきものだからである。しかし、子の利益を考慮して、例外的に親権者による代理が認められているものがある。例えば、嫡出否認の訴え（775条）、認知の訴え（787条）、15歳未満の子についての氏の変更（791条3項）、15歳未満の子についての養子縁組（代諾縁組。797条）・縁組の取消し（804条）・離縁（811条2項、815条）がある。

7－4　親権の喪失・停止

　父または母による虐待・悪意の遺棄がある場合や、父または母による親権の行使が著しく困難または不適当であることにより子の利益を著しく害する場合、家庭裁判所は親権喪失の審判によって親権を喪失させることができる（834条）。ただし、2年以内にその原因が消滅する見込みがある場合は、親権停止を利用する（834条ただし書）。

　また、父または母による管理権の行使が困難または不適当であることにより、子の利益を害する場合は、家庭裁判所は管理権喪失の審判ができる（835条）。

　これに加えて、2011年改正により、親権を一時停止する親権停止制度が導入された（834条の2）。父または母による親権の行使が困難または不適当であることにより、子の利益を害する場合、家庭裁判所は親権停止の審判によって、最長2年間親権を停止できる。

　親権喪失・停止制度は、社会問題化する児童虐待を背景として、その意義が大きくなっている。

第3章　相続法

1　相続法総説

1－1　相続とは

　相続とは、死者の財産を一定の近親者に承継させる制度である。相続によって財産が承継される死者を「被相続人」、財産を承継する一定の近親者を「相続人」という。相続では、預貯金や不動産といったプラスの財産だけでなく、借金といったマイナスの財産も対象となる。また、金銭のように目に見える財産だけでなく、権利・義務といった目に見えないものも対象となる。すなわち、死亡した者に属する一切のものを対象とし、これを一定の近親者に承継させるのが、相続なのである。そしてマイナスの財産は清算し、残ったプラスの財産を相続人が承継するというのが、相続の基本的な流れとなる。

　財産を承継する相続人は、近親者であるというだけで、他人の財産を承継できるのはなぜだろうか。相続の根拠については諸説あり、例えば、①血の代償説、②縦の共同関係説、③共同生活関係説、④被相続人の意思の推定説、⑤取引の安全説などがある。しかし、どの説も相続のある側面を説明してはいるが、相続全体を統一的に説明するものにはなっていない[1]。さらに、

1　①血の代償説は、相続を血縁関係から説明するが、血縁関係のない配偶者に相続権があることを説明できない。②縦の共同関係説は、相続人と被相続人が世代を通じて縦の共同関係を形成していることを根拠とするが、親子間での相続には適合するものの、相

相続は人の死亡という偶然の事情で開始されること、マイナスの財産も相続の対象となることから、相続人にとっては財産を承継することが、かえって負担となることもある。また、被相続人と生前に取引していた第三者についても、不利益を受けないように配慮しなければならない。このように相続は、被相続人の財産を確実に承継させる一方で、相続を取り巻く人々への配慮も必要であり、多方面から考えることが求められる領域となっている。

1－2　相続法の歴史

（1）戦前の相続制度

戦前の明治民法では、家単位で家族を規律する「家制度」が採用されていたため、家の代表者である戸主と、それ以外の家族は明確に分けられていた。それは相続においても同様であり、戸主に属する一切の財産の承継は「家督相続」、戸主以外の家族の財産の承継は「遺産相続」として、2種類の相続が定められていた。

〈戦前の相続制度〉

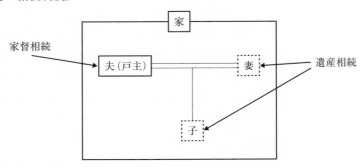

続権が配偶者や兄弟姉妹にも認められている点を説明できない。③共同生活関係説は、家族の生活保障や協力して築き上げた財産の清算のために一定範囲の家族に相続権が認められると説明するが、相続権は共同生活の有無、生活保障の必要性の有無、財産形成への寄与などを一切問題にせず、親族関係の存否で決まることを説明できない。④被相続人の意思の推定説は、死亡した者の意思を推定して特定の者に相続権を認めると説明するが、生前の意思表明である遺言には遺留分による制限があることを説明できない。⑤取引の安全説は、死亡という偶然の事情によって取引に直接影響を与えないようにす

家督相続では、相続人となる者は男子優先、嫡出子優先、年長者優先で決定された（明治民法970条）。その結果、例えば被相続人には妻との間に女子がいるほか、妻以外の女性との間にも男子がいる場合には、嫡出子である女子よりも、庶子[2]である男子の方が優先された。

（2）戦後の相続制度

戦後まもない1947年に、日本国憲法の制定を受けて民法も改正がなされた。相続法の領域では、個人の尊厳と両性の本質的平等を定めた憲法24条から、家制度とそれに関わる家督相続が廃止された。こうして現行の相続法は遺産相続のみとなった。

遺産相続は、さらに法定相続と遺言相続に分けられる。法定相続とは、法律があらかじめ定めたルールに従って財産を承継させるものをいう。他方、遺言相続とは、法律の規定によらずに、遺言に表示された死者の意思に従って財産を承継させるものをいう。法定相続と遺言相続のどちらにするのかを選択することはできず、遺言があれば遺言相続となり、遺言がない場合は法定相続となるのが原則である。このように、人の最終意思である遺言は、法律よりも優先される位置づけとなっている。これは、「遺言によって自分の財産を自由に処分できる」という「遺言自由の原則」によるものである[3]。

〈戦前から戦後の相続法の変遷〉

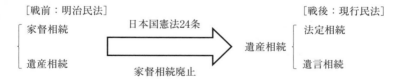

るために相続するというが、実際には取引の安全を害するほどの莫大な財産の承継は少ない。

しかし、どの説も相続のある一面は説明しているため、相続の根拠を学ぶことには意義がある。

2 庶子とは、子について明治民法に定められた身分の1つであり、婚姻外で生まれた子（非嫡出子）のうち、父に認知された者をいう（明治民法827条2項）。現行の民法には、庶子という身分はない。

3 遺言自由の原則は、私的自治の原則の一形態である。私的自治の原則とは民法の三大原則（所有権絶対の原則、私的自治の原則、過失責任主義）の1つであり、「個人の権

　遺言がない場合の法定相続では、相続法の規定に従って相続がなされる。法定相続では、相続人が存在するか、存在する場合は相続人がどのような相続を選択するか、相続人は何人いるか（共同相続人が存在するか）といったことがポイントとなる。そして、誰が何をどのくらい相続するかを具体的に決定する遺産分割を経て、財産は最終的に相続人に帰属する（下図〈相続の概要〉参照）。

　戦後の相続法は、1947年の大改正以降、数度の改正がなされてきたが[4]、大幅な改正はなされていなかった。しかし、少子高齢化が進展する社会情勢の変化を受けて、2018年に遺留分の金銭債権化、自筆証書遺言の方式緩和、配偶者居住権の新設といった相続法全体にわたる大きな改正がなされている。

〈相続の概要〉

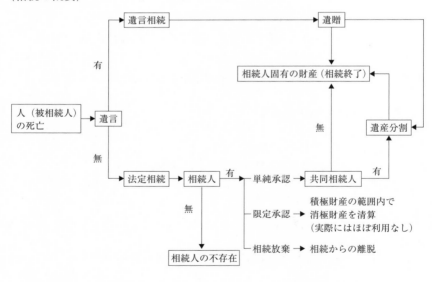

利義務関係は、本人の自由な意思に基づいてのみ、自律的に決定できる」という原則である。人の最終意思である遺言を尊重する遺言自由の原則は、私的自治の原則を死後にまで拡大したものと位置づけられる。

4　1980年に配偶者の法定相続分の引き上げ、寄与分制度の新設などの改正がなされ、

2　相続人1：相続人の種類と順位

2－1　相続の開始

相続が開始されるのは、具体的にどの時点からなのか。民法では、相続の開始原因は、人の死亡とされている（882条）[5]。つまり、人が死亡すると、その人の財産について相続が自動的に開始される。死亡の事実を相続人が認識している必要もない。この死亡には、自然死亡と失踪宣告による擬制的死亡がある。自然死亡では、医学的に死亡した時点が882条のいう死亡となる[6]。

失踪宣告による擬制的死亡には、7年間生死不明である場合になされる普通失踪（30条1項）と、死亡の原因となるべき危難に遭遇した者が、危難が去った後も1年間生死不明である場合になされる特別失踪がある（30条2項）。普通失踪では失踪期間満了時、特別失踪では危難が去った時に、それぞれ死亡したとみなされる（31条）。

2－2　相続人の種類と順位

（1）種類と順位

相続によって財産を承継する相続人は、具体的に誰がなるのか。民法が定める相続人は、被相続人の「配偶者」と「血族」であり、それぞれ「配偶者

　2013年には900条4号ただし書について非嫡出子の相続分を嫡出子の2分の1とする部分が削除され、嫡出子・非嫡出子ともに同等とする改正がなされた（第2編第1章1－3参照）。

[5]　民法は人の死亡のみを相続の開始原因としているため、生前に相続が開始されることはない。しかし、戦前の相続法では、隠居や国籍喪失などによって、生前に相続を開始させることができた（明治民法964条）。生前相続は1947年改正によって廃止された。

[6]　通常は、死亡届に添付される死亡診断書または検死した医師の死体検案書に基づいて戸籍簿に記載された死亡年月日時分をもって、死亡の時期が確定される（戸籍法86条）。また、水難、火災その他の事変によって死亡した蓋然性が高い場合は、取調べをした官庁または公署による死亡の報告に基づいて、戸籍簿に死亡の記載がなされる（認定死亡。戸籍法89条）。この場合も、戸籍に記載された死亡年月日時分をもって確定する（戸籍法91条）。

相続人」と「血族相続人」という。血族には、出生によって生理的に血縁関係のある者（自然血族）だけでなく、養子縁組によって法律上血族とされる者（法定血族）も含む。ただ血族とはいっても、自然血族では血縁関係がある限り、父母、祖父母、曾祖父母、子、孫、ひ孫、やしゃご、兄弟姉妹、おい・めいなど、どこまでも血族である。この中でも民法が定めた相続人となる血族は、被相続人の子（887条1項）、直系尊属（889条1項1号）、兄弟姉妹（889条1項2号）である。

　配偶者相続人と血族相続人には、それぞれ重要な特徴がある。それは、配偶者相続人は常に相続人となること（890条）、血族相続人には順位があることである（889条参照）。血族相続人の第1順位は被相続人の子であるから、被相続人に子がいれば、その子が必ず相続人となる。法律上の親子関係があれば相続人となるため、子は実子でも養子でも相続人となる[7]。嫡出子・非嫡出子の区別もなく、既婚・未婚も問わない。被相続人に子がいない場合[8]、第2順位の被相続人の直系尊属が相続人となる。父母と祖父母のように、直系尊属の中に被相続人との親等が異なる者がいる場合には、親等が近い方が相続人となる（889条1項1号ただし書）。例えば、父母と祖父母がいる場合は、父母が相続人となる。父母の場合、実父母・養父母のいずれでも相続人となる。被相続人に子も直系尊属もいない場合には、第3順位である被相続人の兄弟姉妹が相続人となる。

　以上の血族相続人に加えて、被相続人に配偶者がいる場合、配偶者は常に相続人となるため、血族相続人とともに相続人となる。例えば、被相続人に配偶者と子がいる場合、配偶者と子がともに相続人となる。

（2）代襲相続（887条2項、889条2項）

　血族相続人については、代襲相続という重要な制度がある。代襲相続とは、推定相続人である子または兄弟姉妹が、相続開始以前に死亡、または相続欠格（891条）や廃除（892条・893条）によって相続権を失った場合に（相

7　ただし、特別養子の場合は実父母との法律上の親子関係は終了するため、特別養子と実父母の間で相続をすることはできない（817条の9）。

8　被相続人に子がいない場合でも、孫以下の直系卑属がいる場合には、その者が相続人となる（代襲相続・再代襲相続。887条2項・3項、第2編第3章2-2（2）参照）。

続欠格と廃除については、第2編第3章3-1参照）、その者の子がその者に代わって相続することをいう（887条2項、889条2項）。例えば下図の例で、子B・CがいるAが死亡し、相続が開始した時点でBがすでに死亡していた場合、Bに代わってBの子DがAの相続財産を相続する。Dからすれば、BがたまたまAより先に死亡したからといって、Aの相続財産[9]を相続できないというのでは不公平である。もしBが生きていれば、BがAの相続財産を相続し、その後Bが死亡すればDが相続財産を相続できるからである。そこで公平に配慮して、Bが死亡している場合にはDが代わって相続できる代襲相続が認められているのである。代襲相続によって相続人となる者を代襲相続人または代襲者（ここでいうD）、代襲される者を被代襲者（ここでいうB）という。

〈代襲相続〉

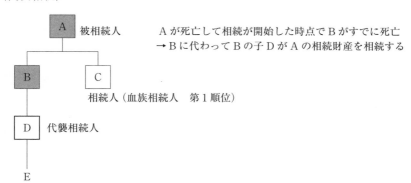

A　被相続人　　　　Aが死亡して相続が開始した時点でBがすでに死亡
→Bに代わってBの子DがAの相続財産を相続する

B　　　C

相続人（血族相続人　第1順位）

D　代襲相続人

E

　代襲相続人（代襲者）は、子の子（887条2項）、兄弟姉妹の子（被相続人からみればおい・めい）である（889条2項）。直系尊属では代襲相続は生じない（889条2項が子の代襲者を定めた887条2項を準用するのは、兄弟姉妹が相続人となる889条1項2号の場合のみである）。直系尊属であれば誰でも血族相続人であるため、代襲相続を生じさせる必要がないからである。例えば、被相続人

9　相続の対象となる財産を「相続財産」という。「遺産」と同義である。

の父母がすでに死亡していて、祖父母が生きているという場合は、祖父母が相続人になるが、これは血族相続人である祖父母固有の相続権に基づいて相続するのであって、代襲相続によって相続するのではない。

　代襲相続人が相続開始時にすでに死亡していたり、相続欠格や廃除によって相続権を失っている場合には、代襲相続人に代襲相続が生じる。これを再代襲相続という（887条 3 項）。例えば、A の相続開始時に子 B だけでなく孫 D も死亡していて、ひ孫 E が生きているという場合、ひ孫 E が A の相続財産を相続する。これは、相続人 B が死亡しているため、孫 D に代襲相続が生じ、D も死亡しているのでここで代襲相続がまた生じて、E が相続するという仕組みである。

〈再代襲相続〉

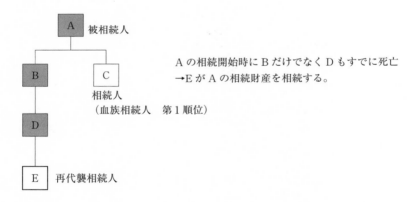

A の相続開始時に B だけでなく D もすでに死亡
→E が A の相続財産を相続する。

　再代襲相続が生じるのは、相続人が子の場合に限定される。兄弟姉妹に再代襲相続は生じない（兄弟姉妹の代襲相続について定めた889条 2 項が887条 2 項だけを準用し、再代襲相続を定めた887条 3 項は準用していない）。兄弟姉妹に再代襲相続が生じないのは、おい・めいの子は、たいてい被相続人との交流もないので相続財産を承継させる必要がないこと、おい・めいの子まで広く相続人とすると、相続関係の処理が複雑化して相続がむやみに長期化してしまうからである。

　代襲相続・再代襲相続まで含めると、最終的に相続人の種類と順位は以下の通りとなる。

〈相続人の種類と順位〉
①配偶者相続人…常に相続人となる（890条）
②血族相続人…順位がある（889条参照）
　　　第 1 順位：被相続人の子（887条 1 項）＋代襲相続人（887条 2 項）＋再
　　　　　　　　代襲相続人（887条 3 項）
　　　第 2 順位：被相続人の直系尊属（889条 1 項 1 号）
　　　第 3 順位：被相続人の兄弟姉妹（889条 1 項 2 号）＋代襲相続人（889
　　　　　　　　条 2 項）

（3）配偶者相続人

①配偶者相続人の沿革

　配偶者が常に相続人となるのは、戦後になってからのことである。戦前の相続法では、配偶者が相続人にならないこともあり、配偶者の地位は低かった。戦前は、配偶者は家督相続の相続人になる順位が低く[10]、さらに遺産相続の場合でも、直系卑属に次いで相続人となるものとされた（明治民法996条 1 項 1 号）。戦後、1947年民法改正によって家督相続が廃止され、配偶者は常に相続人となることが定められた。こうして戦後になってようやく、配偶者に相続権が保障されたのである。

②内縁配偶者の財産清算

　配偶者相続人の「配偶者」とは、婚姻の届出をした法律上の夫婦の一方をいう。婚姻の届出がなければ、たとえ長年にわたり夫婦同然の生活を営んでいたとしても、相続権は認められない。したがって、婚姻の届出がない内縁配偶者に相続権はない（第 2 編第 2 章 2 - 4 （1）参照）。しかし、内縁配偶者に財産分与（768条）は認められている一方で、相続権は認められないとな

10　家督相続の場合、配偶者は、前戸主からの指定がなされるか（明治民法979条）、被相
　続人の父母または親族会（明治民法で定められた親族的合議機関。特定の人または家の
　ために重要な事項を議決した）により選定されなければ（明治民法982条）、家督相続人
　にはならなかった。

ると、内縁の中でもどのように解消されたかによって、財産清算の可否が決まるという不公平が生じることになる。なぜなら、内縁が生前に解消された場合は、財産分与によって財産清算ができるのに対し、死亡によって解消された場合は、遺された内縁配偶者に相続権がないため、他に相続人がいる場合には、財産は相続人へ承継されてしまうからである。

　このような不公平を解消するため、学説では、内縁が死亡解消した場合には財産分与規定を類推適用して、財産清算ができるようにするべきという見解が主張されている。婚姻解消時に夫婦の財産を清算する制度として、民法には、財産分与と配偶者相続権の2種類が定められている。そして、婚姻が離婚によって解消された場合は財産分与、死亡によって解消された場合は配偶者相続権によって財産清算がなされるという仕組みになっている。このように、財産分与と配偶者相続権は、夫婦の財産清算という趣旨は同じであり、ただ適用される場面が異なるに過ぎない制度ということになる。そこで、内縁にも認められている財産分与を内縁の死亡解消時にも類推適用することで、内縁が生前解消であれ死亡解消であれ、内縁中に形成した財産を清算できるようにするというのが、学説の主張である。

　これに対して最高裁は、離婚解消と死亡解消では財産清算の制度が異なることに注目し、「死亡による内縁解消のときに、相続の開始した遺産につき財産分与の法理による遺産清算の道を開くことは、相続による財産承継の構造の中に異質の契機を持ち込むもので、法の予定しないところである」として、離婚時に適用される財産分与制度を死亡時に類推適用することは認められないとした（最判平成12・3・10民集54・3・1040）[11]。

11　最高裁が類推適用を認めなかったため、内縁が死亡解消した場合に内縁配偶者が財産を承継する方法は、遺言を残すか、特別縁故者（958条の2）という制度を利用することになる。ただし、相続人がいる場合には、いずれの方法でも財産清算の方法としては十分ではない。

〈内縁の死亡解消時に財産分与規定を類推適用できるか〉

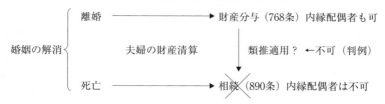

２－３　同時存在の原則

（１）原則とその例外

　相続は、相続開始時に生存している相続人に対して、財産が承継される制度である。一見当然のことだが、これを根拠づけるのが同時存在の原則である。同時存在の原則とは、相続人が被相続人の財産を相続するためには、相続開始の時点で相続人が存在していなければならないとする原則である。

　同時存在の原則の例外は、胎児の場合である。人の権利能力（権利を取得し、義務を負う資格。尚、第１編第２章４−１参照）は出生して初めて認められるため（３条１項）、まだ生まれていない胎児には権利能力がなく、相続権も認められないことになる。しかし、胎児は生まれてくる可能性が高く、さらに、いつ人が死亡するのかは偶然の事情である。それにもかかわらず、胎児は相続開始後に出生すると相続人にならず、相続開始前に出生すると相続人になるという違いが生じるのは、不公平である。そこで、相続では胎児はすでに生まれたものとみなし、相続人として扱われることとされている（886条１項）。ただし、死産の場合は相続人とならない（886条２項）。

（２）同時死亡の推定（32条の２）

　同時存在の原則によって、相続人は相続開始時に存在していなければならないため、例えば、事故で家族が複数人死亡した場合には、誰が先に死亡したかによって、相続の仕方が変わることになる。

　一例をあげると、夫Ａ、妻Ｂ、Ａ・Ｂの子Ｃ、Ａの父Ｄという家族がいて、事故で夫Ａと子Ｃが死亡した場合を考える。もしＡが死亡してからＣが死亡したのであれば、まずＡの相続財産は妻ＢとＣが相続する。その後にＣが死亡しているので、Ｃの相続財産は直系尊属であるＢが相続する。

つまり、最終的にAとCの相続財産は、Bが全て相続することになるのである。

　これに対して、もしCが死亡してからAが死亡したのであれば、まずCの相続財産は直系尊属であるAとBが相続し、次にAの相続財産はBと直系尊属であるDが相続する。つまり、最終的にAとCの相続財産は、BとDが相続することになり、相続財産をBが独占することはないのである。このように、死亡した順番によって、相続の仕方は変わるのである。

　しかし、事故のようにどちらが先に死亡したのか証明できない場合には、

〈例〉

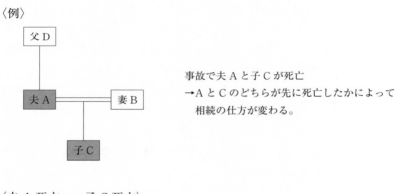

事故で夫Aと子Cが死亡
→AとCのどちらが先に死亡したかによって
　相続の仕方が変わる。

〈夫A死亡　→子C死亡〉

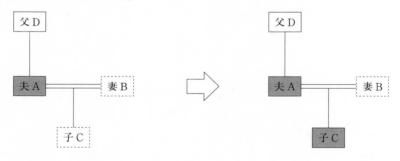

　　Aの相続財産を妻Bと子Cが相続　　　　　　→Cの相続財産をBが相続

　⇒AとCの相続財産は、Bが独占する（Dは相続人にならない）

これでは死亡の先後をめぐって相続人が不毛な争いをすることになる。そこ
で1962年の改正により、このような場合には、同時に死亡したものと推定す
る規定が設けられた。これを同時死亡の推定という（32条の2）。その結果、
AはCの相続人にならず、CはAの相続人にならない。Cの相続財産はB
が相続し、Aの相続財産はBとDが相続することになる。

〈子C死亡　→夫A死亡〉

Cの相続財産をAとBが相続　　　　　　　→Aの相続財産をBとDが相続

⇒AとCの相続財産は、BとDが相続する（Bの独占にはならない）

〈同時死亡の推定（32条の2）〉

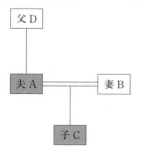

AはCの相続人にならない
　　　　＋
CはAの相続人にならない
　　　　↓
Cの相続財産はBが相続し、
Aの相続財産はBとDが相続する。

3　相続人 2 ：相続権の剥奪・相続人の不存在

3 ― 1　相続権の剥奪

　相続人の中には、相続を認めるのが望ましくないと思われる人もいる。そのような場合、民法には相続権を剥奪する制度として、相続欠格と廃除の 2 種類が用意されている。いずれも相続人から相続権を剥奪するという点では同一だが、それぞれの制度趣旨は異なる。その制度趣旨の違いが、相続権を剥奪できる場面の違いともなっている。

（1）相続欠格（891条）

①欠格事由

　相続欠格とは、著しい非行をした相続人の相続権を法律上当然に剥奪する制度である。相続欠格のポイントは、相続欠格にあたる原因（欠格事由）があれば、自動的に（法律上当然に）相続権が剥奪される点である。この点で、相続欠格は民事上の制裁であるといえる。欠格事由があるだけで相続権が自動的に剥奪されるという重大な効果が生じるため、欠格事由はそれだけ重い非行であることが求められる。具体的な欠格事由は、891条で 5 つ定められている。

　1 つ目は、故意に被相続人または相続について先順位もしくは同順位にある者を死亡するに至らせ、または至らせようとしたために、刑に処せられた者である（891条 1 号）。故意であることが要件であり、殺意がない場合は含まない。

　2 つ目は、被相続人の殺害されたことを知って、これを告発せず、または告訴しなかった者である（891条 2 号）。もっとも、今日では、犯罪があれば告発や告訴がなくても当然に捜査が開始される原則であるため（刑事訴訟法189条 2 項、191条参照）、本号に対しては批判が強い。

　残る 3 つの欠格事由（3 号～ 5 号）は、いずれも遺言に関わる事由である。これらは、被相続人が遺言を通じて死後も自分の財産を自由に処分できる「遺言自由の原則」を侵害するものとして、制裁の対象となる。

　まず、欠格事由の 3 つ目は、詐欺または強迫によって、被相続人に相続に

関する遺言をし、撤回し、取り消し、または変更することを妨げた者である（891条3号）。4つ目は、詐欺または強迫によって、被相続人に相続に関する遺言をさせ、撤回させ、取り消させ、または変更させた者である（891条4号）。両者は似ているが、3号は被相続人に対して遺言に関する行為をさせなかった者であり、4号は被相続人に対して遺言に関する行為をさせた者である。

　5つ目は、相続に関する被相続人の遺言書を偽造し、変造し、破棄し、または隠匿した者である（891条5号）。偽造とは、相続人が被相続人名義の遺言書を作成することであり、変造とは、遺言書に加除・訂正などを加えて内容を変更することである。隠匿とは、遺言書が人目に触れないように隠すことであり、破棄とは、遺言書を破り捨てることがこれにあたる。ただし、5号については、単に該当する行為をしただけでなく、その行為によって不当な利益を得ることを目的とする「二重の故意」が必要である（最判平成9・1・28民集51・1・184）。

　②効果

　相続欠格に該当する相続人は、法律上当然に（自動的に）相続権を失う（891条）。相続欠格の効果は相続開始時にさかのぼるので、欠格事由が相続開始時にすでに生じている場合はもちろん、開始後に生じた場合でも、相続人は最初から相続権がないものとされる。

　ただし、相続欠格を受けても、その相続人に子がいる場合には代襲相続ができる（887条2項・3項、889条2項）。相続欠格は、重大な非行をした相続人に対する制裁であり、それはあくまで非行をした相続人に対してのみ下される制裁である。そのため、相続欠格に該当する相続人に子がいるのであれば、その子が財産を承継することは許される。

（2）廃除（892条以下）

　①概説

　相続権を剥奪するもう1つの制度が、廃除である。廃除とは、相続欠格に該当するほど重大な非行ではないが、被相続人が自己の財産を相続させることを望まない場合に、被相続人の意思に基づいてその相続人の相続資格を剥奪する制度である[12]。廃除のポイントは、相続権の剥奪が被相続人の意思に

基づく点である。ただし、相続権の剥奪という重大な効果を伴うため、廃除を被相続人の意思のみに任せると、被相続人による恣意的な廃除がなされる恐れがあり、不公平・不合理な結果となりかねない。そこで、廃除をするには家庭裁判所に請求をして、裁判所の審査を受けなければならない仕組みになっている（892条、893条）。廃除の方法は2種類あり、1つは、被相続人が生前に家庭裁判所に廃除の請求をする方法であり（892条）、もう1つは、遺言によって廃除の意思表示をする方法である（893条）。上述の通り、いずれの方法でも家庭裁判所への請求が必要であり、裁判所が最終的に廃除を認めるかどうかを判断する。

では、どのような場合に廃除が認められるのか。廃除事由は、被相続人に対する虐待・重大な侮辱・その他著しい非行である（892条）。家庭裁判所は、実際にこれらの廃除事由に該当するかについて、個別具体的な事情を総合的に考慮して判断している[13]。

②効果

家庭裁判所が廃除を認定すると、その審判が確定した時点で相続人は相続権を失う。審判確定前に相続が開始した場合は、廃除の効果は相続開始時にさかのぼる。遺言による廃除の場合は、被相続人の死亡時にさかのぼって相続権が失われる（893条）。

ただし、廃除を受けても、その者に対して遺贈がなされていれば、その財産を受け取ることは可能である（遺贈を受ける者（受遺者）について、965条が892条を準用していない。この点も廃除と相続欠格の違いである）。また、相続権を失うのはあくまで廃除を受けた相続人のみであり、その他の者には影響しないため、廃除を受けてもその相続人に子がいる場合には、代襲相続が可能

---

12 廃除の対象となる相続人は、遺留分を有する相続人（配偶者、子、直系尊属）に限定される（892条）。遺留分を有しない相続人（兄弟姉妹）に財産を相続させたくない場合は、廃除をしなくても、他の者にすべての財産を贈与または遺贈（遺言によって財産を無償で与えること）をすれば済むからである。

13 廃除が認められた一例として、裁判例をあげておく。被相続人に対する虐待と認められた例：東京家八王子支審昭和63・10・25家月41・2・145。被相続人に対する重大な侮辱と認められた例：東京高決平成4・10・14家月45・5・74。著しい非行と認められた例：東京家審昭和42・6・30家月20・1・107、岡山家審平成2・8・10家月43・1・138。

である（887条2項・3項、889条2項）。

　廃除は被相続人の意思に基づく制度であるため、廃除の確定後であっても、被相続人の意思が変わって、やはり相続させてよいと考えるのであれば、被相続人はいつでも廃除の取消しを家庭裁判所に請求できる（894条）。

3－2　相続人の不存在（951条以下）

（1）処理手続

　相続の中には、相続人がいない場合もある。相続人がいない場合、そのままでは被相続人の財産は無主物（誰のものでもない財産）となってしまう。また、相続人がいない場合でも、被相続人の財産に利害がある者に対しては、清算手続きが必要となる。そこで、民法は相続人がいない場合に、どのように財産を処理するのか、その手続きを定めている。講学上「相続人の不存在」と言われる手続きである。

　相続人が明らかでない場合、相続財産が散逸することを防ぐために相続財産は法人化される（相続財産法人。951条）。家庭裁判所は相続財産を管理・清算する者（相続財産清算人）を選任し、公告する（952条）。相続財産清算人は相続人を捜索しつつ、相続債権者（被相続人の債権者＝被相続人に対して債権を有する人）や受遺者（遺贈を受ける人＝遺言によって無償で財産を取得する人）がいれば、必要な清算を行う。最終的に相続人の不存在が確定すると、特別縁故者（第2編第3章3-2（2）参照）に財産を分与し、それでもなお、相続財産が残る場合には国庫に帰属する（959条）。そして、相続財産法人は役割を終えて終了する。

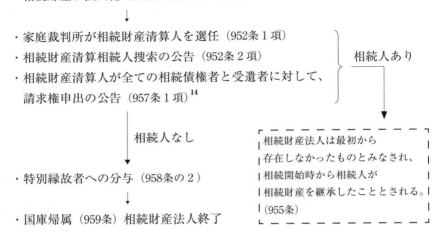

〈相続人の不存在〉
・相続財産が法人化（相続財産法人。951条）

・家庭裁判所が相続財産清算人を選任（952条 1 項）
・相続財産清算相続人捜索の公告（952条 2 項）
・相続財産清算人が全ての相続債権者と受遺者に対して、
　請求権申出の公告（957条 1 項）[14]

相続人あり

相続人なし

相続財産法人は最初から
存在しなかったものとみなされ、
相続開始時から相続人が
相続財産を継承したこととされる。
（955条）

・特別縁故者への分与（958条の 2 ）

・国庫帰属（959）相続財産法人終了

（2）特別縁故者（958条の 2 ）

　特別縁故者とは、相続人の不存在が確定し、相続財産がなお残った場合に、被相続人と生計を同じくしていた者、被相続人の療養看護に努めた者、被相続人と特別な縁故があった者に対して、相続財産を分与する制度である（958条の 2 ）。特別縁故者制度は、1962年の民法改正で導入されたものである。それまでは相続人がいない場合、相続財産は国庫に帰属していたが、被相続人と生前に特別な縁故のあった者に財産を承継させる方が、被相続人の意思にもかなうという配慮から導入された。

　特別縁故者の手続きは、被相続人と特別な縁故があったと主張する者が、952条 2 項の期間が満了してから 3 ヶ月以内に家庭裁判所へ分与の申立てを行うことから始まる（958条の 2 ）。分与の申立ては、特別な縁故があったと主張する者本人が行わなければならない。特別な縁故の有無は、その者と被相続人との個人的な関係に基づくものだからである。申立てがなされると、

14　相続財産清算人選任の公告と相続人捜索の公告は一つの公告で同時に行うことができる（ 6 ヶ月以上）。さらに、これと並行して、相続債権者等に対する請求権申出の公告（ 2 ヶ月以上）を行うことが可能である（952条 2 項、957条 1 項）。

家庭裁判所は特別縁故者にあたるかどうか、あたるとすれば分与額はどのくらいかを判断する。特別縁故者の代表例は、内縁配偶者である。その他に認められた例として、事実上の養子、老人ホーム・学校などの法人（特別縁故者は人間（自然人）でなくてもよい）などが挙げられる。

　特別縁故者と認められると、相続財産が分与される。この分与はあくまで「分与」であって、相続や遺贈ではない（特別縁故者は相続人ではないので相続ではない。遺言によって財産が与えられるのでもないため、遺贈でもない）。分与額は具体的・実質的な縁故の濃淡の程度など、諸般の事情を総合的に考慮して判断されるため、相続財産のすべてが分与されるとは限らない。

4　相続の承認と放棄

4－1　相続人の選択

　相続は、預貯金や不動産など、相続人にとってプラスとなる財産（積極財産）だけでなく、借金など、相続人にとってマイナスとなる財産（消極財産）もすべて承継される。さらに、金銭などの目に見える財産だけでなく、権利義務や法的地位など、目に見えないものも承継される。このように、被相続人に属する一切のものを承継する「包括承継」が、相続の原則である（896条本文）。

　しかし、例えば被相続人が借金のみを残して死亡した場合、相続人からすれば被相続人の死亡によって、ある日突然借金を背負うことになってしまう。被相続人の死亡は誰にもコントロールできない偶然の事情であり、偶然の事情から開始される相続によって相続人に重大な影響が及ぶ場合には、相続人にもその影響を受けるかどうかの選択ができなければ、理不尽・不公平な結果が生じる恐れがある。そこで民法は、相続人に対して相続するかどうか、相続するならどのように相続するのかを選択する3つの選択肢を与えた。それが単純承認、限定承認、相続放棄という選択肢である。しかし、これらの選択肢の中からどれにするのか、相続人がいつまでも考えて決定しないままでは、相続は終わらず、被相続人の財産は宙に浮いたままである。そこで、相続人は自己のために相続の開始があったことを知った時から3ヶ月

以内に、いずれかを選択しなければならないことになっている（熟慮期間。915条1項）。

（1）単純承認（920条以下）

単純承認とは、積極財産も消極財産も全て相続することをいう（920条）。相続の原則である包括承継を受ける選択肢が、この単純承認である。920条は「無限に被相続人の権利義務を承継する」と定めているため、単純承認を選択した相続人は、被相続人の債務についても無限責任を負うことになる。例えば、相続財産のうち積極財産は300万円、消極財産は1,000万円である場合、単純承認を選択すると、相続人は積極財産300万円で消極財産を清算し、残り700万円は相続人固有の財産で清算することになる。つまり、相続人は自腹で消極財産を清算しなければならないのである。

相続人は単純承認を選択したら、「単純承認をする」と意思表示する必要があるように思われるが、実際は「単純承認をする」と意思表示することは原則的にない。実際の相続では、相続人が直接意思表示をするのではなく、法定単純承認（921条）によって、相続人は単純承認をしたと法律上みなされる。法定単純承認とは、921条に挙げられた行為を相続人が行うことによって、単純承認をしたとみなされることをいう。具体的には、「相続人が相続財産の全部または一部を処分した場合」（1号）、「相続人が915条1項の期間内に限定承認または相続放棄をしなかった場合」（2号）、「相続人が、限定承認または相続放棄をした後であっても、相続財産の全部もしくは一部を隠匿し、私にこれを消費し、または悪意でこれを相続財産の目録中に記載しなかった場合」（3号）である。これらの行為を行うと、相続人の意思に関わらず、自動的に単純承認をしたものとみなされる[15]。

（2）限定承認（922条以下）

限定承認は、積極財産の範囲内でのみ消極財産を清算すればよいという選択である（922条）。単純承認が債務に対して無限責任を負うのに対して、限定承認では債務に対する責任は積極財産の範囲内に限定される。相続財産を

15　1号と2号は相続人の黙示の意思を推定したものであり、3号は相続人に対する制裁である。なお、3号の「私に」とは、「他人に知られないように隠れて、自分1人の利益のために勝手に」という意味である。

調査して積極財産の方が多ければ、消極財産を清算して残った積極財産を相続できる。反対に、消極財産の方が多い場合には、積極財産の範囲で消極財産を清算すれば、残った消極財産について相続人は責任を負わなくてよい[16]。このため限定承認は、積極財産と消極財産のどちらが多いかわからない時などに利用される。例えば、相続財産のうち積極財産は300万円、消極財産は1,000万円である場合、限定承認をすると、相続人は積極財産300万円で消極財産を清算すれば、残りの700万円については、相続人固有の財産で清算するといった責任を負わなくてよいのである。

このようにみてくると、限定承認は非常に便利な制度のように思われるが、実際にはほとんど利用されていない[17]。利用が進まない原因は、手続きの煩雑さにある。まず、限定承認は共同相続人全員が共同して行わなければならない（923条）。単独で限定承認を選択することはできず、相続人の中で1人でも拒絶する者がいれば、限定承認を選択することはできない。さらに、3ヶ月以内に相続財産の目録を作成して家庭裁判所に提出し、限定承認をすることを申述しなければならない（924条）。そして限定承認をした後5日以内に、すべての相続債権者および受遺者に対して、限定承認をしたこと、および債権の申出をすべきことを公告しなければならない（927条）。もし公告を忘れたり、間違った財産清算を行うと、相続債権者・受遺者に対して損害賠償責任を負う（934条）。

つまり、限定承認を望む相続人は、3ヶ月以内に共同相続人全員と連絡をとって限定承認について説明し了解を得たうえで（すべての相続人と連絡がとれる状況にあるとは限らないため、これだけでも負担となる）、相続財産の目録を作成するうえに（家族であっても人の財産すべてを把握していることは稀であり、目録の作成は相続人にとって重い負担となる）、相続債権者・受遺者に対す

---

[16]　限定承認によって、消極財産そのものが積極財産の範囲内に限定されるのではなく、あくまで責任が限定されるに過ぎない。限定承認はあくまで「承認」であるため、相続人は消極財産のすべてを承継し、そのうえで責任は積極財産の範囲内に限定されるのである。

[17]　2021年の限定承認の受理件数は689件であり、近年は概ね700件前後で推移している。相続放棄が20万件を超えて推移していることと比べると（2021年は25万1,993件）、限定承認の利用は極端に少ない。

る公告もして、なおかつ、財産清算を正確に行わなければ損害賠償責任を負うのである。これでは相続人には負担が重過ぎて、利用をためらってしまう。その結果、限定承認はほとんど利用されていないのである。

（3）相続放棄（938条以下）

　相続放棄とは、積極財産も消極財産もすべて相続しないという選択である。相続放棄をすると、その者は初めから相続人とならなかったものとみなされ、相続から離脱する（939条）。実際の相続では、単純承認の次に相続放棄を選択するものが多い。相続放棄は、もともと相続人が突然借金を負わされるという事態を防ぐために設けられた制度であるが、日本では、多額の借金があるので相続放棄を選択するというだけでなく、資産の細分化を防ぐために跡継ぎが全て相続できるよう、それ以外の相続人が相続放棄をするといったことも多い。

　相続放棄をするには、相続放棄をすることを家庭裁判所に申述するという手続きが必要である（938条）。相続放棄は、相続人単独で行うことができる。限定承認の場合は、相続人全員が限定承認を行わなければならないが、相続放棄は、相続人の中の1人だけで相続放棄をすることが可能なのである。

　相続放棄をした者は、相続放棄の時に現に占有している相続財産については、相続人（法定相続人全員が放棄した場合は、相続財産清算人）に対して、当該財産を引き渡すまでの間、自己の財産におけるのと同一の注意をもって、その財産を保存しなければならない（940条1項）。

4－2　熟慮期間の起算点

（1）問題の所在

　相続人は、単純承認、限定承認、相続放棄のうち、いずれかを選択しなければならないが、その選択はいつでもできるのではなく、選択できる期間は限定されている。この選択期間を「熟慮期間」という。民法は、「自己のために相続の開始があったことを知った時から3ヶ月」を熟慮期間として設けている（915条1項）。もし相続人が何の選択もしないまま、この期間を過ぎた場合には、自動的に単純承認をしたものとみなされる（法定単純承認。921

条2号。第2編第3章4-1（1）参照）。

　それでは、「自己のために相続の開始があったことを知った時」とは、具体的にどの時点なのか。例えば、返済不可能な莫大な借金の存在を知らずに、限定承認も相続放棄もしないまま相続開始から3ヶ月過ぎてしまった場合、その相続人は自動的に単純承認をしたとみなされる。この場合、その後発覚した莫大な借金について、相続人は自分の財産を使ってでも返済しなければならないことになる。相続人からすれば、莫大な借金があると知っていたら、相続放棄をしていたはずである。相続人に落ち度がないのであれば、熟慮期間を過ぎた後でも、相続放棄はできないだろうか。この問題に対して、915条は明確に「3ヶ月」と期間を定めているため、「3ヶ月」という期間を延ばすことはできない。そこで、「自己のために相続の開始があったことを知った時」という起算点を解釈によって遅らせることができないかが問題となる。講学上「熟慮期間の起算点」と呼ばれる問題である。

〈熟慮期間の起算点が問題となる場面〉

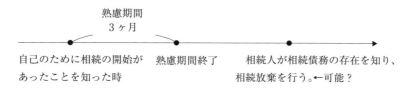

（2）判例

　915条は戦前の明治民法から存在した規定であり（明治民法1017条）、この問題は戦前から議論されている。当初の判例は、「自己のために相続の開始があったことを知った時」を「相続の開始原因（被相続人の死亡）と自己が相続人となったことの両方を知った時」と解釈していた（大判大正15・8・3民集5・679）。相続人の中には、被相続人の死亡をそもそも知らなかったり、家族関係が複雑で死亡の事実は知っていたものの、自分が相続人とは知らなかったという場合もある。このような場合、上記の解釈で起算点を遅らせれば、相続人を救済することができる。

　しかし、この解釈では、死亡の事実と自分が相続人であることは知ってい

たが、相続人の知らない借金が熟慮期間を過ぎてから発覚したという場合には、相続人を救済することができない。上述の解釈は、相続人が相続財産に対してどのような認識をしていたかを問わないからである。そこで戦後の最高裁は、相続財産に対する認識を考慮することを例外的に認める判断を示した。最高裁は、相続開始原因と自己が法律上相続人となった事実を知った時から3ヶ月以内に限定承認または相続放棄をしなかったのが、被相続人に相続財産がまったく存在しないと信じたためであり、かつ、相続人に対して相続財産の有無の調査を期待することが著しく困難な事情があって、相続人がこのように信ずるについて相当な理由があると認められるときには、熟慮期間は「相続人が相続財産の全部又は一部の存在を認識した時又は通常これを認識しうべき時」から起算すべきであるとした（最判昭和59・4・27民集38・6・698）。

　最高裁は、あくまで相続人の相続財産に対する認識は問わないという原則を維持しつつ、「相続財産が全く存在しないと信じ」、かつ、「相続人がこのように信ずるについて相当な理由があると認められる」場合には、例外的に相続財産に対する認識を考慮して、「相続人が相続財産の全部又は一部の存在を認識した時又は通常これを認識しうべき時」を熟慮期間の起算点と解釈したのである。これによって例外に当たる場合には、熟慮期間の開始がさらに遅れることになる[18]。

5　相続分1：法定相続分

5-1　「相続分」とは

　相続分という用語には、3つの意味がある。1つ目は、各共同相続人の相続財産を承継する割合という意味である（899条、900条）。もし相続人が1人しかいない場合には、その相続人がすべての財産を承継する単独相続となるので、相続分は問題にならない。しかし、相続人が2人以上いる場合には、共同相続人がそれぞれどのくらい相続するのか、割合を確定しなければなら

18　もっとも、熟慮期間内にすでに承認や放棄をした場合には、もはや撤回することはできない（919条1項）。

ない。この割合を意味する相続分が、相続分の1つ目の意味である。通常、相続分といえば、この意味で用いられる。2つ目は、その割合の具体的な評価額という意味である（903条参照）。3つ目は、遺産分割前の相続人の地位という意味である（905条）。

　相続分は、その決め方によって「指定相続分」と「法定相続分」に分けられる。「指定相続分」とは、被相続人が遺言によって指定した各共同相続人の相続分のことをいう（902条）[19]。遺言による指定がない場合には、民法であらかじめ定められた相続分が適用される。民法で定められた相続分のことを「法定相続分」という（900条）。法定相続分は、相続分の指定がなされていない場合に、初めて適用される補充的な規定である。しかし、日本では遺言の利用があまり進んでいないため、法定相続分は補充的な規定でありながら、実際には多くの相続で法定相続分が適用されている。

　さらに、生前の被相続人と相続人の関係を考慮して、共同相続人の間で公平を図るために、指定相続分や法定相続分を調整することがある。指定相続分・法定相続分を調整して算出された各共同相続人の具体的な相続分を「具体的相続分」という。共同相続人の中には、他の相続人と比べて多くの財産を譲渡されている者がいることもある。反対に、被相続人へ生活費の援助等のために多くの財産を譲渡した相続人がいることもある。このような事情を無視して指定相続分や法定相続分を機械的に適用すると、かえって不公平な結果となる。そこで、これらの相続分を調整して実質的な公平を図るのである。

5－2　法定相続分（900条、901条）

　法定相続分は、配偶者と血族相続人との共同相続の場合、血族相続人が誰なのかによって異なる。配偶者と子が共同相続人である場合には、配偶者と子の相続分はそれぞれ2分の1である（900条1号）。配偶者と直系尊属が相続人である場合は、配偶者の相続分が3分の2、直系尊属は3分の1である（900条2号）。配偶者と兄弟姉妹が相続人である場合は、配偶者が4分の3、

---

[19]　指定相続分は被相続人が自由に指定できるが、遺留分（第2編第3章10参照）を侵害することはできない（1046条1項参照）。

兄弟姉妹は4分の1である（900条3号）。そのうえで、子が2人いるとか、兄弟姉妹が3人いるなど、同じ順位の共同相続人が複数いる場合には、各共同相続人の相続分は均等とされる（900条4号）。

〈900条1号・4号〉

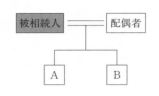

被相続人には配偶者と子2人（A・B）
　相続財産3,600万円
・配偶者の相続分：1/2
　相続取得額：3,600万円 ×1/2＝1,800万円
・子A・Bの各相続分：1/2×1/2＝1/4
　各相続取得額：3,600万円 ×1/4＝900万円

〈900条2号・4号〉

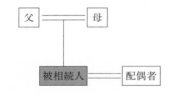

被相続人には配偶者と父母（直系尊属）
　相続財産3,600万円
・配偶者の相続分：2/3
　相続取得額：3,600万円 ×2/3＝2,400万円
・父母の各相続分：1/3×1/2＝1/6
　各相続取得額：3,600万円 ×1/6＝600万円

〈900条3号・4号〉

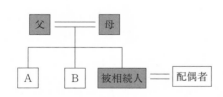

被相続人には配偶者と兄弟姉妹A・B
　相続財産3,600万円
・配偶者の相続分：3/4
　相続取得額：3,600万円 ×3/4＝2,700万円
・A・Bの各相続分：1/4×1/2＝1/8
　各相続取得額：3,600万円 ×1/8＝450万円

　なお、現行の配偶者の相続分は、1980年の改正によって引き上げられたものであるため、1980年以前の判例を学ぶ際には、注意が必要である（改正前後の相続分の違いは、表の通りである）。配偶者の相続分が引き上げられた理由は、遺された配偶者の生活保障を厚くすることと、配偶者は婚姻生活中に財産形成に協力していることから、その貢献に報いるためである。

〈1980年民法改正による配偶者相続分の引き上げ〉（1981年1月1日施行）

	現行民法（900条）		1980年改正前	
第1順位	配偶者1/2	子1/2　　　（1号）	配偶者1/3	子2/3
第2順位	配偶者2/3	直系尊属1/3（2号）	配偶者1/2	直系尊属1/2
第3順位	配偶者3/4	兄弟姉妹1/4（3号）	配偶者2/3	兄弟姉妹1/3

　以上が法定相続分の原則だが、例外がある。父母の一方のみを同じくする兄弟姉妹の相続分は、父母の双方を同じくする兄弟姉妹の半分とされている（900条4号ただし書）。

　例えば、AとBが生まれた後に母親が死亡して、父親が再婚後、新たに子Cが生まれた場合、実父母が死亡した後に配偶者も子もいないAが死亡すると、相続人となるのは兄弟姉妹であるBとCということになる。このとき、AにとってBは父母双方とも共通している兄弟姉妹であり、Cとは父親のみが共通する兄弟姉妹である（父母双方とも同じであることを指して「全血」（全部血がつながっている）、父母の一方のみが同じであることを指して「半血」（半分血がつながっている）という）。この場合には、Cの相続分はBの相続分の半分となるのである。

〈900条4号ただし書〉

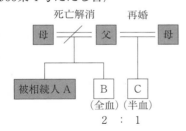

相続財産900万円
BとCの相続分比　B：C＝2：1
・Bの相続分：2/3、Cの相続分：1/3
　全血B：900万円 ×2/3=600万円
　半血C：900万円 ×1/3=300万円

6　相続分2：具体的相続分

　共同相続人の中には、被相続人から特別の利益を受けたり、反対に被相続人に対して特別な貢献をした者がいることもある。このような場合に、法定

相続分を機械的に当てはめると、不公平・不合理な結果となるため、調整が
なされる。生前の被相続人と相続人の関係を考えて調整をした結果、算出さ
れた相続財産の取得額を「具体的相続分」という。調整の方法として、民法
には特別受益と寄与分という2つの制度が用意されている。

6－1　特別受益（903条、904条）

（1）特別受益とは

　特別受益とは、他の相続人と比べて、共同相続人が被相続人から受けた特
別な利益をいう。特別受益は「共同相続人」が利益を受けていること、その
利益が他の相続人と比べて「特別」であることがポイントである。共同相続
人の中で、被相続人から特別な利益を受けた者を特別受益者という。

　例えば、相続人である長男・次男のうち、長男は家を建てる際に親から
800万円援助してもらったが、次男には援助がなかった場合、長男は特別受
益者であり、長男が受けた800万円の利益が特別受益となる。もし特別受益
を無視して単純に法定相続分に従って算定すると、長男と次男との間に不公
平が生じてしまう。そこで、こうした不公平を是正して、実質的な公平を図
るために特別受益という制度が設けられている。

（2）算定方法

　特別受益者の具体的相続分の算定方法は、903条1項に定められている。
特別受益となる贈与の価額を計算上、現実の相続財産に加え（これを「持戻
し」という）、その合計額を相続財産とみなして（①の計算式）、それに各自
の相続分を乗じ[20]（②の計算式。ここで算定されたものが特別受益者ではない相
続人の具体的相続分となる）、さらにそれから遺贈または特別受益となる贈与
の価額を控除することによって（③の計算式）、特別受益者の具体的相続分が
算定される。

〈特別受益者がいる場合の各共同相続人の具体的相続分の算定方法〉
①「相続開始時の相続財産の価額」＋「特別受益となる贈与の価額」＝「み

---

[20]　遺言による相続分の指定（指定相続分）があれば、その相続分を乗じる。指定相続分
　　がない場合は、法定相続分を乗じる。

なし相続財産」

②「みなし相続財産」×「各自の相続分（法定相続分・指定相続分）」＝「特別受益者ではない相続人の具体的相続分」

③「特別受益者ではない相続人の具体的相続分」―「各相続人の受けた遺贈または贈与（特別受益）の価額」＝「特別受益者の具体的相続分」

例：被相続人には子A・Bがいる。相続財産は3,000万円である。被相続人は生前Aのみに800万円を贈与していた。

〈特別受益を考慮せずに法定相続分に従った場合〉

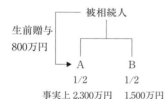

A・Bの各相続取得額：3,000万円 ×1/2＝1,500万円
→Aは生前贈与により、事実上 1,500万円＋800万円
＝2,300万円の財産を承継することになる。

〈特別受益を考慮した場合〉

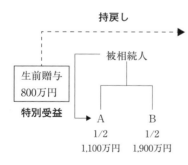

〈903条1項による算定〉
相続財産3000万円
3,000万円＋800万円＝3,800万円（①）
B：3,800万円 ×1/2＝1,900万円（②）
A：1,900万円－800万円＝1,100万円（③）

　特別受益の算定で間違えやすいのが、遺贈がある場合である。遺贈は相続財産から与えられるものなので、特別受益を算定するときの「みなし相続財産」に遺贈は含まれない（①の計算式参照）。計算してみるとわかる通り、相続分から遺贈の分が差し引かれて、具体的相続分が算定される。これでは遺

贈の意味がないと思われるかもしれないが、もし相続分にプラスする意味で
遺贈をしたいのであれば、被相続人はあらかじめ「持戻しの免除」（903条3
項）をしておけばよい。持戻しの免除とは、持戻しを要しないという意思表
示であり、これによって免除された特別受益は、持戻しの対象外とされる。
持戻しの免除は、遺贈だけでなく、生前贈与に対しても行うことができる。

〈みなし相続財産に遺贈は含まれない〉（①の計算式参照）
例：被相続人には配偶者と子A・Bがいる。相続財産は6,000万円である。A
　　は家を新築する際に400万円の贈与を被相続人から生前に受けていた。
　　また、配偶者は相続にあたって800万円の遺贈を受けた。

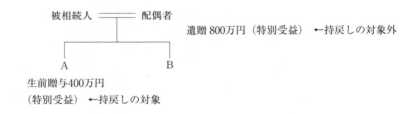

・配偶者の具体的相続分
　①6,000万円＋400万円＝6,400万円
　②6,400万円×1/2＝3,200万円
　③3,200万円―800万円＝2,400万円　（他に800万円の遺贈）

・子Aの具体的相続分
　①6,000万円＋400万円＝6,400万円
　②6,400万円×1/2×1/2＝1,600万円
　③1,600万円―400万円＝1,200万円　（他に400万円の贈与）

・子Bの具体的相続分
　①6,000万円＋400万円＝6,400万円
　②6,400万円×1/2×1/2＝1,600万円

　さらに、「婚姻期間20年以上の夫婦間」であって、かつ、「居住用の建物・敷地の遺贈・贈与をした場合」には、持ち戻しの免除の意思表示があったと推定される（903条4項）。このような場合には、なされた遺贈・贈与は配偶者の長年にわたる貢献に報いると同時に、生活保障を厚くする目的でなされたものと考えられるためである。遺贈・贈与がなされた財産が居住用の建物・敷地に限定されているのは、このような遺贈・贈与は社会実態として相手方配偶者の生活保障としてなされていると考えられる一方、その他の財産は必ずしも生活保障という趣旨で遺贈・贈与がなされるとは限らないと考えられたためである。ただし、903条4項はあくまで「推定」のため、反対の証明ができれば、持戻しの免除はないものとして処理される。

例：被相続人には妻と子A・Bがいる。被相続人と妻は婚姻期間20年以上の
　　夫婦である。被相続人は生前、妻に時価3,000万円の自宅を贈与した。
　　被相続人の相続財産は預金5,000万円のみである。

〈持戻しの免除の推定〉

持戻しの免除の推定（903条4項）

妻の具体的相続分：5,000万円×1/2＝2,500万円（他に3,000万円の自宅）
　　　　　　　　　⇒最終的に5,500万円取得
子A・Bの各具体的相続分：5,000万円×1/2×1/2＝1,250万円

〈比較：持戻しの免除の推定がない場合〉

```
⌂ 自宅3,000万円贈与 - - - - - - - 持戻し - - - - - ▶ 相続財産：預金5,000万円のみ
```

持戻しにより、5,000万円＋3,000万円＝8,000万円（みなし相続財産）

妻の具体的相続分：8,000万円×1/2―3,000万円＝1,000万円（他に3,000万円の自宅）⇒最終的に4,000万円取得（自宅は確保できるが、生活費が少ない）

子A・Bの各具体的相続分：8,000万円×1/2×1/2＝2,000万円

　特別受益を差し引いたら、特別受益者の具体的相続分がゼロかマイナスになる場合には、特別受益者の具体的相続分はゼロになる（903条2項）。この場合、特別受益者は超過部分を返す必要はない。

　さらに、特別受益とされた贈与財産が受贈者の行為によって、相続開始時にはすでに存在しない場合（例えば、生前贈与された金銭が相続時には消費してしまっていて存在しない場合など）や、価格の増減があった場合（贈与財産を加工して価値が増減した場合など）、それでも相続開始時には、なお原状のままであるとみなして計算する（904条）。つまり、相続開始時に存在しない財産は存在するものとして計算し、価格の増減があった財産は、増減分を考慮せずに本来の価値で計算するのである。

　それでは、贈与財産の価額はいつの時点を基準に評価するべきなのか。生前贈与の場合には、生前贈与を行った時点と、被相続人が死亡した相続開始時と、具体的に誰が何をどのくらい相続するのかを決定する遺産分割時で、財産の価値が変わっていることがある（例えば、贈与時には3,000万円だった不動産が相続開始時には5,000万円になり、遺産分割時には7,000万円になっていた場合）。これに対して審判例（東京家審昭和33・7・4家月10・8・36など）・通説では、相続開始時を基準とするとされている。

（3）　特別受益にあたるもの

　特別受益にあたるのは、遺贈と生前贈与である（903条1項）。生前贈与は、「婚姻もしくは養子縁組のため」か「生計の資本として」なされた贈与が特別受益となる。「婚姻もしくは養子縁組のため」の贈与にあたるものとしては、持参金と支度金がこれにあたると考えられている。反対に、通常の結納金や挙式費用は特別受益にあたらないとされている。

　「生計の資本として」の贈与とは、生活するために必要な費用のことをいう。一般的に、不動産の贈与や高額な金銭の贈与は、「生計の資本のための贈与」にあたるとされやすい。その他、大学の学費などの高等教育費用や留

学費用は、被相続人の資産状況や兄弟間での不公平の有無などを考えて判断される。生命保険金や死亡退職金などの遺族給付は、受取人や受給権者の固有の権利として取得されるものなので、基本的に特別受益にはあたらないと考えられている。

6－2 寄与分（904条の2）

（1）寄与分とは

共同相続人の中には、被相続人の営む家業を手伝って財産形成に貢献した相続人や、被相続人を介護して財産の消費を抑えた相続人が存在する場合がある。このように共同相続人の中に、特に被相続人の財産形成に貢献したり、あるいは財産の減少を抑えた者がいるという事情を考慮せず、単純に法定相続分で算出すると不公平な結果が生じてしまう。そこで、相続分を修正するという方法で、共同相続人間の実質的な公平を図るために1980年に導入されたのが、寄与分という制度である（904条の2）。

（2）要 件

寄与分は相続分を修正する制度であるため、寄与分が認められる人は相続人に限られる。相続人でない者がどれだけ被相続人に貢献をしても、寄与者とは認められない。これは、相続人以外の者まで含めると、手続きが煩雑になって相続が長期化することや、相続人ではない者は契約によって寄与の対価を受けることができることなどが理由である[21]。

また、寄与とされるものとして904条の2第1項では、「被相続人の事業に関する労務の提供または財産上の給付」、「被相続人の療養看護」、「その他」が挙げられている。ただし、「特別の寄与」でなければならないため、夫婦の協力扶助義務や親族間の扶養義務の範囲内のものは寄与にあたらない。また、他の相続人も同程度の寄与を行っていた場合も、やはり寄与にはあたら

---

21 相続人ではない親族（相続人の配偶者、被相続人の配偶者の連れ子など。725条参照）は、被相続人に対して無償で療養看護その他の労務の提供をしたことにより、被相続人の財産の維持または増加について特別の寄与をした場合、特別寄与者として相続開始後に相続人に対して特別寄与料の支払請求ができる（特別の寄与。1050条1項）。特別寄与者がいる場合でも、遺産分割はあくまで相続人のみで行う。この点で、遺産分割の中で清算される寄与分とは異なる。

ない。さらに特別な寄与であっても、被相続人の財産の維持または増加を伴う寄与でなければ、寄与分にはあたらない。

（3）手続き

寄与分を定める手続きは、まず共同相続人の協議で寄与者の寄与分を定める（904条の2第1項）。協議が調わなかったり協議ができない場合は、寄与をした相続人の請求により、家庭裁判所が寄与分を定める（904条の2第2項）。その際、家庭裁判所は寄与の時期、方法および程度、相続財産の額その他一切の事情を考慮して、審判により寄与分を定める（904条の2第2項、家事・別表第二14項）。この申立ては、遺産分割の申立てがなされた場合に行うことができる（904条の2第4項）。

（4）算定方法

寄与者の具体的相続分の算定方法は、904条の2第1項に定められている。相続開始時の相続財産の価額から寄与分を控除したものを相続財産とみなし（①の計算式）、それに各自の相続分を乗じ[22]（②の計算式）、さらにそれに寄与分を加えることによって（③の計算式）、寄与者の具体的相続分が算定される。

〈寄与者がいる場合の各共同相続人の具体的相続分の算定方法〉
①「相続開始時の相続財産の価額」―「寄与分」＝「みなし相続財産」
②「みなし相続財産」×「各自の相続分（法定相続分・指定相続分）」＝「寄与者ではない相続人の具体的相続分」
③「寄与者ではない相続人の具体的相続分」＋「寄与分」＝「寄与者の具体的相続分」

例：農業を営む被相続人は6,000万円の財産を残して死亡した。被相続人には妻A、長男B、次男Cがいる。Bは長年家業に従事し、その寄与分は800万円である。

22　遺言による相続分の指定（指定相続分）があれば、その相続分を乗じる。指定相続分がない場合は、法定相続分を乗じる。

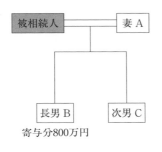

・妻Aの具体的相続分
①6,000万円 − 800万円 = 5,200万円
②5,200万円 × 1/2 = 2,600万円

・次男Cの具体的相続分
①6,000万円 − 800万円 = 5,200万円
②5,200万円 × 1/2 × 1/2 = 1,300万円

・長男Bの具体的相続分
①6,000万円 − 800万円 = 5,200万円
②5,200万円 × 1/2 × 1/2 = 1,300万円
③1,300万円 + 800万円 = 2,100万円

　寄与分は、あくまで相続財産の範囲内でのみ認められるものに過ぎないため、例えば相続財産1,000万円に対して寄与分が1,500万円としても、1,000万円の範囲内でしか認められない。また、被相続人が遺贈をしていた場合には、904条の2第3項によって、遺贈を侵害することはできない。例えば、相続財産5,000万円で相続人は子A・Bであるときに、被相続人がAに遺贈3,000万円をしていて、Bの寄与分は4,000万円という場合を考えてみる。この場合、相続財産5,000万円から遺贈3,000万円を差し引いた2,000万円がBの寄与分の最大額となる。遺贈を侵害する寄与分は認められないため、相続財産から遺贈を差し引いた残額（2,000万円）を超えた寄与分は認められない。そのため、Bの寄与分は2,000万円の範囲内で考慮されるのである。

〈遺贈がある場合（904条の2第3項）〉
例：被相続人には子A・Bがいる。相続財産は5,000万円である。Bは長年被相続人の家業に従事し、その寄与分は4,000万円である。被相続人の遺言により、Aには3,000万円の遺贈がなされる。

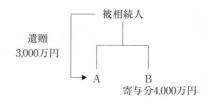

相続財産 5,000万円

5,000万円−3,000万円＝2,000万円

（Bの寄与分の最大額）

6−3 特別受益・寄与分の期限

　特別受益・寄与分のいずれにも期限が設定されており、両者は相続開始時から10年を経過すると、遺産分割で主張することができなくなる（904条の3）。10年を経過した場合は、法定相続分または指定相続分に従って遺産分割がなされる。これは、遺産分割における特別受益・寄与分の主張に期限が設定されたのであって、遺産分割に期限が設定されたのではない。ただし、904条の3第1号・第2号の場合や、相続人全員が合意をした場合は、10年を経過した後でも、特別受益や寄与分を考慮して遺産分割を行うことができる。

7　相続財産

7−1　相続財産の範囲

　相続は、被相続人に属する一切の権利義務が相続人に承継される「包括承継」が原則である（896条本文）。ここにいう「一切の権利義務」とは、動産や不動産といった目に見える財産だけでなく、債権・債務、法的地位など、目に見えないものも含まれる。ただ、被相続人の財産を「全て」相続するのが原則とはいえ、人の財産には様々なものがあるため、なかには相続の対象とならないものもある。

7−2　相続の対象とならない財産
（1）一身専属権（896条ただし書）

　一身専属権は、相続の対象外である（896条ただし書）。一身専属権とは、

個人の人格・才能や個人としての法的地位と密接不可分な関係にある権利義務をいう。一身専属権とはいうが、これには権利だけでなく、義務も含まれる。一身専属権の例として、代理権（111条1項）、使用貸借における借主の地位（597条3項）、雇用（625条参照）、委任契約（653条）、組合員の地位（679条）、夫婦間の同居協力扶助義務（752条）、親権（820条以下）などがある。このように被相続人個人と密接な関係にある権利義務は、その性質上他人が代わりに行うのはなじまないため、相続の対象とならない。このような権利義務は、被相続人の死亡とともに消滅する。

　その他の一身専属権として、生活保護受給権、扶養請求権、婚姻費用分担請求権も個人の身分と密接に結びついているため、相続の対象とならない。身元保証債務[23]も、判例によって相続性が否定されている（大判昭和18・9・10民集22・948）。

（2）　祭祀財産（897条）

　祭祀財産も相続の対象とならない（897条）。祭祀財産とは祖先を祀るための財産である。具体的には、家系図、神棚、仏壇、位牌、お墓などが、祭祀財産にあたる。これらの財産を一般の財産と同じように扱うことは、国民感情や習俗に反するうえ、機械的に相続人に承継させたり、分割相続させるのも適当ではない。そこで、祭祀財産は相続の対象とはならず、相続とは別のルートで承継される。これを「祭祀承継」という。祭祀承継は相続ではないため、相続法で定められた相続分や相続の承認・放棄といった相続のルールが適用されない。祭祀財産は、祭祀承継独自のルールに従って承継されるのである。

　祭祀承継では、祭祀財産は祭祀を主宰する人（祭祀主宰者）に承継される。祭祀主宰者は、被相続人の指定があれば、その指定によって決まる（897条1項ただし書）。この指定は、生前に口頭や文書で行うこともできるし、遺言

23　身元保証とは、就職などの際に保証人が被用者の身元を保証するものである（身元保証ニ関スル法律）。保証された人が将来使用者に損害を発生させると、保証人も損害賠償責任を負う。このように身元保証は、人の身元や将来発生するかもしれない損害について保証するため、保証する時点では保証の範囲や金額が確定しておらず、そのために保証人が予想外の負担を負うこともある。そこで、「身元保証ニ関スル法律」によって保証人の責任は制限されている。

でもよい。指定がなければ、慣習で決まる（897条1項本文）。慣習が明らか
でない場合には、家庭裁判所の審判で決まる（897条2項）。

（3）被相続人の死亡によって発生する権利で、被相続人に属さない権利

　相続の対象とならないものとして、他にも被相続人の死亡によって発生す
る権利で、被相続人に属さない権利がある。被相続人が死亡することで発生
する権利であっても、それが被相続人の権利でなければ、相続の対象にはな
らない。このような権利として、死亡退職金、遺族年金がある。

　死亡退職金とは、民間企業の従業員や公務員の死亡によって勤務先から支
払われる退職金である。死亡退職金を受け取る者（受給権者）については、
国家公務員退職手当法や民間企業の就業規則などに定められている。死亡退
職金は、遺族の生活保障を目的としていると考えられるため、被相続人の権
利ではなく、受給権者の権利であるとされている。したがって、受給権者が
死亡退職金を受け取るのは、被相続人の受給権を相続したから受け取れるの
ではなく、受給権者固有の権利として受け取ると考えられている。

　同様に、遺族年金も遺族の生活保障のためと考えられるため、受給権者固
有の権利とされて、相続の対象とはならない。

7－3　相続財産に含まれるもの

（1）生命保険金

　生命保険金は、受取人が誰なのかによって扱いが異なる。生命保険金と
は、被保険者の死亡によって受取人に支払われるものである。受取人が被保
険者（被相続人）自身である場合は、被保険者（被相続人）の死亡によって、
その相続人が受取人としての地位を承継するため、相続の対象となる。しか
し、受取人が被保険者自身でない場合、受取人が相続人であろうとなかろう
と、その者が保険契約に基づいて保険金を受け取る権利を取得するので、相
続の対象とはならない。

　ただし、生命保険金は、他の共同相続人と比べて著しく不公平となる場合
には、実質的な公平を図るために、特別受益とされることもある。

（2）生命侵害による損害賠償請求権

　生命侵害による損害賠償請求権とは、被相続人が交通事故などで死亡した

場合に被相続人が取得する損害賠償請求権をいう。この場合に被相続人が取得する損害賠償請求権には、被相続人の財産的損害（事故がなければ得られたはずの利益の損失：逸失利益）に対する損害賠償請求権（709条）と、被相続人の精神的損害に対する慰謝料請求権（710条）がある（第1編第3章6参照）。

　前者の逸失利益など財産的損害に対する損害賠償請求権については、即死の場合に相続の対象となるかが議論されたが、判例では即死であっても相続の対象となることが認められている（大判大正15・2・16民集5・150）。

　後者の慰謝料請求権について、当初の判例は、被相続人による慰謝料請求の意思表示があったかどうかによって、相続の対象となるかが判断されていた。しかし、何をもって慰謝料請求の意思表示とみなすか判断基準が曖昧であり[24]、不公平な結果となることも生じることから、最高裁は従来の考え方を変更して、意思表示の有無にかかわらず、当然に相続の対象となるとした（最判昭和42・11・1民集21・9・2249）。

8　遺産分割

8－1　遺産分割とは

　相続人が2人以上いる場合、被相続人が死亡すると、相続財産は相続人全員の共有となる（898条）。これを「遺産共有」という。遺産分割とは、この共有状態を解消し、誰が（相続人）、何を（相続財産）、どれくらい（具体的相続分）、どのように分けるか（分割方法）を決定して、相続財産を各相続人に分配する手続きをいう。遺産分割によって、相続財産の最終的な帰属が決定し、分配された財産は相続人固有の財産として扱われる[25]。

---

[24]　例えば、被相続人が「残念残念」と言って死亡した場合には慰謝料請求の意思表示があるとしたが（大判昭和8・5・17新聞3561・13）、「助けてくれ」と言って死亡した場合は慰謝料請求の意思表示にあたらないとした（東京控判昭和8・5・26新聞3586・5）。

[25]　判例によって預貯金債権も遺産分割の対象とされるが（最大決平成28・12・19民集70・8・2121）、それでは遺産分割が終了するまで、生活費や葬儀費用のためであっても相続人単独での払戻しはできない。そこで2018年改正により、一定額に限り、遺産分

　遺産分割は、遺産分割の禁止（908条）がない限り、いつでも行うことができる（907条1項）。したがって、遺産分割に期間の制限はない。遺産分割にあたっては、遺産に属する物または権利の種類および性質、各相続人の年齢、職業、心身の状態および生活の状況、その他一切の事情が考慮される（906条）。

　遺産分割は、まず当事者の協議によって行われる（907条1項）。協議で遺産分割を行う場合は、相続人の意思は民法の規定よりも、遺言に表示された被相続人の意思よりも尊重される。そのため、民法に定められた相続分とは異なる割合で分割することもできるし、遺言に書かれてある通りに分割をしなくても、それが共同相続人全員の合意によるものならば有効である[26]。これを遺産分割自由の原則という。

　協議が調わなかったり、協議ができない場合は、家庭裁判所に分割を請求する（907条2項）。家庭裁判所では、まずは遺産分割調停が行われることが多い。調停が不調に終わった場合は審判によって決する（家事・別表第二12項）。協議にせよ、調停・審判にせよ、遺産分割が成立すると、その効果は相続開始時にさかのぼって有効となる（909条）。

8−2　遺産分割の方法
（1）具体的方法

　例えば、価額3,000万円の土地1筆だけが相続財産だったとして、これを相続人3人が遺産分割によって3分の1ずつ相続することが決まったとする。この場合、相続財産である土地を分割する方法には、どのようなものがあるだろうか。

　まず、現物をそのまま配分する方法である。これを「現物分割」という。上述の例で言えば、土地を3人で3分の1ずつ分けて登記をする。また、特

割前でも家庭裁判所の判断を経ずに、共同相続人単独での払戻しが認められることになった（909条の2）。909条の2で定められた限度額を超える預貯金の払戻しが必要な場合は、他の共同相続人の利益を害しない限り、家庭裁判所の判断で仮払いが認められる（家事200条3項）。

26　ただし、相続開始から10年を経過すると、その後になされる遺産分割では法定相続分または指定相続分に基づいて行う（904条の3）。

定の相続人が現物を取得し、他の相続人に各具体的相続分に応じた金銭を支払う方法もある。これを「代償分割」という（家事195条）。例で言えば、土地を相続人の1人が取得し、他の相続人2人には具体的相続分に応じてそれぞれ1,000万円ずつ支払う。この他に、相続財産の中の個々の財産を売却し、その代金を配分する方法もある。これを「換価分割」という（家事194条）。例で言えば、土地を3,000万円で売却し、その代金から相続人3人がそれぞれ1,000万円ずつ相続する[27]。

〈現物分割〉

土地を3人で1/3ずつ分ける。

〈代償分割〉

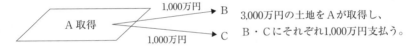

3,000万円の土地をAが取得し、B・Cにそれぞれ1,000万円支払う。

〈換価分割〉

土地を3,000万円で売却し、A・B・Cがそれぞれ1,000万円ずつ相続する。

（2）一部分割

遺産分割によってすべての相続財産の帰属を確定させることが望ましいが、当事者が希望し、その必要性がある場合には、先に相続財産の一部について分割を行う方が有益な場合もある。そこで、遺産分割の禁止がない場合

---

27 実際には、この他の方法で分割されることもあり、分割の方法は一様でない。

に、共同相続人の協議によって、相続財産の一部について分割することが認められている（907条1項）。共同相続人間で協議が調わない場合は、一部分割を家庭裁判所に請求することができる（907条2項本文）。ただし、他の共同相続人の利益を害する恐れがある場合は、一部分割は認められない（907条2項ただし書）。

9　遺　　言

9－1　遺言とは

遺言とは、一定の方式に従って遺言を作成した者（遺言者）の最終意思について、その者の死後に効力を生じさせる制度である。遺言は、遺言者による死後の財産処分についての意思表示であるため、遺言者の最終意思であり、かつ、所有者の意思でもある。そのため、遺言があれば、遺言相続が優先される。このように、人は自分の財産について、生きている間に自由に処分できるだけでなく、遺言によって死後も自由に処分ができる。これを遺言自由の原則という[28]。15歳以上であれば遺言ができるが（961条）、遺言能力は必要とされる（963条）。遺言能力とは、遺言内容を理解し、遺言の結果を弁識できる程度の意思能力をいう。遺言能力は、行為能力ほど高度な能力ではないため、15歳以上の未成年者（961条）や成年被後見人（973条）でも遺言が可能である。

遺言は、誰に告げることもなく、単独で自由に作成できる。作成した遺言は、遺言者が死亡して初めて効力を有する（985条1項）。そのため遺言の特徴は、相手方のない単独行為であること、遺言者の死後に効力が発生することにある。相手方のない単独行為ということは、遺言によって自分の財産を無償で与える（遺贈する）場合でも、遺言内容を確認するまで、相手方はその事実を知らないということである。また、遺言者の死後に効力が発生するということは、遺言の効力が発生した時には遺言者は死亡しており、たとえ

---

[28]　「遺言自由の原則」は、人の法律関係は本人の自由な意思に基づいてのみ自律的に決定できるとする「私的自治の原則」を人の死後にまで拡大したものであり、私的自治の原則の一形態である（第2編第3章1-2参照）。

内容不明の遺言であっても、もはや遺言者に説明を求めたり、遺言内容を修正してもらうことはできないということである。これでは、遺言をめぐって争いになる可能性が高いため、民法は遺言できる事項をあらかじめ定め（遺言事項）[29]、さらに遺言の方式も厳格に定めて、定められた通りに遺言が作成されていなければ一律に無効としている[30]。

　さらに、遺言者は死亡するまでは、何度でも自由に遺言を撤回することができる。撤回の自由も遺言の特徴の1つである。

9-2　遺言の効力

　遺言は、遺言者によっていつでも全部または一部を撤回することができる。遺言の撤回には3つの方法があり、遺言による撤回（1022条）、抵触行為による撤回（1023条）、破棄による撤回（1024条）がある。いったん撤回されたら、その遺言の効力は回復しない（1025条）。遺言は何度でも作成し直すことができるため、撤回の撤回を認めるなど、いったん効力を失った遺言を回復させると、最終的にどれが遺言者の最終意思なのかが不明確になる。そのため、いったん撤回した遺言はもはや回復せず、遺言者の最終意思は、新たな遺言書を作成し直すことによって明確にされるのである。

　また、遺言は2人以上の者が同一の証書で作成することはできない（975条）。これを共同遺言の禁止という。例えば、夫婦で1通の遺言を作成するのは、共同遺言の禁止にあたるため、無効となる。共同遺言を認めてしまうと、お互いにお互いの遺言内容を知ってしまうため、各自の意思表示の自由を妨げたり、その中の1人が遺言を撤回したくてもできないといったことが起こり得る。これでは遺言自由の原則や撤回の自由を制約する恐れがあるた

29　遺言事項には財産処分に関する法律行為だけでなく、認知や相続人の廃除といった身分に関する法律行為も含まれる。遺産の分割については、相続人全員が合意すれば、遺言内容とは異なる処分をすることもできる（遺産分割自由の原則）。さらに、一定範囲の相続人には遺留分が確保されており、遺言によって侵害することはできない（遺留分については、第2編第3章10参照）。このように、遺産分割自由の原則と遺留分は、遺言自由の原則を制限するものとしても機能している。これは、遺言によって不合理・不公平な遺言がなされることを防止し、相続人間の平等を確保するためである。

30　したがって、遺言は要式行為である（960条）。

め、共同遺言は禁止されている。

　遺言が無効とされるのは、共同遺言の他に、方式違反（960条）、遺言無能力（961条）、被相続人が後見の終了前に後見人またはその配偶者もしくは直系卑属の利益となる遺言をした場合（966条1項）、公序良俗違反（90条）の場合がある。また、遺言者が錯誤（95条）、詐欺・強迫（96条）によって遺言を作成した場合は、その遺言は取り消すことができる。

　言い換えれば、遺言の無効・取消しにあたらなければ、その遺言は有効である。その場合、遺言の効力は遺言者の死亡時に発生する（985条1項）。また、「○○大学に合格したら100万円贈与する」といった停止条件が付いた遺言の場合は、遺言者が死亡して条件が成就した時に効力が生じる（985条2項）。

9－3　遺言の方式

　遺言の方式は厳格であり、定められた方式に従っていない遺言は無効である。遺言の方式は、通常の状態で作成する「普通方式」と、死が迫るなど特別な状態で作成する「特別方式」に大別される。普通方式の遺言には、自筆証書遺言、公正証書遺言、秘密証書遺言の3種類がある。普通方式の場合、遺言者は、どの遺言にするのか自由に選択できる。一方、特別方式の遺言には、死亡危急時遺言、伝染病隔離時遺言、在船時遺言、難船危急時遺言の4種類があり、どのような場合に、どの遺言を作成できるのかは、あらかじめ定められている。

（1）普通方式

①自筆証書遺言（968条）

　自筆証書遺言は、遺言者がその全文、日付、氏名を自書し、これに印を押して作成する遺言である（968条1項）。日付は「○月○日」としなくても、「結婚記念日」、「○○の誕生日」など、日付が特定できる記載であればよい。自書（手書き）でなければならないため、パソコンで作成することはできない。しかし、自筆証書に一体のものとして相続財産の全部または一部の目録を添付する場合には、その目録に限っては、各ページに署名と押印があればパソコンで作成した目録やコピーでもよい（968条2項）。

　自筆証書遺言は遺言者が単独で作成できる遺言であり、最も簡単で費用が
かからないというメリットがある。しかし、遺言書の管理をきちんとしなけ
れば、偽造、変造、破棄、隠匿の恐れがある。このような事態を防止するた
めに、自筆証書遺言には法務局（遺言書保管所）に保管を申請できる自筆証
書遺言保管制度がある（法務局における遺言書の保管等に関する法律。以下、
「遺言書保管法」と略記する）[31]。自筆証書遺言は、家庭裁判所による「検認」
という遺言書の保存手続きが必要とされるが（検認については、第2編第3章
9-4（2）参照）、法務局に保管された遺言書ならば検認は不要である（遺
言書保管法11条）。

②公正証書遺言（969条）

　公正証書遺言は、公証人が遺言の作成に関与する点が特徴である。証人2
人以上の立ち会いのもとで、遺言者が遺言の趣旨を口頭で伝え、公証人が遺
言者の口述を筆記し、これを遺言者と証人に読み聞かせるか閲覧させる。遺
言者と証人は、筆記が正確であることを承認した後、各自がこれに署名・押
印する。公証人は、以上の方式に従って作成した旨を付記して署名・押印
し、遺言書（公正証書）が作成される（969条）[32]。公正証書遺言では、遺言者
による口述が必要であるが、口がきけない者や耳が聞こえない者について
は、手話通訳や筆談によって作成することが可能である（969条の2）。

　公正証書遺言は費用がかかるものの、公証人が作成するため方式違反の恐
れが低く、また遺言書の原本が公証役場に保管されるため、遺言書の偽造、
変造、破棄、隠匿を防止できる。さらに、検認が不要のため（1004条2項）、

31　自筆証書遺言保管制度の概要は、次の通りである。遺言者は、法務局に保管した遺言
　を閲覧することも保管申請の撤回もできる（遺言書保管法6条、8条）。また、遺言者
　生存中は遺言者以外の者が遺言書の閲覧等を行うことはできない（遺言書保管法9条）。
　遺言者が死亡すると、相続人等は遺言書情報証明書の交付請求および遺言書原本の閲覧
　請求ができる（遺言書保管法9条1項・3項）。遺言書保管官は、遺言書情報証明書の
　交付または相続人等に遺言書の閲覧をさせたときは、速やかに、当該遺言書を保管して
　いる旨を遺言者の相続人、受遺者および遺言執行者に通知する（遺言書保管法9条5
　項）。
32　公正証書遺言の方式は、2023年の改正により、書面ではなく電子データによる作成や
　電子署名の利用が可能になる等、デジタル化が導入された。この改正は、2025年12月13
　日までに施行される。

即座に遺言の執行ができる。

③秘密証書遺言（970条）

　秘密証書遺言は、遺言者が作成した遺言を公証人が遺言書として公証する遺言である。遺言者が、署名・押印した遺言書を封印して公証人と 2 人以上の証人の前に提出し、最終的に遺言者、公証人、証人が署名・押印して作成する（970条）。

　公証人が関与する点では公正証書遺言と同様であるが、秘密証書遺言では遺言書をあらかじめ封筒に入れて封印するため、内容を秘密にすることができる。また、遺言者が自ら作成する点では自筆証書遺言と同様であるが、秘密証書遺言では署名が自筆であればよいため、字を書くことが難しい者でも点字機やパソコンなどで作成したり、他人の代筆で作成することができる。

（2）特別方式

　特別方式の遺言は、死が迫るなど特殊な状態における特別措置であるため、遺言者が普通方式によって遺言をすることができるようになった時から 6 ヶ月間生存するときは、その効力を生じない（983条）。特別方式で作成した遺言内容を残したい場合は、改めて普通方式で遺言を作成しなければならない。

　特別方式の遺言は 4 種類あり、それぞれ作成できる場面が定められている。病気などで死亡が差し迫った時に作成するのが、死亡危急時遺言（976条）である。伝染病隔離時遺言（977条）は、伝染病によって隔離された場合を想定しているが、それだけでなく、刑務所に収監されている場合や災害などで交通が遮断されている場合にも作成できる。船舶に乗っている時には在船時遺言（978条）、乗っている船舶が遭難して死亡の危険が迫っている場合は、難船危急時遺言（979条）が作成できる。

9 － 4　遺贈と遺言の執行

（1）遺贈

　遺贈とは、遺言によって人に財産の全部または一部を無償で与えることをいう。遺贈をする人を「遺贈者」といい、遺贈を受ける人のことを「受遺者」という。遺贈には、包括遺贈と特定遺贈がある（964条）。特定遺贈と

は、遺贈の対象を特定して財産を与えることをいう。これに対して、包括遺贈とは、遺贈の対象を特定せずに、相続財産の全部または割合で示された部分（2分の1、3分の1など）を与えることをいう。

　遺贈は受遺者に強制させるものではないため、遺贈がなされても受遺者は遺言者の死亡後、いつでも遺贈を放棄することができる（986条1項）。放棄をすると、その効力は遺言者の死亡時にさかのぼって生じ、最初から遺贈を受けなかったものとされる（986条2項）。ただ、986条によって「いつでも」放棄できるとされる遺贈は、特定遺贈のみを指す。包括遺贈の場合、包括受遺者には相続人と同じ権利義務が生じるため（990条）、相続人と同じく915条1項の期間制限を受ける。したがって包括受遺者は、自己のために包括遺贈があることを知った時から3ヶ月以内に放棄の申述をしなければ、承認したものとみなされる。

　受遺者が遺贈を放棄した場合のほか、遺言者の死亡以前に受遺者が死亡した場合（994条）、相続財産に属しない権利の遺贈である場合（996条）、遺贈の効力は生じない。この場合には、受遺者が受けるべきであったものは、遺言者の特段の意思表示のない限り、相続人に帰属する（995条）。

（2）遺言の執行

　遺言の内容を具体的に実現させる手続きを遺言の執行という。遺言の執行には、執行を行う前の準備段階で必要とされる手続きもある。まず、相続の開始を知った遺言書の保管者または遺言書を発見した相続人は、遅滞なく家庭裁判所に検認の申立てをしなければならない（1004条1項）。遺言書の検認は、遺言書の偽造や変造を防止するために遺言書の現状を確認し、そのまま保存するための手続きである。検認は、あくまで遺言書をそのまま保存するための手続きなので、検認がなされたからといって、その遺言が有効ということではない。また、検認は遺言の偽造や変造を防止するための手続きなので、そもそも偽造・変造の恐れのない公正証書遺言（1004条2項）と、法務局に保管された自筆証書遺言（遺言書保管法11条）には、検認の必要がない。検認にあたって、遺言書が封印されている場合は、相続人またはその代理人の立会いの下で、家庭裁判所で開封をしなければならない（1004条3項）。

　遺言内容を実現させるにあたって、遺言執行者が選任される（1006条、

1010条)。遺言執行者は、相続財産の管理その他遺言の執行に必要な一切の行為をする権利義務を有する(1012条1項)。遺言の執行をするにあたって、遺言執行者は任務開始から遅滞なく、遺言の内容を相続人に通知しなければならない(1007条2項)。そして、財産目録を作成し、相続人へ交付しなければならない(1011条)。そのうえで、遺言執行に必要な行為を行う。

10　遺留分

10−1　遺留分とは

　民法は、人の遺言による自由な財産処分(遺言自由の原則)を認める一方、一定範囲の相続人に対し、相続財産から一定の割合を保障する制度を設けている。それが遺留分制度である。遺留分制度によって、被相続人が第三者に全財産を遺贈する等、不合理・不公平な遺言をした場合でも、一定範囲の相続人には最低限度の相続権が保障されることになる。被相続人からみれば自由な財産処分の制限となるため、遺留分制度は、遺言自由の原則の制限としても機能している。

　相続財産のうち、一定範囲の相続人に対して保障されている一定割合を「遺留分」という。遺留分の保障を受ける相続人を「遺留分権利者」という。遺留分権利者は、配偶者、子とその代襲相続人、直系尊属である(1042条1項)。遺留分権利者に兄弟姉妹は含まれない。相続放棄をすると、その者は初めから相続人ではなかったものとみなされるため(939条)、遺留分権利者ではなくなる。また、相続欠格や廃除によって相続権を剝奪された者も、同様に遺留分権利者ではなくなる[33]。

　遺留分権利者は、相続開始前に家庭裁判所の許可を得て、遺留分を放棄することもできる(1049条)。遺留分を放棄しても、他の遺留分権利者の遺留分は増加しない。また、相続放棄とは異なり、遺留分の放棄によって相続権まで放棄したことにはならないため、遺留分を放棄した人はなお相続人である。

33　相続欠格や廃除によって遺留分権利者ではなくなっても、その者に代襲相続人がいる場合には、代襲相続人が遺留分権利者となる。

10－2　遺留分の算定

（1）遺留分の割合

　遺留分は、直系尊属のみが相続人である場合は3分の1、それ以外の場合は2分の1である（1042条1項）。ここで定められているのは、相続人全体が有する遺留分の割合（総体的遺留分）である。相続人各自の遺留分の割合（個別的遺留分）は、総体的遺留分（1042条1項）に各自の法定相続分（900条、901条）を乗じて算定する（1042条2項）。

〈相続人各自の遺留分の割合〉

相続人	子（代襲相続人）	直系尊属
配偶者がいる場合	配偶者：1/4 子：1/4	配偶者：1/3 直系尊属：1/6
配偶者がいない場合	子：1/2	直系尊属：1/3

　例えば、遺留分権利者が妻と子A・Bである場合、妻の個別的遺留分は総体的遺留分2分の1に法定相続分2分の1を乗じた4分の1となる。子A・Bそれぞれの個別的遺留分は、総体的遺留分2分の1に法定相続分4分の1（子の法定相続分2分の1に人数を乗じて4分の1となる）を乗じた8分の1となる。

（2）遺留分算定の基礎となる財産

　遺留分算定の基礎となる財産は、被相続人が相続開始の時において有した財産の価額に、その贈与した財産の価額を加えた額から、債務の全額を控除して算定する（1043条1項）。ここで算入される贈与とは、相続開始前1年間になされた贈与に限られるが（1044条1項前段）、当事者双方が遺留分権利者に損害を加えることを知って贈与をした場合は、1年以上前の贈与でも算入される（1044条1項後段）。また、相続開始前10年間になされた特別受益（1044条2項・3項）、贈与の価額から負担の価額を控除した負担付贈与[34]（1045条1項）、当事者双方が遺留分権利者に損害を加えることを知って不相

34　負担付贈与とは、家を贈与する代わりに残りのローンを支払ってもらう等、贈与を受ける者（受贈者）に一定の負担をさせる贈与をいう。

当な対価でした有償行為[35]（1045条 2 項）も贈与として算入される。

　遺留分権利者の具体的な遺留分額は、上記で算定された遺留分算定の基礎となる財産に、個別的遺留分を乗じて算定する。

10－3　遺留分侵害額の請求

　被相続人による遺贈や贈与によって、遺留分権利者が取得する財産が遺留分額を下回る場合、遺留分の侵害として、遺留分権利者は遺留分侵害額の請求により、遺留分侵害額に相当する金銭の支払いを請求できる（1046条 1 項）。この請求権を行使できるのは、遺留分権の侵害を受けた遺留分権利者とその承継人（相続人、包括受遺者など）である（1046条 1 項）。請求の相手方は、遺留分を侵害する遺贈の受遺者、贈与の受贈者である（1046条 1 項）。

　請求の対象に遺贈と贈与がある場合は、受遺者が先に負担する（1047条 1 項 1 号）。遺贈が複数ある場合は、被相続人が遺言で別段の意思表示をしていない限り、遺贈の価額の割合に応じて負担する（1047条 1 項 2 号）。

　受遺者への請求だけでは侵害額に達しない場合、受贈者に請求する。複数の贈与がある場合は、相続開始時に近い贈与の受贈者から順次負担する（1047条 1 項 3 号）。贈与が同時に複数行われている場合は、贈与の価額の割合に応じて負担する（1047条 1 項 2 号）。

　遺留分侵害額の請求権は、遺留分権利者が相続の開始および遺留分を侵害する贈与または遺贈があったことを知った時から 1 年間行使しない場合、時効によって消滅する（1048条前段）。相続開始時から10年を経過した場合も、同様に消滅する（1048条後段）。この10年は除斥期間[36]と解されており、相続の開始および遺留分を侵害する贈与または遺贈があったことを知らなかったとしても、相続開始時から10年を経過すると請求権は当然に消滅する。

35　例えば、1,000万円相当の土地を400万円で売却した場合、相当な価格1,000万円から実際の売却価格400万円を差し引いた600万円を贈与したものとみなして算入する。

36　除斥期間とは、一定期間内に権利を行使しないと、その期間の経過によって権利が当然に消滅する期間をいう。除斥期間は、時効のように完成猶予や更新がなく、当事者が援用する必要もない。

11　配偶者居住権

11－1　2018年相続法改正

　社会の少子高齢化が進展するに伴って、相続においても保護の対象とすべき相続人に変化が生じている。現在では夫婦の一方が死亡すると、遺された配偶者は高齢で保護の必要性が高いことが多い。一方、子はすでに経済的に独立しているうえ、少子化によって相続財産を取得できる割合が高くなっている。このように、現在では子よりも配偶者の方が保護の必要性が高いと考えられることから、その対応の1つとして新設されたのが、2018年改正により相続法の第8章として導入された「配偶者居住権」である。配偶者居住権には、配偶者の居住を長期的に保障する配偶者居住権（1028条～1036条）と、配偶者短期居住権（1037条～1041条）の2種類がある。

11－2　配偶者の居住を長期的に保障する配偶者居住権（1028条～1036条）

（1）立法理由

　配偶者居住権が新設される以前は、被相続人の所有する建物に居住する配偶者が、被相続人の死亡後もひき続きその建物に居住しようと建物を相続すると、預貯金などの他の財産はその分差し引かれてしまい、住居は確保できてもその後の生活に不安が残ることがあった。そこで、建物の価値を「所有権」と「居住権」に分け、所有権よりも低額な居住権を新設することで、配偶者の居住を保障しつつ、その他の財産を取得しやすいようにしたのである。

　　例：被相続人所有の建物に被相続人と妻が同居していた。被相続人と妻の
　　　　間には子が1人いる。やがて被相続人が死亡した。相続財産は評価額
　　　　1,000万円の建物と預貯金2,000万円である。

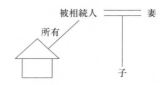

相続財産：評価額1,000万円の建物と預貯金2,000万円

　→1,000万円の建物＋預貯金2,000万円＝3,000万円

妻と子の相続分：各1/2（900条）

〈改正前〉

・妻の取得財産：3,000万円×1/2＝1,500万円

　→建物に住み続けるためには、建物1,000万円＋**預貯金500万円**

　→**住居は確保できるが生活費が不安**

・子の取得財産：預貯金1,500万円

〈改正後〉

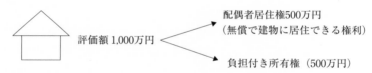

・妻の取得財産：配偶者居住権500万円＋**預貯金1,000万円**

　　　　　　　→**住居と生活費を確保できる**

・子の取得財産：負担付きの所有権500万円＋預貯金1,000万円

※住居の所有者は子だが、子は配偶者居住権を取得した妻の居住を妨げて
　はならない。

（2）法的性質

　上述の立法理由から、配偶者居住権には居住建物を無償で使用・収益する
権限[37]が認められているだけで、処分権限はない（1032条1項）。配偶者居住

---

[37]　収益権限については制限があり、居住建物の転貸など、配偶者が収益権限を行使する
　　場合には、居住建物の所有者の承諾を得なければならない（1032条3項）。

権は、配偶者の居住を保障するための権利であるため、居住建物を売却するといった処分権限を認める必要はない。また、権限が限定されることによって、使用・収益・処分の権限がある所有権の取得よりも低額で配偶者居住権を取得できるため、その他の財産をより多く取得することができるようになる。

　配偶者居住権は、配偶者の居住を保障するための権利であるため、被相続人の配偶者のみに帰属する一身専属権である。そのため、配偶者居住権の譲渡はできず（1032条2項）、配偶者が死亡すると、当然に消滅して相続の対象にならない（1036条で準用される597条3項）。

（3）成立要件

　成立要件は、「配偶者が相続開始の時に被相続人の財産に属した建物に居住していた場合」であって（1028条1項）、かつ、「その建物について配偶者に配偶者居住権を取得させる旨の遺産分割（1028条1項1号）、遺贈（同2号）、家庭裁判所による審判（1029条）、死因贈与[38]（554条）がなされたこと」である。

　配偶者居住権が対象とする「配偶者」とは、婚姻している夫婦の一方配偶者であり、居住が保障される建物は被相続人が所有しているものに限定される。配偶者は居住権を取得後、配偶者居住権の設定の登記をしなければ、第三者に対抗することができない（1031条2項で準用される605条）。

（4）効果

　居住権を取得した配偶者は、従前の用法に従って居住建物を使用収益しなければならないという用法遵守義務を負う（1032条1項本文）。そのため、居住建物の増改築を所有者の承諾なしに無断で行うことはできない（1032条3項）。ただし、居住建物の使用・収益に必要な範囲での修繕は、配偶者が行うことができる（1033条1項）。また、居住建物の使用・収益にあたっては、配偶者には善管注意義務がある（1032条1項）。

---

[38]　死因贈与とは、贈与者の死亡を条件として財産が受贈者に贈与される契約をいう。死因贈与は1028条1項には成立要件として規定されていないが、554条で「その性質に反しない限り、遺贈に関する規定を準用する」と定められ、また、死因贈与による配偶者居住権の取得を否定する理由もないことから、死因贈与による成立も認められている。

（5）消滅原因

　配偶者居住権は、存続期間の満了（1030条）、用法遵守義務違反や無断増改築などを理由とした居住建物の所有者による消滅請求（1032条4項）、配偶者の死亡（1036条で準用される597条3項）、居住建物の全部滅失等（1036条で準用される616条の2）によって消滅する。消滅すると、配偶者は居住建物の所有者に対して、居住建物を返還する義務を負う（1035条1項本文）。

11－3　配偶者短期居住権（1037条～1041条）

　上述の長期的な配偶者居住権は、期間の定めがない限り、配偶者の終身まで居住を保障する権利である（1030条）。これに対して、最低6ヶ月間という短期間の居住を保障する権利が、配偶者短期居住権である。

（1）立法理由

　配偶者短期居住権が新設される以前においても、配偶者が相続開始時に被相続人の建物に居住していた場合、原則として被相続人との間で使用貸借契約が成立していたと推認して、配偶者の居住を保護する判例はあった（最判平成8・12・17民集50・10・2778）。しかし、これはあくまで「推認」のため、被相続人が反対の意思表示をしていた場合には、配偶者の居住は保護されないことになる。しかし、被相続人の死亡という偶然の事情によって、配偶者の居住が突然脅かされる事態は避けるべきである。そこで、被相続人の意思に左右されず、確実に配偶者の居住が保障される権利として、最低6ヶ月間の居住を保障する配偶者短期居住権が新設された。

（2）概要

　配偶者短期居住権も被相続人の配偶者のみに帰属する一身専属権であるため、譲渡はできず（1041条で準用される1032条2項）、配偶者が死亡した場合は相続の対象にならない（1041条で準用される597条3項）。

　また、配偶者短期居住権は居住建物の使用権限のみが認められた権利であり、収益権限と処分権限はない（1037条1項本文）。短期間の居住を保障する権利であることを考えると、収益権限まで認めるのは配偶者短期居住権の目的を超えてしまうこと、処分権限はそもそも認める必要がないことが、その理由である。

　成立要件は、「配偶者が、被相続人の財産に属した建物に相続開始の時に無償で居住していたこと」である。配偶者とは婚姻している夫婦の一方を指し、対象となる建物は被相続人の所有建物か、被相続人が共有持分を有する建物を指す。配偶者が相続放棄をした場合でも、配偶者短期居住権は成立するとされる。しかし、配偶者が相続欠格または廃除によって相続権を失った場合には、配偶者短期居住権は成立しない（1037条1項ただし書）。また、配偶者が相続開始時に長期にわたる配偶者居住権を取得した場合も、配偶者短期居住権は成立しない（1037条1項ただし書）。

　配偶者短期居住権が居住を保障する期間は、居住建物について配偶者を含む共同相続人間で遺産分割をすべき場合には、遺産分割により居住建物の帰属が確定した日、または相続開始の時から6か月を経過する日のいずれか遅い日までの期間である（1037条1項1号）。居住建物が遺贈されていたり、配偶者が相続放棄をした場合など、上記以外の場合は、居住建物取得者による配偶者短期居住権の消滅の申し入れの日から6か月を経過する日までの期間である（同2号）。いずれにせよ、最低6ヶ月間は配偶者の居住が保障されることになる。

　長期的な配偶者居住権と同様、配偶者短期居住権も、配偶者に用法遵守義務・善管注意義務を課しているため（1038条1項）、配偶者は居住建物取得者に無断で建物を増改築することはできない。また、無断で第三者に居住建物を使用させることも禁止されている（1038条2項）。ただし、居住建物の使用に必要な範囲内であれば、建物の修繕は行うことができる（1041条で準用される1033条1項）。

　配偶者短期居住権は、存続期間の満了（1037条1項）、用法遵守義務違反などを理由とした居住建物取得者による消滅請求（1038条3項）、配偶者による配偶者居住権の取得（1039条）、配偶者の死亡（1041条で準用される597条3項）、居住建物の全部滅失等（1041条で準用される616条の2）によって消滅する。消滅すると、配偶者は居住建物取得者に対して居住建物を返還する義務を負うが、配偶者居住権を取得した場合は、返還義務を負わない（1040条1項本文）。

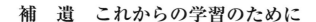

補　遺　これからの学習のために

1　民法典の体系と本書との対応

　我が国の民法典は、以下の章立てになっており、法学部での民法講義も原則としてこれに対応している。本書の記述との対応を示すと以下の通りになる（なお、＊は、簡単に触れているにとどまるものを示す）。

〈民法典（財産編）〉　　　〈本書〉
第一編　総則
　第一章　通則　　　　　第2章6＊
　第二章　人　　　　　　第2章4
　第三章　法人　　　　　第2章4
　第四章　物　　　　　　第2章6
　第五章　法律行為　　　第2章2・3・5
　第六章　期間の計算
　第七章　時効　　　　　第2章7
第二編　物権
　第一章　総則　　　　　第2章1・6
　第二章　占有権　　　　第2章1＊
　第三章　所有権
　第四章　地上権

2　民法財産法の体系について

　ところで、我が国の民法典財産編の体系をパンデクテン・システムという。その起源は、古くローマ時代の『ローマ法大全（Corupus Iuris Civilis＝コラプス・ユリス・キビリス。東ローマ皇帝ユスチニアヌスが6世紀に編纂させた法典。）』に遡る。これは、「法学提要（Institutionen＝インスティチオーネン）」・「学説彙纂（Pandekuten＝パンデクテン）」・「勅法集成（Codex＝コーデックス）」から成り、改訂版では、これらに「新勅法集（Novellen＝ノヴェレン）」が追加された。この『ローマ法大全』のなかで中核をしめたのが「学説彙纂＝パンデクテン」である。「パンデクテン」は、ローマの法学者の学説を集めたもの（個別具体的な事例に対する解答集の抜粋であるが、50巻にも及ぶ大著。なお、抜粋なので Digesta＝ディゲスタともいう。この語は、現代のダイジェストの語源である。）である。何故、ローマ時代に民法典が必要とされたのだろうか。当時、ローマが商品交換社会を成立させていたからである。商品交換社会では、異なる地域に生活し、あるいは、異なる産業・職業に従事する者との間で日常的に取引が行われるから、そのための契約に関する共通の合理的なルールが必要とされたのである。

　ローマ帝国が崩壊後の中世の封建社会は、農業中心の身分制社会であり、人々の大多数は農奴（日本では、百姓）として土地に縛り付けられ、移動の自由・職業選択の自由を奪われ、政治的・経済的な支配を受けていた。封建社会は、「土地支配＝人間支配」といった構造をもち、財貨の移転は、経済外的強制（封建領主・教会権力による収奪）が基本であり、農奴の生活は原則として自給自足であって、商品交換は例外に過ぎなかった。このような社会では、民法は特に必要とはされず、人々にとっての中心的な社会規範は「慣習・慣習法」で足りることになる。

　封建社会の末期に生まれた絶対王政を打破して成立した近代市民社会は、「資本主義社会＝商品交換社会」であり、再び民法典が必要とされることに

なる。中世ドイツにおいて、学問的な「ローマ法の継受」がなされ、さらに法学者による修正が加えられ（「パンデクテンの現代的慣用」）、19世紀に「ドイツ普通法学＝パンデクテン法学」の完成を見る。その特徴は、「物権」と「債権」とを峻別し、さらに通則たる「総則」を配置するという構成である。我が国の現行民法典は、この体系を採用したわけである。

　他方、フランスでは、「法学提要」（物権と債権の峻別をしない体系をとる）を模範とした法典が採用される（1804年制定の『CODE CIVIL＝ナポレオン法典』）。我が国の現行民法典は、この法典の体系（インスティチオーネン・システム）を採用していないが、民法709条等フランス民法典を母法とする多くの規定が存在する。

　さて、法学部の講義では、民法典第１編を「民法総則」（４単位）、第２編を「物権法」（４単位。最近では、第一章から第五章を「物権総論」（２単位）・第六章以下を「担保物権法」（２単位）とに分けるカリキュラムもある。）、第三編第一章を「債権総論」（４単位）、第二章以下を「債権各論」（４単位。これも第二章を「債権各論Ⅰ契約」、第三章以下を「債権各論Ⅱ不法行為」として２分割するものが多い。）として構成している。すべてを履修しなければ意味がないが、最近では、民法を必修科目から外す大学も少なくなく、民法をほとんど学ばずに法学部を卒業する者が目に付く。法化社会・契約社会を支える市民が育たないことに、民法の教員として忸怩たる思いを否定できない。

3　民法の学び方

（１）　学生は、大学の講義を聴こう。法律学、特に民法学は、外国語学習と同様に、自学自習が極めて困難な学問領域である。例えば、売買をめぐるトラブルを法的に解明しようと思って、民法第三編第二章第三節の売買の条文（555条～585条）を読んでも、それだけでは対応できないのが通常である。契約総論、民法総則の法律行為、債権総則の債務不履行、物権総則の物権変動その他の条文が絡んでくるからである。教科書を読む場合も同様で、そこに書かれていない関連する法知識、制度の背景を知らなければ、学習者は、お手上げ状態となる。講義を聴くことが、最も確実で効率的な学習方法であ

る。教室では、担当教員が当該項目のエッセンスのみならず、理解に必要な制度や議論の背景・関連する制度や問題に言及してくれるはずである。社会人であれば大学の講義の聴講・公開講座等の活用を考えてほしい。講義に際しては、初めて聞くことばかりであろうから、積極的に質問をしよう。初学者には、教科書を読んでの予習は難しい。予習が困難な場合には、教科書は、講義の後の復習で読めばよい。但し、法科大学院生には、予習が不可欠である。

（２）　民法の財産法を学ぶ場合、まず、契約と不法行為から学んでいこう。日常生活及びビジネスの世界において必須とされる民法の知識が提供されるとともに、民法学習の基礎が形成される。具体的には、民法総則の法律行為、債権各論の契約・不法行為、物権法の物権変動論、債権総論の債務不履行である。本書も、これらの基礎を提供することを目的としている。

　債権総論の債権者代位権・詐害行為取消権、多数当事者の債権関係、債権譲渡等及び担保物権法は、本書ではほとんど扱っていない。これらは、金融や債権回収の問題であり、企業社会や金融取引の実情になじみがない一般的な学生には、最も難解な領域となる。契約及び不法行為を学んだ後の課題である。

（３）　家族法は、学生諸君にとって財産法よりも親しみやすい分野である。夫婦、親子の関係は、多くの人々にとっての日常である。ただし、この分野は、制度の歴史的な経緯（特に、戦前の家制度、戦後の憲法と民法家族法の大変革）を理解することが大切である。また、夫婦・親子の形・家族を取り巻く社会構造・価値観の変化に目を向ける必要がある。その学習においては、家族や性のあり方についての多様性を重視すべきであり、個人の経験や好みに固執しない見方を身に着けてほしい

（４）　入門書である本書を読んだ後、さらに別の入門書を何冊も読むのはあまり意味がない。民法教科書・体系書を使っての本格的な学習に入っていこう。基本となる教科書の選択であるが、講義履修を前提に選択する場合、講義担当教員の指示する教科書を利用すべきである。講義もその教科書を読むことを前提に進められるはずである。ある程度勉強が進むと、教科書の比較ができるようになるので、自分にあった教科書シリーズを探そう（司法試験

受験者は、これを「基本書の選定」と言っている。）。迷う場合には、遠慮せずに、民法の先生に相談するとよい。なお、2020年施行の改正民法に対応していないものは、定評のある教科書シリーズでも選択肢には入らない（参考文献としての価値はあるが。）。

　民法に限らず法律学を学ぶにあたっては、社会や人間に関心をもつことが必須である。様々なニュースに注目し、また、社会の現実に身をおこう。さらに、人間が経験できることの限界を認識し、様々な書物を読み、先人たちの知恵・経験・思索、法律学以外の学問領域の成果から学んでいく姿勢が大切である。法律の学習では、法の解釈を学ぶことがその中心となるが、法解釈は、解釈者の価値判断がその根底にあり、それを法規範を用いて論理的・説得的に展開するものである。従って、法律学は、条文を機械的に適用する技術を学ぶものではなく、社会に対して、私たちがどのような態度をとるかという積極的な営みである。法律学は、人と社会とを学ぶ学問であることをしっかりと理解してほしい。

4　参照文献

本書執筆にあたり、以下の文献を参照した。

〈第 1 編　財産法編〉

- ・芦部信喜・高橋和之補訂『憲法　第 7 版』岩波書店（2019年）
- ・池田真朗『スタートライン債権法　第 6 版』日本評論社（2017年）
- ・池田真朗ほか著『民法キーワード』有斐閣（2002年）
- ・伊藤眞『民事訴訟法　第 6 版』有斐閣（2018年）
- ・上原敏夫・池田辰夫・山本和彦『民事訴訟法　第 6 版補訂版』有斐閣（2009年）
- ・牛山積『現代の公害法　第 2 版』勁草書房（1991年）
- ・内田貴『民法Ⅰ・Ⅱ・Ⅲ』東京大学出版会（2005年〜2011年）
- ・近江幸治『民法講義Ⅰ〜Ⅶ』成文堂（2005年〜2018年）

・大村敦志『不法行為判例に学ぶ　社会と法の接点』有斐閣（2011年）

・鎌田薫『民法ノート・物権法①　第2版』日本評論社（2001年）

・川井健『民法判例と時代思潮』日本評論社（1981年）

・河上正二『民法学入門　第2版』日本評論社（2009年）

・窪田充見『不法行為法　第2版』有斐閣（2018年）

・経済企画庁国民生活局消費者行政第一課編『逐条解説製造物責任法』商事法務研究会（1994年）

・佐久間毅『民法の基礎1総則　第3版』有斐閣（2008年）

・潮見佳男『プラクティス民法・債権総論　第5版』信山社（2018年）

・同『基本講義債権各論I契約法・事務管理・不当利得　第3版』新世社（2017年）

・同『基本講義債権各論II不法行為法　第2版増補版』新世社（2016年）

・同『民法（債権関係）改正法の概要』金融財政事情研究会（2017年）

・同『不法行為法I・II　第2版』信山社（2009年・2011年）

・四宮和夫『事務管理・不当利得・不法行為』青林書院（1985年）

・瀬木比呂志『民事裁判入門』講談社（2019年）

・全日本交通安全協会編『わかる身につく交通教本』全日本交通安全協会（2019年）

・谷口貴都・松原哲編『基礎から学ぶ法学　第2版』成文堂（2013年）

・日本弁護士連合会編『消費者法講義　第5版』日本評論社（2018年）

・日本弁護士連合会消費者問題対策委員会編『実践PL法　第2版』有斐閣（2015年）

・野村豊弘編『法学キーワード　第2版』有斐閣（2003年）

・藤村和夫・山野嘉朗『概説交通事故賠償　第3版』日本評論社（2014年）

・星野英一『法学入門』有斐閣（2010年）

・平井宜雄『債権各論II不法行為』弘文堂（1992年）

・藤岡康宏・磯村保・浦川道太郎・松本恒雄『民法IV・債権各論　第4版』有斐閣（2019年）

・前田達明『民法VI₂　不法行為法』青林書院新社（1980年）

・森嶋昭夫『不法行為法講義』有斐閣（1988年）

・山野目章夫『物権法　第4版』日本評論社（2009年）

・山本敬三『民法講義Ⅰ　総則　第3版』有斐閣（2018年）

・同『民法の基礎から学ぶ民法改正』岩波書店（2017年）

・山本敬三監修・栗田昌裕ほか『民法4　債権総論』有斐閣（2018年）

・吉村良一『不法行為法　第5版』有斐閣（2017年）

・我妻栄『新訂・民法講義Ⅰ～Ⅴ₄』岩波書店（1954年～1983年）

・同『事務管理・不当利得・不法行為』日本評論社（1937年）

・渡部洋三『法律学への旅立ち』岩波書店（2003年）

・中川善之助ほか編『注釈民法（1）～（19）』有斐閣（1964年～1987年）

・谷口知平ほか編『新版注釈民法（1）～（18）』有斐閣（1988年～2014年）

・大村敦志ほか編『新注釈民法（1）（6）（14）（15）』有斐閣（2017年～2019年）

・川井健ほか編『注解　交通損害賠償法（1）～（3）』青林書院（1996年～1997年）

・山田卓生ほか編『新・現代損害賠償法講座1～6』日本評論社（1997年～1998年）

・潮見佳男ほか編『別冊ジュリスト　民法判例百選Ⅰ・Ⅱ・Ⅲ　第8版』有斐閣（2018年）

・長谷部恭男ほか編『別冊ジュリスト　メディア判例百選　第2版』有斐閣（2018年）

・新美育文ほか編『別冊ジュリスト　交通事故判例百選　第5版』有斐閣（2017年）

・遠藤浩編『別冊法学セミナー　基本法コンメタール債権各論Ⅱ　第4版』日本評論社（2005年）

・高橋和之ほか編『法律学小辞典　第5版』有斐閣（2016年）

・『図解による法律用語辞典　補訂4版』自由国民社（2011年）

・佐藤幸治ほか編『コンサイス法律用語辞典』三省堂（2003年）

・新村出編『広辞苑　第7版』岩波書店（2018年）

〈第2編　親族・相続法編〉

・二宮周平『家族法　第1版～第5版』新世社（1999年～2019年）
・二宮周平『事実婚の現代的課題』日本評論社（1990年）
・内田貴『民法Ⅳ親族・相続　補訂版』東京大学出版会（2004年）
・高橋朋子ほか『アルマ　民法7親族・相続　第1版～第6版』有斐閣（2004年～2020年）
・松川正毅『民法 親族・相続　第7版』有斐閣（2022年）
・大村敦志『家族法　第3版』有斐閣（2010年）
・本山敦『家族法の歩き方』日本評論社（2009年）
・谷口貴都ほか編著『基礎からわかる法学　第2版』成文堂（2013年）
・末川博編『法学入門　第6版』有斐閣（2009年）
・伊藤正己ほか編『現代法学入門　第4版』有斐閣（2005年）
・野村豊弘『民事法入門　第7版』有斐閣（2017年）
・梅謙次郎『民法要義 巻之四』有斐閣（1899年）
・穂積重遠『親族法』岩波書店（1933年）
・中川善之助ほか編『注釈民法（1）（3）（20）～（28）』有斐閣（1964年～2004年）
・谷口知平ほか編『新版注釈民法（1）（3）（21）～（28）』有斐閣（1989年～2008年）
・大村敦志ほか編『新注釈民法（17）（19）』有斐閣（2017年・2023年）
・水野紀子ほか編『家族法判例百選　第7版』有斐閣（2008年）
・水野紀子ほか編『民法判例百選Ⅲ 親族・相続　第1版～第3版』有斐閣（2015年～2023年）
・松川正毅ほか編『新基本法コンメンタール 親族　第2版』日本評論社（2019年）
・松川正毅ほか編『新基本法コンメンタール 相続』日本評論社（2016年）
・松川正毅ほか編『新基本法コンメンタール 人事訴訟法・家事事件手続法』日本評論社（2013年）
・金子修編著『逐条解説 家事事件手続法　第1版・第2版』商事法務

（2013年・2022年）

・裁判所職員総合研修所監修『家事事件手続法概説』司法協会（2016年）

・我妻栄ほか『我妻・有泉コンメンタール民法—総則・物権・債権—第1版～第7版』日本評論社（2005～2021年）

・金子宏ほか編集代表『法律学小辞典　第4版補訂版』有斐閣（2008年）

・高橋和之ほか編集代表『法律学小辞典　第5版』有斐閣（2016年）

・堂薗幹一郎ほか編著『一問一答 新しい相続法—平成30年民法等（相続法）改正、遺言書保管法の解説第1版・第2版』商事法務（2019年～2020年）

・大村敦志ほか編『解説 民法（相続法）改正のポイント』有斐閣（2019年）

・法務省「民法等の一部を改正する法律の概要」
https://www.moj.go.jp/content/001310720.pdf（2024年2月7日確認）

・法務省「民法等の一部を改正する法律について」
https://www.moj.co.jp/MINJI/minji07_00315.html（2024年2月7日確認）

・法務省「配偶者の居住権を長期的に保護するための方策（配偶者居住権）」
https://www.moj/go/jp/content/001263589.pdf（2024年2月7日確認）

・法務省「民事関係手続等における情報通信技術の活用等の推進を図るための関係法律の整備に関する法律について」
htttps://www.moj.co.jp/MINJI/minji07_00336.html（2024年2月7日確認）

・政府統計の総合窓口（e-Stat）「人口動態調査 人口動態統計 確定数 出生」表番号4—29
https://www.e-stat.go.jp/dbview?sid=0003411618（2024年2月7日確認）

・「令和2年度 司法統計年報 家事編 家事審判・調停事件の事件別新受件数 全家庭裁判所」
https://www.courts.go.jp/app/files/toukei/236/012236.pdf（2024年2月7日確認）

・「令和 3 年 司法統計年報 3. 家事編」
https://www.courts.go.jp/app/files/toukei/597/012597.pdf（2024年 2 月 7 日確認）
・政府統計の総合窓口（e-Stat）「種類別 夫婦財産契約の登記の件数」
https://www.e-stat.go.jp/dbview?sid=0003268738（2024 年 2 月 7 日確認）
・厚生労働省「令和 4 年 人口動態統計　人口動態総覧」
https://www.mhlw.go.jp/toukei/saikin/hw/jinkou/kakutei22/dl/03_h1.pdf（2024年 2 月 7 日確認）

事項索引

［著者紹介］

松原　哲（まつばら　あきら）

早稲田大学法学部卒業
同大学大学院法学研究科博士課程単位取得
関東学院大学法学部教授

徳永　江利子（とくなが　えりこ）

中央大学大学院法学研究科博士課程後期課程修了
博士（法学）
関東学院大学法学部准教授

民法ファーストステージ［第2版］

2020年3月20日　初　版第1刷発行
2024年3月20日　第2版第1刷発行

著　者	松　原　　　哲
	徳　永　江　利　子
発　行　者	阿　部　成　一

〒162-0041　東京都新宿区早稲田鶴巻町514

発　行　所　株式会社　成　文　堂

電話 03(3203)9201(代)　Fax 03(3203)9206
http://www.seibundoh.co.jp

製版・製本　シナノ印刷
☆乱丁・落丁本はおとりかえいたします☆
©2024　A. Matsubara, E. Tokunaga　　　　Printed in Japan
ISBN978-4-7923-2805-4　C3032

定価（本体2700円＋税）